Die Reform unserer Socialversicherung.

Von

W. Kulemann,
Landgerichtsrat in Braunschweig.

Sonderabdruck aus Schmollers Jahrbuch für Gesetzgebung, Verwaltung und Volkswirtschaft. N. F. 18. Jahrgang, Heft 3. 4.

Leipzig,
Verlag von Duncker & Humblot.
1894.

Alle Rechte vorbehalten.

Vorwort.

Es war ein schwüler Tag, der 24. Mai 1889. Spät in den Sommer hinein hatte die Regierung die Reichsboten in Berlin festgehalten, um das Gesetz fertigzustellen, von dem der Abg. v. Bennigsen mit vollem Recht sagen konnte, daß ein gleich wichtiges seit Erlaß der Verfassung den Reichstag nicht beschäftigt habe. Aber es war nicht die Schwüle der äußeren Temperatur, die auf der Versammlung lag, es war vielmehr das Bewußtsein der unermeßlichen Verantwortung, die Jeder zu seinem Teile trug, mochte er für oder gegen das Gesetz seine Stimme abgeben, und die für den Einzelnen um so schwerer wog, als er wußte, daß die Mehrheit jedenfalls nur eine ganz knappe sein würde, und daß von wenigen Stimmen die Entscheidung abhing. Selten wohl hat eine Abstimmung im Reichstage ein solches geradezu dramatisches Gepräge getragen, wie an diesem Tage; mit gespannter Aufmerksamkeit wurden die Antworten auf den Namensaufruf kontrolliert und verzeichnet, und als etwa in der Mitte des Alphabets die „Nein" vor den „Ja" einen Vorsprung von elf Stimmen erlangt hatten, bemächtigte sich eine nervöse Erregtheit selbst derjenigen, die mit der größten Bestimmtheit den Sieg der Vorlage berechnet hatten. Es handelte sich jedoch nur um eine in der Reihenfolge der Namen begründete Zufälligkeit, die zweite Hälfte des Alphabetes brachte nicht nur den Ausgleich des Defizits, sondern einen Überschuß, und als der Präsident das Ergebnis der Abstimmung dahin verkündete, daß 185 Abgeordnete mit „Ja" und nur 165 mit „Nein" gestimmt hatten, daß also die Vorlage mit 20 Stimmen in dritter Lesung endgültig angenommen sei, löste sich der Bann, und erleichtert atmete Jeder auf, daß endlich die Entscheidung gefallen und der Kampf entschieden war.

Aber eine rechte Siegesfreude war es nicht, die der Mehrheit auf dem Gesichte zu lesen war; vielleicht war umgekehrt die Gemütsstimmung der Unterlegenen die befriedigtere, hatten sie doch das beruhigende Gefühl, eine Verantwortung nicht tragen zu müssen, die sich in ihrem vollen Umfange bei der größesten Gewissenhaftigkeit durchaus nicht übersehen ließ. Ja, wollen wir aufrichtig sein, so müssen wir anerkennen, daß die 185 Ja-Stimmen keineswegs sämtlich einer vollen Überzeugung entsprungen waren. Hatte es doch der Einsetzung der vollen Regierungsautorität auf die derselben zugänglichen Abgeordneten, insbesondere der Rechten bedurft, wobei selbst ein gewisser äußerer Druck nicht gefehlt haben soll, hatte doch Fürst Bismarck das ganze Gewicht seiner Persönlichkeit in die Wagschale werfen müssen, um die widerstrebenden Konservativen, die aus der Heimat über die Aufregung ihrer Wähler die schlimmsten Stimmungsberichte mitbrachten, zu verhindern, „solche Sprünge zu machen" und die Regierung bei ihrem großen Werke im Stiche zu lassen.

Und der Erfolg hat ihnen Recht gegeben. Mit einer wahren Erbitterung wurde das Gesetz in der Bevölkerung aufgenommen, und mancher Abgeordnete hat seine Abstimmung für das Gesetz mit dem Verluste eines Wahlkreises bezahlen müssen, der bis dahin als zweifellos sicher gegolten hatte.

War aber die Unzufriedenheit eine hochgradige schon bei dem Erlasse des Gesetzes, so bemächtigte sie sich immer weiterer Kreise mit wachsender Heftigkeit, als man zu dessen thatsächlicher Ausführung schritt; soll es doch nach Zeitungsberichten an einzelnen Orten bis zu wirklichen Zusammenrottungen der erregten Massen gekommen sein, die ein bewaffnetes Einschreiten erforderlich machten!

Es wird die Aufgabe der folgenden Untersuchungen sein, die Gründe dieser Erbitterung festzustellen und auf ihre Berechtigung zu prüfen. Hier soll zunächst eine andere Frage gewissermaßen persönlicher Art aufgeworfen und beantwortet werden, deren Entscheidung für einen vielleicht nicht geringen Teil derjenigen die Rechtfertigung ihres Verfahrens bietet, die für das Gesetz ihre Stimme abgaben und doch heute umfassende Mängel desselben offen anerkennen. Waren alle, die der Vorlage zustimmten, oder auch nur diejenigen, die dies nach freier Überzeugung, ohne jeden Druck von oben, thaten, der Ansicht, daß dieselbe bereits in dem Grade ausgereift und vollendet sei, wie man dies bei Erlaß eines Gesetzes verlangen muß? Es scheint selbstverständlich, diese Frage zu bejahen, denn wer den bezeichneten Zustand der Reife noch nicht für gekommen erachtete, mußte, wie es scheint, die Vorlage ablehnen. Und doch war es nicht so. Vielleicht war die Zahl derer, die das Gesetz in allen Teilen als fertig ansahen, verschwindend gering, wenigstens fand ein Antrag, der während der dritten Lesung unter den Abgeordneten umlief und die Vertagung der Beratung bis zum Herbst bezweckte, in kürzester Zeit eine erdrückende Zahl von Unterschriften, und man nahm von seiner Einbringung erst dann Abstand, als man sich hatte überzeugen lassen müssen, daß man damit das Schicksal des Gesetzes auf das ernstlichste in Frage stellte. Dieser Grund lag in den eigentümlichen parlamentarisch-politischen Verhältnissen. Die Legislaturperiode lief am 20. Februar 1890 ab; in der Wintersession mußte aber zunächst der Etat erledigt und dann die äußerst schwierige Frage des Socialistengesetzes gelöst werden: es blieb also für eine gründliche Umarbeitung des bis dahin Geschaffenen ohnehin keine Zeit, und dabei setzte man sich der großen Gefahr aus, daß die zur Ablehnung des Gesetzes entschlossene Minderheit eine Obstruktionspolitik mit Erfolg durchführen und so gegen den Willen der Mehrheit das große Werk zum Scheitern bringen konnte. War dies aber erst für die bevorstehende Wintersession gelungen, so war das Schicksal des Gesetzes für absehbare Zeit besiegelt, denn aus Gründen, deren Erörterung nicht hierher gehört, stand schon damals ganz zweifellos fest, daß die Neuwahlen die Machtverhältnisse der Parteien wesentlich umgestalten und eine Zusammensetzung des Reichstages bringen würden, welche vielleicht dem Gesetze überhaupt weniger geneigt, mindestens aber für eine ganz ausschlaggebende Bestimmung desselben nicht zu gewinnen war: dies war der Reichszuschuß. Es konnte nun aber nicht wohl einem Zweifel unterliegen, daß ohne diese Beteiligung des Reiches die Aufgabe zunächst nicht zu lösen war, und so standen denn alle diejenigen, welche die Lösung für nötig hielten, vor der gar klar gestellten Alternative: entweder das Gesetz trotz aller seiner Mängel anzunehmen oder auf dasselbe für absehbare Zeit zu verzichten. — Das sind Gesichtspunkte, die von manchem außerhalb des parlamentarischen Lebens stehenden Beurteiler vielleicht kaum genügend gewürdigt werden und doch, wie ich bestimmt behaupte, für die Stellungnahme einer großen Zahl von Abgeordneten und somit für das Schicksal der Vorlage entscheidend gewesen sind. Man sieht, die kurze Dauer der Legislaturperiode hat Schattenseiten, welche über bloß politische Rücksichten weit hinaus greifen und unmittelbar die Güte und Brauchbarkeit unserer Gesetze berühren.

Aber den Abgeordneten, die sich in der von mir geschilderten Lage befanden, wurde ihre Abstimmung zu gunsten des Gesetzes noch wesentlich erleichtert durch eine Erwägung, welche mit dem bisher Gesagten in engster Verbindung steht. Der Grund, weshalb ein Reichszuschuß und deshalb eine Invaliditätsversicherung von dem künftigen Reichstage nicht zu erlangen war, bestand in dem zu erwartenden Übergewicht derjenigen politischen oder socialpolitischen Anschauungen, welche hierin eine unerwünschte Stärkung des Reichsgedankens oder eine unzulässige Ausdehnung der staatlichen Aufgaben erblickten. Durfte man deshalb diese Frage nicht ungelöst zurücklassen, so war es dagegen durchaus unbedenklich, dem künftigen Reichstage die Verbesserung des einmal Geschaffenen vorzubehalten. Wer grundsätzlich die Invaliditätsversicherung auf der Unterlage des Reichszuschusses ablehnt, wird diesec seiner Überzeugung nicht untreu, wenn er der vollendeten Thatsache einer einmal bestehenden derartigen Einrichtung Rechnung tragend nun wenigstens die Mängel des gegen seinen Wunsch geschaffenen Zustandes zu beseitigen bestrebt ist. Es ließ sich deshalb, sobald nur erst das Gesetz im ganzen unter Dach und Fach gebracht war, für seine Verbesserung sehr wohl auf die Mitwirkung auch derjenigen Parteien rechnen, welche dasselbe aus prinzipiellen Gründen niemals hätten schaffen können, denn die an sie zu stellende Frage lautete nunmehr nicht mehr dahin, ob sie das Gesetz überhaupt wollten, sondern lediglich dahin, ob sie der ihm zunächst gegebenen Gestaltung oder einer anderen, besseren, den Vorzug gäben. An der Verbesserung einer einmal bestehenden Einrichtung kann sich auch ihr prinzipieller Gegner beteiligen, und so ist denn auch der heutige Reichstag sehr wohl geeignet, diese Frage zu lösen. —

Gegen die vorstehenden Ausführungen, die den Zweck verfolgen, mich selbst und alle diejenigen, welche für das Gesetz gestimmt haben und doch jetzt dessen schwer wiegende Mängel anerkennen, gegen den Vorwurf einer unüberlegten Handlungsweise zu verteidigen, liegt ein Einwand so nahe, daß ich nicht umhin kann, ihn zu berücksichtigen. Man wird mir entgegenhalten, daß ich diesen Gedankengang erst nachträglich am Studiertisch ausgeklügelt, in Wahrheit aber die jetzt hervorgehobenen Mängel damals gar nicht gesehen habe. Ich bin in der glücklichen Lage, diesen Vorwurf auf dem Wege des urkundlichen Nachweises widerlegen zu können. Bereits vor dem Inkrafttreten des Gesetzes, also zu einer Zeit, als von einer praktischen Erfahrung noch keine Rede sein konnte, habe ich öffentlich[1] genau dasselbe ausgeführt, was ich hier vertrete und aus den in den folgenden Abschnitten näher dargelegten Gründen gefordert, man solle noch vor der Einführung des Gesetzes, die bekanntlich kaiserlicher Verordnung vorbehalten war, eine Novelle zu demselben erlassen, durch welche die gerügten Mängel beseitigt würden, um so der ungeheuren Gefahr vorzubeugen, die aus der Durchführung eines noch nicht fertigen Gesetzes erwachsen mußte. Meine Warnung ist ohne Erfolg geblieben, aber jedenfalls schützt sie mich gegen den Vorwurf, die jetzt hervorgetretenen Übelstände nicht rechtzeitig eingesehen zu haben. Dagegen ist es für den praktischen Erfolg meiner Ausführungen von dem größten Werte, daß sie sich jetzt auf thatsächliche Erfahrungen stützen können, und so möge denn die Hoffnung gestattet sein, jetzt für dieselben einen besser vorbereiteten Boden und einen geneigten Leserkreis zu finden.

---

[1] Vergl. Magdeburgische Zeitung Nr. 595, 598 und 600 vom 23.—25. Nov. 1890. Später habe ich dieselben Gedanken in der Zeitschrift: „Die Invaliditäts- und Altersversicherung im Deutschen Reiche", und zwar in Nr. 1—9 des zweiten Jahrgangs ausgeführt.

Einleitung.

Die „Krönung des socialen Gebäudes" ist erfolgt. Aber wie der Richtkranz aufgezogen und das Richtfest gefeiert wird, nicht wenn das Haus zum wohnen bereit, sondern schon dann, wenn das äußere Gerippe fertig gestellt ist, so fehlt auch hier noch unendlich vieles, um das geschaffene Bauwerk behaglich und wohnlich zu gestalten. Ja mehr als das: Große Kreise derer, die in dem Hause wohnen sollen, beschränken sich nicht auf das Verlangen des Ausbaues und der Abänderung in einzelnen Stücken, sondern erklären rundweg die Grundanlage für verfehlt und fordern mit Entschiedenheit den völligen Abbruch. Das ist ein herbes Urteil und um so schwerer wiegend, als der Zweck, dem zu Liebe der ganze Bau unternommen ist, einzig und allein darin besteht, den Bewohnern ein behagliches Unterkommen, einen höheren Lebensgenuß und größere Zufriedenheit mit ihrem Lose zu verschaffen: eine dringende Aufforderung an den Baumeister, über die Abstellung dieser Klagen recht ernsthaft nachzudenken. Zwar kommen einzelne gute Freunde und suchen ihn mit dem Hinweise darauf zu trösten, daß alles Menschenwerk unvollkommen und alles neue unbequem sei, daß die Gewöhnung manchen Druck lindern und weniger empfindlich machen, daß aber der geschaffene Segen schließlich doch allen Beteiligten zum Bewußtsein gelangen und deren bisherige Ablehnung in Dank und Zufriedenheit umgestalten werde. Es ist recht hübsch und menschenfreundlich von diesen Freunden, daß sie solche Trostgründe zur Hand haben, aber ist der Baumeister ein gewissenhafter Mann, der es mit seiner Pflicht ernst meint, so wird er sich mit diesen Erwägungen nicht befriedigt fühlen, sondern reiflich überlegen, ob nicht jener Unzufriedenheit in letzter Linie wirkliche Fehler des Gebäudes zu Grunde liegen. Er wird aber ferner nicht erst lange warten oder gar den Ausbau im Innern fertig stellen auf die Gefahr hin, Arbeit zu leisten, die sich später als unnütz erweisen könnte, sondern er wird sofort daran gehen, seinen Bauplan in allen seinen Teilen einer umfassenden Nachprüfung zu unterziehen, um etwa sich ergebende Fehler möglichst bald zu beseitigen, solange noch ihre Abstellung mit möglichst wenig eingreifenden Folgen und Umgestaltung in der Einzelausführung verknüpft ist.

Nun zeigen sich übrigens diese Unvollkommenheiten des socialen Gebäudes in den einzelnen Stockwerken keineswegs gleichmäßig. Am besten geraten ist das unterste derselben, die Krankenversicherung. Freilich fehlt es auch hier nicht an Beschwerden, sowohl über die große Mannigfaltigkeit der Kassen, die für den Fernerstehenden den Überblick erschwert, als insbesondere über die gesetzliche Begünstigung der Zwangskassen vor den freien Kassen. In der That bedeuten die Änderungen des neuen Krankenkassengesetzes, wonach die freien Kassen gezwungen werden, an Stelle der früher zulässigen Erhöhung des Krankengeldes Arzt und Verpflegung in Natur zu liefern und das Krankengeld nicht nach den am Sitze der Kasse, sondern nach den am Aufenthaltsorte des Mitgliedes üblichen Tagelohnssätzen zu berechnen, erhebliche Erschwerungen für jene, und die Bestimmung des Gesetzes vom 1. Juni 1884, daß Unternehmer, falls sie sich an den Kassen mit Zuschüssen beteiligen, desungeachtet keinen Anteil an der Verwaltung haben dürfen, scheint geradezu darauf berechnet, den Kassen diese Zuschüsse zu entziehen und ihnen dadurch die Konkurrenz mit den Zwangskassen unmöglich zu machen. Weshalb giebt man ihnen auch sonst nicht das Wahlrecht für die Wahl der Arbeitervertreter bei der Unfallverhütung, den Schiedsgerichten und dem Reichsversicherungsamte? Es ist nicht zu verkennen, daß man in manchen Kreisen die freien Kassen mit einer gewissen bureaukratischen Abneigung, gewissermaßen als wilde Zweige an dem Stamme der staatlichen Versicherung betrachtet, die sich dem einmal zu Grunde gelegten Schema nicht fügen wollen. Man übersieht aber den außerordentlich hohen ethischen Wert jeder auf Bethätigung der eigenen Kraft beruhenden Einrichtung im Vergleiche zu der von außen kommenden, wenn gleich noch so wohl gemeinten fremden Fürsorge. Auch die Organisation der Krankenkassen ist in neuerer Zeit zum Gegenstande der Erörterung gemacht; man weist auf die erheblichen Kosten der Verwaltung hin, und glaubt diese insbesondere dadurch verringern zu können, daß man die an demselben Orte bestehenden Krankenkassen der verschiedenen Gewerbe zu einer einzigen vereinigt. Dem Bedenken der verschiedenen Krankheitsgefahr in den einzelnen Gewerben ließe sich dabei durch entsprechende Gefahrentarife und nach denselben abgestufte Beiträge begegnen. Aber, alles in allem gerechnet, ist man doch mit der Krankenversicherung zufrieden und erkennt sie als im ganzen wohl gelungen an.

Viel weniger günstig steht dies hinsichtlich des zweiten Kindes der staatlichen Arbeiterfürsorge, der Unfallversicherung. Seitens der Arbeiter klagt man sowohl über den grundsätzlichen Ausschluß von der Verwaltung, als insbesondere über die Härte in der Handhabung des Gesetzes seitens der Berufsgenossenschaften und die Langwierigkeit des Verfahrens. Die Arbeitgeber umgekehrt machen dem Reichsversicherungsamte eine übertriebene Begünstigung der Entschädigungsansprüche zum Vorwurfe. Unzweifelhaft besteht die Neigung zu einer gewissen schematisierenden Behandlung, insbesondere in der Entschädigungsfestsetzung, und eine bedauerliche, in verschiedenen Genossenschaften zu geradezu unerhörten Sätzen anschwellende Höhe der Verwaltungskosten. Dies ist aber die notwendige Folge eines tiefer liegenden Gebrechens. Als man in dem dritten Entwurfe eines Unfallversicherungsgesetzes an die Stelle der früher vorgeschlagenen Reichsversicherungsanstalt die Berufsgenossenschaften setzte, wollte man mit vollem Bewußtsein einen Weg einschlagen, dessen Bedeutung weit über das zunächst ins Auge gefaßte Ziel hinauslag. Der große Gedanke, den man damit aussprach, bestand in der Organisation der menschlichen Gesellschaft und zunächst wenigstens ihrer an der Produktion beteiligten Glieder zu gewissen durch die gemeinsamen Interessen ihres Berufes verbundenen Gruppen. In Österreich hat man den Gedanken in weitem Umfange durchgeführt, in Deutschland ist man bei dem ersten Schritte stehen geblieben. Es ist bekannt, daß der erste Entwurf des Invaliditäts- und Altersversicherungsgesetzes die Berufsgenossenschaften zu Trägern auch dieser neuen Aufgabe machen wollte, und daß dies schon bei dem Unfallversicherungsgesetze ins Auge gefaßt war; bezeichnet doch die kaiserliche Botschaft vom 17. November 1881 den „engeren Anschluß an die realen Kräfte des Volkslebens und das Zusammenfassen der letzteren in der Form korporativer Genossenschaften unter staatlichem Schutz und staatlicher Fürsorge" als den Weg, auf dem man die ganze umfassende Aufgabe der Arbeiterversicherung zu lösen unternehmen wolle. In dem Augenblicke, als man sich aus Gründen, deren Bedeutung nicht verkannt werden soll, deren Erörterung aber hier zu weit führen würde, entschloß, die Berufsgenossenschaften als Träger der Invaliditätsversicherung fallen zu lassen, hatte man aus ihnen einen Torso gemacht, einen Rahmen, dem der Inhalt fehlte, einen Rock, der für einen weit korpulenteren Träger berechnet, jetzt in tiefen Falten die Glieder umschlottert. Daß unter diesen Umständen die Verwaltungskosten viel zu hohe und zu den Leistungen in keinem gesunden Verhältnisse stehende sein mußten, liegt auf der Hand. Ein Haus, in dem eine ganze Anzahl von Familien wohnen soll, ist zu teuer, wenn der Eigentümer keine Mieter findet und es für sich allein benutzen muß.

Ist nun freilich das Gewicht der hier kurz angedeuteten Ausstellungen an den früheren Formen der Arbeiterversicherung durchaus nicht gering anzuschlagen, so treten dieselben doch unendlich weit zurück hinter den Klagen, welche das Invaliditäts- und Altersversicherungsgesetz wachgerufen hat, das „Klebegesetz", wie man in weiten Kreisen sich gewöhnt hat, es höhnisch zu bezeichnen. Der verfolgte Zweck der socialen Versöhnung ist hier fast in sein Gegenteil umgeschlagen, was man erreicht hat, ist eine allgemeine Verbitterung. Das ist nun aber für unsere ganze sociale Entwickelung von einer verhängnisvollen Bedeutung, über die man, wie es scheint, sich bisher noch gar nicht klar geworden ist. Als die kaiserliche Botschaft das große sociale Arbeitsprogramm verkündigte, fand sie freudigen, ja begeisterten Widerhall in fast allen Schichten der Bevölkerung. Daß die Arbeiter hoffnungsvoll die Köpfe hoben, kann ja nicht überraschen, aber selbst der Unternehmerkreise hatte sich eine Opferfreudigkeit bemächtigt, von der sich das Beste hoffen ließ; mit einem Worte: es ging ein socialer Hauch durch das Volk, der sich nur erklären ließ als eine Reaktion gegen das frühere träge Gehen- und Geschehenlassen, als ein Bewußtwerden der aller Humanität und Kultur Hohn sprechenden Zustände in den Kreisen der besitzlosen Klassen. Ist von diesem socialen Hauche heute noch etwas vorhanden? Man wird diese Frage kaum bejahen können. Die Arbeiter sind von ihren Hoffnungen, die sie auf die neue Ära gesetzt hatten, stark ernüchtert zurückgekommen, seitdem sie die Ansicht gewonnen haben, daß man ihnen die Besserung von oben in den Schoß werfen und sie von der eigenen Beteiligung an der Gestaltung ihres Schicksals ausschließen will; die Unternehmer klagen über die ihnen auferlegten unerträglichen Opfer, weil man das Versprechen, ihnen als Gegenleistung für dieselben nun wenigstens zufriedene Arbeiter zu verschaffen, nicht erfüllt hat. Alle Welt ruft nach einer Ruhepause in der socialen Arbeit des Staates und verdeckt mit diesem Euphemismus nur sehr dürftig die grundsätzliche Abneigung gegen irgend welche weiteren Schritte auf der eingeschlagenen Bahn. Überall ist an die Stelle der Begeisterung und der Hoffnung die Niedergeschlagenheit und der Katzenjammer getreten, die sociale Hochflut ist von einer tiefen Ebbe abgelöst. Fragen wir, wer denn eigentlich heute noch als Träger des socialen Gedankens in seiner gesunden Entwickelung bezeichnet werden kann, so finden wir fast allein noch die unbeteiligten Kreise, also im wesentlichen die Beamten, die zur Ausführung der Gesetze berufen sind, und die kleine Zahl derjenigen, die in uneigennütziger Hingebung mit mehr oder weniger Beruf sich socialpolitischen Studien widmen in der Erkenntnis, daß ungeachtet aller guten Anfänge doch noch der überwiegende Teil der Aufgabe ungelöst vor uns liegt, und daß diese Lösung gefunden werden muß, wenn wir hoffen wollen, einer socialen Katastrophe zu entgehen. Es ist tief bedauerlich, daß dies so ist, und jeder wahre Freund unseres Volkes könnte darüber blutige Thränen weinen, aber es kann nicht helfen, sich der wahren Sachlage zu verschließen, Schönfärberei thut niemals gut, und Besserung ist nur zu hoffen, wenn man den Thatsachen offen und fest ins Auge sieht.

Es ist nicht die Aufgabe dieser Arbeit, unsere gesamte Socialpolitik einer Kritik zu unterziehen oder auch nur ihre Grundfehler aufzudecken. Wir haben uns zu beschränken auf einen Teil derselben, der zwar wichtig, aber nicht einmal der wichtigste und jedenfalls eben nur ein Teil ist, nämlich die Socialversicherung. Die Gründe, weshalb sie nicht die Befriedigung und Versöhnung der Gegensätze herbeigeführt hat, die man sich von ihr versprach, habe ich bereits gestreift und werde sie in den späteren Abschnitten noch eingehender erörtern. Hier möchte ich insbesondere über das jüngste der auf diesem Gebiete erlassenen Gesetze, die Invaliditäts- und Altersversicherung noch einige Worte sagen, um meine allgemeine Stellung zu demselben zu bezeichnen.

Daß das Gesetz auf außerordentlich starken Widerspruch in der Bevölkerung gestoßen ist, wird von keiner Seite bestritten. Welches ist denn nun aber der Grund dieser Unzufriedenheit? Richtet sie sich gegen das Ziel des Gesetzes und seine grundlegenden Einrichtungen? Dann kann eine Änderung nicht helfen, dann soll man auch nicht länger abwarten, sondern das Gesetz sobald als möglich aufheben. Ist dies dagegen nicht der Fall, sondern bezieht sie sich auf Punkte, welche geändert werden können, ohne den Zweck des Gesetzes aufzugeben, dann warte man allerdings ebenso wenig, aber das Ziel ist dann nicht die Aufhebung sondern die Reform.

Ich stehe nun durchaus auf dem letzteren Standpunkte und werde versuchen, denselben zu begründen. **Der Fehler des Gesetzes liegt nicht in seinem Grundgedanken, sondern in dessen mangelhafter gesetzgeberischer Ausgestaltung.** Es ist wirklich geradezu erstaunlich, wie man es verstanden hat, die so gut gemeinte Einrichtung dem Volke so widerwärtig als möglich zu machen, die Rose mit so vielen Dornen zu umgeben, daß die Meisten lieber auf den Duft verzichten, als sich an ihnen zu reißen. Aber das gilt ja leider von unserer ganzen staatlichen Socialpolitik, die trotz der besten Absichten so wenig Gegenliebe erweckt, weil man es mit einem merkwürdigen Ungeschick immer gerade anders macht, als diejenigen, deren Wohl man dabei im Auge hat, es wünschen.

Es ist in hohem Grade interessant, den Gedankenaustausch zu verfolgen, welcher am 18. und 24. Februar v. J. über unser Thema im Reichstage stattfand. Die Mangelhaftigkeit des bestehenden Zustandes wurde von allen Seiten ausnahmslos zugegeben und die Meinungsverschiedenheit begann erst bei der Frage, ob man mit der Revision des Gesetzes **sofort beginnen** oder die fernere Entwickelung noch weiter **abwarten** solle. Wie mir scheint, ist die Entscheidung über diesen Punkt von zwei sehr einfachen Fragen abhängig: **erstens**, ob man sich über die Richtung der Abhülfe überhaupt bereits klar ist oder die Gewinnung eines Urteils erst aus der weiteren Erfahrung erwartet, und **zweitens** ob man die Mängel, um die es sich handelt, und die Mittel zu ihrer Beseitigung für tief eingreifend oder für solche hält, welche mit dem Gesetze nur mehr oder weniger lose zusammenhängen, so daß die Änderung sich demnächst anbringen läßt, ohne gar zu stark an dem einmal gelegten Grunde zu rütteln. Beide Fragen beantworte ich, wie die folgenden Ausführungen zeigen werden, in dem Sinn, daß daraus die Notwendigkeit einer möglichst beschleunigten Reform sich ergiebt. Aber man kann diese Verhandlungen nicht besprechen, ohne eine ganz eigentümliche Erscheinung zu erwähnen, die für die Frage, wie weit für das öffentliche Leben die Grundsätze der allgemeinen Moral Geltung zu beanspruchen haben, von erheblichstem Interesse ist. Diese Erscheinung ist die Stellung der damaligen freisinnigen Partei zu dem Gesetze. Ich habe hervorgehoben, daß im Reichstage die verschiedensten Ansichten über das Gesetz, seine grundsätzliche Berechtigung und seine Reformbedürftigkeit, insbesondere aber über die Richtung der zu fordernden Abänderung zu Tage traten, aber über **einen Punkt** war man allseitig einig, selbst seitens derjenigen, welche den ursprünglichen Erlaß des Gesetzes für einen Fehler hielten, nämlich daß jetzt von einer Wiederaufhebung desselben keine Rede sein könne. Die Frage, Aufhebung oder Reform wurde von niemandem ernsthaft gestellt und soweit sie aufgeworfen wurde, allseitig im Sinn der letzteren Alternative beantwortet. Wie verträgt sich nun hiermit die Thatsache, daß die freisinnige Partei mit allen Mitteln der Agitation daran gegangen ist, eine Volksbewegung auf Aufhebung des „Klebegesetzes" in Scene zu setzen, die bereits allein in Bayern auf den Erfolg einer Massenpetition von 245 745 Stimmen zurückblicken kann? Und dabei hat die Partei im Reichstage nicht etwa sich schweigend verhalten, sondern ihre beiden Redner haben ausdrücklich zu dieser Frage Stellung genommen. So erklärte Abg. S ch r a d e r nicht allein: „Aber ich bin ja nicht der Meinung, das Gesetz jetzt abzuschaffen", sondern an einer andern Stelle derselben Rede: „Niemand will das Gesetz so abgeschafft haben, daß überhaupt von einer Alters= und Invaliditätsversicherung nicht mehr die Rede sein soll". Und selbst der Abg. H i r s ch, der das Gesetz so außerordentlich heftig angriff, äußerte: „Daß deswegen das Gesetz aufgehoben werde, das will ich nicht sagen". Aber der Abg. S ch r a d e r ging noch weiter, indem er bei der mitgeteilten Äußerung fortfuhr: „**Ich bin auch nicht der Meinung, jetzt eine Revision vorzunehmen; ich bin der Meinung, man solle vor allen Dingen an dem Gesetze noch länger probieren, als geschehen ist.**" Wie sich damit zusammenreimt, daß man eine Volksbewegung auf bedingungslose und sofortige Abschaffung ins Werk setzt, das ist ein Rätsel, dessen Lösung nicht ganz leicht sein dürfte.

Aber noch unendlich viel peinlicher, als diese politische Doppelzüngigkeit, berührt es, wenn der Abgeordnete H i r s ch bei dieser Gelegenheit für angemessen hielt auszuführen, daß der Gegenwert für die schwere Last der Beiträge lediglich in der Aussicht bestehe, „in der Regel, frühestens in 5 Jahren und vielfach erst in 30 Jahren, d. h. wenn sie dann das siebzigste Lebensjahr vollendet, eine Rente von der bekannten Größe zu verlangen." Mit Recht wurde ihm von anderen Rednern erwidert, daß die Zeit, um die Bevölkerung mit der Darstellung zu täuschen, als ob es sich bei dem Gesetze in erster Linie um die Altersversicherung handele, doch jetzt eigentlich vorüber sei, und daß es nur der Auszahlung der ersten Invalidenrenten bedürfen werde, um das Volk über den bisher in dieser Beziehung geübten Betrug aufzuklären. In der That, man muß nur selbst erlebt haben, wie die Massen auf die Phrase von den 33 Pfennigen, die man erst mit 70 Jahren erhalte, eingeschworen sind, man muß nur persönlich in Volksversammlungen die Erfahrung gemacht haben, daß es den klarsten Auseinandersetzungen über das Verhältnis der beiden Versicherungsarten zu einander nicht gelingt, das Lügengewebe, welches um das Verständnis der Arbeiter gewoben ist, zu zerreißen, um tief erbittert zu sein gegen Jeden, der sich nur irgendwie dem Verdachte aussetzt, sich an dieser Täuschung zu beteiligen. Man kann gewiß hinsichtlich des Gesetzes sehr verschiedener Meinung sein, und ein vorurteilsfreier Mann wird jede Ansicht würdigen, aber ehrliche Gegner sollen sich mit Gründen bekämpfen, nicht mit Entstellung der Thatsachen vor dem Forum einer urteilslosen Masse[1].

So wenig es aber der Ehrlichkeit entspricht, bei der Bevölkerung den Glauben zu erwecken, daß in dem „lediglich dekorativen Beiwerke", wie einmal der Minister von Bötticher die Altersversicherung nannte, die Hauptsache zu sehen sei, anstatt in der an keine Altersgrenze gebundenen Invaliditätsversicherung, so wenig ist es zu rechtfertigen, wenn eine politische Partei offiziell den Standpunkt vertritt, daß eine Wiederaufhebung des Gesetzes unmöglich und unverantwortlich sei, und besungeachtet eine Volksbewegung nach diesem unmöglichen Ziele entfacht, um aus der künstlich genährten Unzufriedenheit Vorteile für die Wahlen zu ziehen. Entweder man stelle offen den Antrag auf Aufhebung des Gesetzes —, dann wird sich ja ergeben, ob die Bevölkerung hinter einer solchen Forderung steht, oder man verzichte darauf auch in der Agitation und stelle sich ehrlich mit den anderen Parteien auf den Standpunkt, das einmal erlassene Gesetz auch für die Folge bestehen zu lassen, jedoch dessen Mängel nach besten Kräften zu verbessern; man verlange also nicht Aufhebung, sondern Reform.

Aber worin soll diese bestehen? Mit vollem Rechte wurde bei den bereits erwähnten Verhandlungen im Reichstage von den Verteidigern

---

[1] Da dieses unglückliche, zur Verbitterung der großen Massen im höchsten Grade beitragende Mißverständnis noch immer weit davon entfernt ist, beseitigt zu sein, so mag hier wenigstens eine Ziffer hervorgehoben werden, die am greifbarsten das Wertverhältnis beider Arten der Versicherung zu einander beleuchtet. Die Beiträge werden bekanntlich nicht für beide getrennt erhoben, sondern dienen zur Bezahlung sowohl der Invaliden- als der Altersrente. Nun werden von dem so aufkommenden Gesamtbetrage 96% für die Bestreitung der Invaliden- und nur 4% für die Altersrente verwendet; ließe man also die erstere fallen und beschränkte sich auf die Altersrente, so könnte man diese gegen jetzt in 25facher Höhe gewähren oder die Beiträge auf $1/25$ herabsetzen. Thatsächlich erhält jeder Versicherte bei Eintritt der Erwerbsunfähigkeit die Invalidenrente ganz ohne Rücksicht auf sein Alter, sodaß sie dem 21jährigen genau so gut zu statten kommt, wie dem 70jährigen, und da die unendliche Überzahl der Arbeiter bereits vor Erreichung des 70sten Lebensjahres erwerbsunfähig wird und dann die Invalidenrente bezieht, so kommt die ganze Altersrente nur für die wenigen Personen in Betracht, welche mit 70 Jahren noch im völligen Besitz ihrer Arbeitskraft sich befinden. Die Invalidenrente ist nun aber, wie gesagt, nicht allein an keine Altersgrenze gebunden, sondern zugleich wesentlich höher als die Altersrente, sie steigt ohne Beschränkung auf einen Höchstbetrag bis zur Summe von 300—400 Mark und darüber, sodaß die ganze Phrase von den 33 Pfennigen, die erst mit 70 Jahren gezahlt werden, eine völlig inhaltlose, der Wahrheit ins Gesicht schlagende Entstellung ist, der jeder ehrliche Mensch, mag er sonst auf einem Standpunkte stehen, auf welchem er wolle, mit aller Kraft entgegenzutreten bestrebt sein sollte.

des jetzigen Gesetzes dessen Gegnern der Vorwurf gemacht, daß sie zwar vieles getadelt, aber so gut wie gar nicht sich über die Mittel der Abhülfe geäußert hätten. Der Minister von Bötticher erklärte sich gern bereit, alle Mittel zu prüfen, um den jetzt unbequemen Rock bequemer zu machen und versprach im voraus allen denen seinen Dank, welche Vorschläge zu diesem Zwecke machen würden. Nun wohl, einen solchen Versuch will ich in den folgenden Ausführungen unternehmen, und zwar einen sehr radikalen Versuch, denn ich bin allerdings der Ansicht, daß mit kleinen Änderungen nicht zu helfen ist, daß das System des Gesetzes in seinen Grundlagen geändert werden muß. Läge der Fehler in Nebenpunkten, so wäre es in der That auffallend, daß die Unzufriedenheit eine so allgemeine und umfassende ist; daß dies der Fall ist, unterstützt, wie mir scheint, schon für sich allein meine Auffassung. —

Der Zweck dieser Arbeit würde nur unvollkommen erreicht werden, wenn ich mich auf bloße theoretische Erörterungen beschränken wollte. Das hier verfolgte Ziel, unmittelbar zur Beseitigung der aufgefundenen Mängel anzuregen, erfordert, das Ergebnis der Untersuchung zu formulierten Abänderungsvorschlägen zu verdichten, die geeignet sind, ohne weiteres zur Unterlage eines Gesetzentwurfes gemacht zu werden. Damit wird ein doppelter Vorteil erreicht. Zunächst wird den Faktoren, welche in der Lage sind, den gesetzgeberischen Apparat in Bewegung zu setzen, diese Arbeit erleichtert und deshalb eine stärkere Anregung zu solchem praktischen Vorgehen ausgeübt; vor allem aber giebt es gar keine bessere Kontrolle eines Gedankenganges, als wenn man seine Ergebnisse in formulierten Paragraphen niederlegt: es ist dies gewissermaßen die Probe auf die Rechnung, und sehr häufig finden sich bei dieser Operation noch allerlei Bedenken und Schwierigkeiten, die man vorher gar nicht beachtet hatte.

Erfordert hiernach der Zweck dieser Arbeit die Vorlegung eines vollständigen Gesetzentwurfes, so ist doch mit Rücksicht auf die konkreten Verhältnisse eine gewisse Einschränkung am Platze. Die Änderungen, welche die Einführung eines neuen Gedankens in ein bestehendes Gesetz mit sich bringt, sind sehr verschiedener Natur, es giebt solche, auf die das oben Gesagte zutrifft, daß sie eine Probe auf die Richtigkeit und Durchführbarkeit des Gedankens bilden, und andere, die auf eine solche Bedeutung keinen Anspruch haben, deren Ausgestaltung häufig zwar nicht ohne Mühe ist, deren Möglichkeit aber von Anfang an keinem Zweifel unterliegt. Auf diese letztere Klasse hier Mühe und Raum zu verwenden liegt in dem jetzigen Stadium der Reformbewegung kein Grund vor. Ich werde mich deshalb nur mit Änderungen der ersteren Art beschäftigen, mithin meine Vorschläge auf bloße Grundzüge beschränken, denen ich die Form von Gesetzesparagraphen nur aus dem Grunde der besseren Übersichtlichkeit gebe. —

Ich werde in meinen Ausführungen als das Ziel, zu dem wir gelangen müssen, eine Versicherung nachweisen, die von dem bisher zu

Grunde gelegten falschen Gegensatze der **Produktionstechnik:** Arbeiter — Arbeitgeber völlig absieht und an dessen Stelle den richtigen socialen, der sich aus der Verschiedenheit der **Vermögenseinteilung** ergiebt, treten läßt, m. a. W.: ich halte es für die Aufgabe der Zukunft, die bisherige Arbeiterversicherung durch eine **allgemeine Staatsbürgerversicherung** zu ersetzen. Aber ich muß mir sagen, daß die Erreichung dieses Zieles mit ganz außerordentlichen Schwierigkeiten verknüpft ist, pflegen doch regelmäßig die letzten Stufen eines Gedankens schwerer in die Wirklichkeit umzusetzen zu sein, als die früheren, denn mit der Größe der Aufgabe wachsen die entgegenstehenden Hindernisse. Es wäre deshalb verkehrt, die Reformbewegung unmittelbar auf dieses letzte Ziel zu richten, und so werde ich mich darauf beschränken, dasselbe zunächst gewissermaßen mittelbar, wenn auch unvollkommen zu erreichen, indem ich versuche, unter Beibehaltung der bisherigen Unterlage den Fehler auf einem Umwege möglichst auszugleichen, dagegen eine grundlegende Umgestaltung der späteren Entwickelung vorbehalte.

Einen weiteren Fehler sah ich in der bisherigen Trennung der verschiedenen Arten der Versicherung und erhebe demgegenüber die Forderung einer **Gesamtversicherung**. Aber obgleich ich diese für sehr viel leichter durchführbar halte, als eine allgemeine Staatsbürgerversicherung, so wünsche ich dennoch das Schicksal der von mir in der Invaliditäts- und Altersversicherung empfohlenen Verbesserungen nicht an dasjenige dieser weitergehenden Forderung in dem Maße zu knüpfen, daß ich alle diejenigen, welche die letztere ablehnen, zugleich auch zu Gegnern meiner sonstigen Vorschläge mache. Ich werde deshalb die Durchführbarkeit dieser auf Vereinfachung der Invaliditäts- und Altersversicherung abzielenden Abänderungen in einem Entwurfe zeigen, der sich lediglich auf diese Form der Versicherung beschränkt.

Hieraus ergeben sich also zwei Abschnitte meiner Arbeit:

I. Abänderung der **Invaliditäts- und Altersversicherung**.

II. Schaffung einer **Gesamtversicherung**.

Beide Abschnitte laufen aus in konkrete Vorschläge, die ich in formulierten Gesetzentwürfen niedergelegt habe.

Erster Abschnitt.
Invaliditäts= und Altersversicherung.
I. Umfang.

Während man bei der Unfallversicherung schrittweise vorging und zunächst die Verhältnisse der Industrie regelte, um demnächst die Transportgewerbe, den Handel, die Landwirtschaft und die Schiffahrt in den bereits gespannten Rahmen einzubeziehen, hat man bei der Invaliditätsversicherung den gegensätzlichen Weg eingeschlagen und das Gesetz von vornherein für alle diejenigen Arbeiterklassen gegeben, die nach dem gesteckten Ziele überhaupt unter dasselbe begriffen werden sollten. Zur Rechtfertigung für diese abweichende Behandlung bezieht sich die Begründung in erster Linie auf die Häufigkeit des Berufswechsels und die dadurch bedingte Schwierigkeit einer Trennung. Daß diese hier größer gewesen sein würde, als bei der Unfallversicherung, mag zugegeben werden, aber von entscheidender Bedeutung konnte dies nicht sein, und da große Gruppen der Abgeordneten, insbesondere die Mehrzahl des Centrums bei einer Beschränkung des Gesetzes auf industrielle Arbeiter demselben zugestimmt haben würden, die es jetzt ablehnten, so wäre eine solche schrittweise Lösung vielleicht vorzuziehen gewesen. Wenn man insbesondere den Vertretern der Landwirtschaft, die sich gegen das Gesetz sträubten, entgegenhielt, bei einer Beschränkung auf die Industrie würde der dadurch gewährte Vorzug die Arbeiter dorthin treiben und der Landwirtschaft entziehen, so hat jedenfalls diese Fürsorge in der späteren leidenschaftlichen Erbitterung derjenigen, welchen man diesen angeblichen Vorzug gewähren wollte, eine drastische Richtigstellung erfahren.

Aber es hat keinen praktischen Wert, diesen Gedanken weiter zu verfolgen. Geben selbst diejenigen, welche das ganze Gesetz für einen Fehler halten, zu, daß man das einmal gegebene nicht wieder zurücknehmen kann, so gilt dies in noch höherem Maße für die Frage einer nachträglichen Beschränkung. Daß bei einer Reform des Gesetzes der einmal gezogene Rahmen nicht eingeengt werden dürfe, steht außer Zweifel, und wir lassen deshalb diese Erörterung fallen. Ganz anders steht es mit einer Erweiterung, und diese wird im folgenden insbesondere hinsichtlich des Kleingewerbes sehr nachdrücklich vertreten werden; aber obgleich diese Frage systematisch betrachtet in diesem Zusammenhange behandelt werden müßte, so habe ich ihr doch eine andere Stelle aus dem Grunde angewiesen, weil sie meines Erachtens einen Grundfehler der ganzen jetzigen Socialgesetzgebung zu Tage treten läßt, und deshalb ihre Erörterung einen selbständigen Abschnitt erfordert.

Habe ich bisher von dem subjektiven Umfange der Versicherung gesprochen, also von den in dieselbe einbezogenen Personen, so erübrigen noch einige Worte über den objektiven Umfang, also den Kreis derjenigen Schäden, gegen welche Schutz gewährt werden soll. Allein teils werde ich auf diesen Punkt in dem Abschnitte über

Schaffung einer Gesamtversicherung zurückkommen müssen, teils gilt hier etwas ähnliches, wie bei den obigen Erörterungen. Ich denke hier an die Frage, ob es gut gethan war, die Invaliditätsversicherung und die Altersversicherung in demselben Gesetze zu umfassen; beide sind von einander durch eine tiefe principielle Grenze geschieden, ja die Altersversicherung steht ganz isoliert in der ganzen Socialgesetz= gebung, sie führt einen ganz neuen Gedanken in die staatliche Ver= sicherungsgesetzgebung ein und steht allen anderen Formen derselben ganz fremd und selbständig gegenüber. Die gemeinsame Grundlage dieser letzteren ist: Schutz des **erwerbsunfähigen** Arbeiters; die Altersversicherung zuerst dehnt ihr Gebiet aus auf den **Erwerbs= fähigen**, sie will nicht einen **Ersatz** des entzogenen Arbeitslohnes geben, sondern einen **Zuschuß**, der die Möglichkeit gewähren soll, mit der noch vorhandenen Arbeitskraft sparsam umzugehen und den Rest des Lebens in größerer Behaglichkeit zu verbringen, als es der natur= gemäß im Alter abnehmende eigene Erwerb gestatten würde. Das ist sehr schön gedacht und auch vielleicht nicht zu beanstanden, aber wenn man von gewisser Seite unserer neuesten Gesetzgebung den Vorwurf macht, daß sie die Bahn des Socialismus betrete und deshalb dessen extremsten Forderungen das Feld bereite, so ist wohl kaum irgendwo ein Punkt zu finden, auf dem diese Behauptung in höherem Grade einen gewissen Schein der Berechtigung in Anspruch nehmen könnte, als gerade hier, und mindestens liegt das hier verfolgte Ziel auf der Gesamtbahn so weit hinaus, daß man alle Veranlassung gehabt hätte, zunächst dringendere Aufgaben in Angriff zu nehmen. Man darf nun auch geradezu behaupten, daß die Einbeziehung der Altersversicherung einem Mißverständnis ihre Unterlage verdankt, und zwar einem Mißverständnis der Botschaft vom 17. November 1881. Als bei der dritten Lesung des Gesetzes ein Antrag, die ganze Alters= versicherung aus dem Gesetze zu streichen, vorbereitet war und sich rasch mit Unterschriften aus den verschiedensten Parteien bedeckte, sodaß an der fast einstimmigen Annahme nicht zu zweifeln war, zumal selbst von den Regierungsvertretern kaum ein ernsthafter Widerspruch erhoben wurde, war es schließlich ganz allein die Mitteilung, daß **höchsten= orts** auf die Aufrechterhaltung der Altersversicherung als Einlösung der in dem socialpolitischen Testamente Kaiser Wilhelms I gegebenen Zusage das größte Gewicht gelegt wurde, die das Fallenlassen dieses Antrages zur Folge hatte. Man wies freilich schon damals darauf hin, daß wenn es in der Botschaft heißt: „Aber auch diejenigen, welche durch Alter oder Invalidität **erwerbsunfähig** werden, haben der Gesamtheit gegenüber einen begründeten Anspruch auf ein höheres Maß staatlicher Fürsorge, als ihnen bisher hat zu Teil werden können," dies ja nach dem klaren Wortlaute nur dahin zu verstehen sei, daß eine durch das Alter herbeigeführte **Erwerbsunfähig= keit** als Gegenstand der staatlichen Fürsorge bezeichnet, und daß dies Ziel durch die Invaliditätsversicherung mit umfaßt werde[1].

---

[1] § 1 der Regierungsvorlage lautete: „Gegen die **Erwerbsunfähig= keit**, welche infolge von Alter, Krankheit oder von nicht durch reichsgesetzliche

Aber es war nicht zu verkennen, daß schon durch die sprachliche Zusammenfassung, „Alters= und Invaliditätsversicherung", an die man sich allmählich gewöhnt hatte, ein gewisses Präjudiz geschaffen war, daß man in weiten Kreisen die Einbeziehung der Altersversicherung erhoffte, und daß, nachdem einmal die Vorlage sich auf diesen Standpunkt gestellt hatte, es erhebliche Bedenken hatte, denselben wieder aufzugeben. Immerhin hätte man mindestens die beiden Arten der Versicherung äußerlich trennen und zum Gegenstande verschiedener Gesetze machen sollen, man hätte dann den bereits an anderer Stelle gerügten Verdunkelungsversuchen den Boden abgegraben, die dahin gingen, vor den urteilslosen Massen lediglich von der Altersversicherung zu sprechen, deren sehr begrenzten Wirkungskreis hinsichtlich des Alters, welches zum Bezuge der Rente berechtigt, und der Höhe dieser Rente zum Gegenstande des Angriffes zu machen und den Eindruck hervorzurufen, als ob dies der einzige Gegenstand des Gesetzes sei.

Daß dieser Betrug versucht werden würde, ist schon bei Beratung des Gesetzes vorhergesagt. Man hat diese Befürchtung nicht als begründet anerkennen wollen und für diese Außerachtlassung taktischer, auf die Erfahrungen des Lebens gestützter Warnungen teueres Lehrgeld zahlen müssen, aber nachdem der Fehler einmal gemacht ist, gilt doch auch hier dasselbe, was oben hinsichtlich der gleichzeitigen Umfassung aller Arbeiterklassen ausgeführt wurde: ein Zurückweichen ist jetzt nicht mehr möglich und für die Reformfrage entfällt deshalb auch dieser Angriffspunkt.

Nicht minder wird man gut thun, eine andere bei den Beratungen des Gesetzes viel erörterte, aber vorläufig entschiedene Frage zunächst nicht wieder aufzurühren, nämlich hinsichtlich der Behandlung der nur teilweise erwerbsunfähigen Personen. Es ist ja zweifellos eine Lücke des Gesetzes, daß diese nicht in die Versicherung einbegriffen sind. Die Unfallversicherung entschädigt jede, auch nur teilweise Einbuße an der normalen Erwerbsfähigkeit, und das Gleiche muß das Ziel bleiben, wo die Verminderung nicht durch einen Unfall im Sinn des Gesetzes, also ein einzelnes zeitlich begrenztes Ereignis, sondern durch eine länger fortwirkende Ursache, insbesondere ein allmähliches Schwinden der Kräfte herbeigeführt ist. Diese Unvollkommenheit des Gesetzes tritt um so stärker hervor, wenn man berücksichtigt, daß dasselbe freilich begrifflich die bloße Verminderung der Erwerbsfähigkeit aus seinem Rahmen ausschließt und

---

Unfallversicherung gedeckten Unfällen eintritt, werden .... versichert". Wenn man freilich hiernach glauben wollte, daß die Vorlage sich wirklich auf Versicherung erwerbsunfähiger Personen beschränkt habe, so wäre das irrtümlich, denn § 7 bestimmte: Altersrente erhält, ohne daß es des Nachweises der Erwerbsunfähigkeit bedarf, derjenige Versicherte, welcher das siebzigste Lebensjahr vollendet hat." Unter diesen Umständen war es, falls man einmal entschlossen war, die Altersrente für erwerbsfähige Personen beizubehalten, durchaus berechtigt, daß die Kommission dem § 1 die jetzige Fassung gab: „Nach Maßgabe der Bestimmungen dieses Gesetzes werden .... versichert".

sich auf den völligen Verlust beschränkt, thatsächlich aber diesen Standpunkt nicht durchführt, sondern als invalide denjenigen bezeichnet, der — kurz gesagt — nicht mehr $^1/_3$ der normalen Erwerbsfähigkeit besitzt. Dies ist offenbar eine ganz willkürlich gegriffene und deshalb recht unbefriedigend wirkende Grenze[1].

Aber mag man aus praktischen Gründen, um nicht die Aufgabe noch mehr zu erschweren, einstweilen von Beseitigung dieser Lücke absehen, so ist umgekehrt gerade aus derselben Rücksicht eine noch weitere Einschränkung des Wirkungskreises des Gesetzes zu empfehlen durch Ausschluß einer Klasse von Personen, deren Einbeziehung schon bisher das allergrößte Kopfzerbrechen gemacht hat und thatsächlich noch in höchst unvollkommenem Maße durchgeführt ist, nämlich der sogenannten unständigen Arbeiter. Die Vorlage enthielt die Bestimmung:

"Personen, welche berufsmäßig einzelne persönliche Dienstleistungen bei wechselnden Arbeitgebern übernehmen, gelten nicht als Arbeiter im Sinne dieses Gesetzes".

Der Reichstag hat dies beseitigt und es lediglich bei der Vorschrift in § 3 Abs. 3 belassen:

"durch Beschluß des Bundesrates wird bestimmt, inwieweit vorübergehende Dienstleistungen als Beschäftigung im Sinne dieses Gesetzes nicht anzusehen sind."

Der Bundesrat hat von dieser Befugnis Gebrauch gemacht, indem er durch die Beschlüsse vom 27. Novbr. 1890 (Centralbl. S. 369), 24. Dezbr. 1891 (R.G.Bl. S. 399) und 24. Jan. 1893 (R.G.Bl. S. 5) eine Reihe von unständigen Arbeitern von der Versicherung ausgeschlossen hat. Aber trotz aller Mühe ist dadurch dem praktischen Bedürfnisse nur unvollkommen Rechnung getragen, und obgleich das Gesetz für die Beitragserhebung bei solchen Personen durch die §§ 111, 113 weitgehende Erleichterungen eingeführt hat, so darf doch behauptet werden einerseits, daß hinsichtlich der unständigen Arbeiter das Gesetz noch sehr weit von seiner wirklichen Durchführung entfernt ist, und andererseits, daß gerade hier diese

---

[1] In Fällen allmählicher Abnahme der Kräfte ohne bestimmte erkennbare Ursache würde es großen praktischen Schwierigkeiten begegnen, eine bloße Verminderung der Erwerbsfähigkeit zum Gegenstande der Entschädigung zu machen, da sich kaum wird nachweisen lassen, wie weit dabei die allgemeinen und wie weit die besonderen wirtschaftlichen Verhältnisse einwirken. Dagegen scheint es angängig, die bloße Minderung der Erwerbsfähigkeit überall da zu vergüten, wo sie durch ein in sich abgeschlossenes zeitlich begrenztes Ereignis herbeigeführt ist. Dem ist schon jetzt insoweit Rechnung getragen, als dieses Ereignis ein Betriebsunfall ist, aber es scheint ohne Schwierigkeit auch da ausführbar, wo dies Ereignis eine Krankheit ist. Bei der gleichartigen Behandlung von Unfall und Krankheit würde außerdem auch der Vorteil erzielt, die bisherige häufig sehr schwierige Unterscheidung beider überflüssig zu machen.

Obgleich ich die Ausdehnung der Versicherung auf diese Fälle für möglich und erstrebenswert halte, habe ich von einer weiteren Verfolgung des Gedankens aus dem Grunde Abstand genommen, weil ich die gesetzgeberische Last grundsätzlich nicht **ihrem Inhalte nach** ändern, sondern mich nur mit der **Form ihrer Tragung** beschäftigen will.

Durchführung so außerordentlich große Schwierigkeiten und Belästigungen der Beteiligten mit sich bringt[1], daß man besser thäte, auf die ursprünglich beabsichtigte völlige Ausschließung dieser Personen von der Versicherung zurückzugreifen, zumal man sich dabei lediglich in Übereinstimmung mit der Krankenversicherung befindet, von welcher Personen ausgeschlossen sind, deren Beschäftigung ihrer Natur nach eine vorübergehende oder durch den Arbeitsvertrag im voraus auf einen Zeitraum von weniger als einer Woche beschränkt ist (§ 2 Ziff. 1).

II. Zwangsversicherung.

Die Form, in der unsere sociale Versicherungsgesetzgebung den ihr zu Grunde liegenden Gedanken verwirklicht, ist die der Zwangsversicherung. Über ihre Notwendigkeit ist allmählich eine fast völlige Übereinstimmung erzielt, sodaß es nicht erforderlich scheint, sie hier noch weiter zu begründen. Nicht so unbestritten ist eine in den Rahmen der Zwangsversicherung fallende Unterfrage, die durch die Schlagworte: Kassenzwang oder Zwangskassen bezeichnet wird. Man versteht unter der ersteren Bezeichnung die bloße Pflicht, sich irgendwie zu versichern, unter der letzteren die gesetzliche Schaffung von Kassen, in denen diese Versicherung stattfinden muß. Schon bei Beratung der Gewerbeordnung von 1869 wurde zwischen den Vertretern dieser beiden Standpunkte ein Vergleich erzielt, der bei Beratung des Hülfskassengesetzes von 1876 und der gleichzeitig erlassenen Novelle zur Gewerbeordnung aufrecht erhalten wurde und noch heute der Gesetzgebung zu Grunde liegt: man schuf einerseits staatliche Kassen, ließ aber daneben freie Kassen zu und befreite von dem Zwange, den ersteren beizutreten, alle diejenigen, die den letzteren angehörten, sofern diese gewissen Mindestanforderungen genügen. Es ist bereits an anderer Stelle zu der Frage Stellung genommen, ob man wirklich die zugesagte „gleiche Verteilung von Licht und Schatten" zwischen beiden Arten von Kassen unparteiisch durchgeführt hat, und wenn man einer Reform unserer Versicherungsgesetzgebung näher tritt, so wird dabei auch von einer Abstellung berechtigter Klagen der freien Kassen nicht abgesehen werden dürfen. Immerhin würde ein Eingehen auf die hier aufgeworfenen, sehr in Einzelheiten auslaufenden Fragen uns zu weit von unserem Hauptziele entfernen, und da der Grundgedanke des Zwangskassensystems als ein berechtigter anzuerkennen ist, so möge es hier genügen, nur noch auf einen Gesichtspunkt zur Unterstützung desselben hinzuweisen, den

---

[1] Ich brauche nur an die Frage der sogenannten Ausgehefrauen zu erinnern und darf, um hier nicht weiter darauf einzugehen, auf meine Ausführungen in der Zeitschrift: „Die Inval. u. A.-Versicherung" Jahrg. III Nr. 13 u. 14 verweisen. Wenn man jetzt überwiegend einen Verdienst in Höhe von einem Drittel des ortsüblichen Tagelohns als Grenze der Versicherungspflicht aufstellt, so liegt neben der Willkürlichkeit zugleich auf der Hand, daß dies zu stetem Schwanken in der Versicherungspflicht einer und derselben Person führen muß.

man bis jetzt selten betont findet, dessen Berechtigung aber die in Frankreich gemachten Erfahrungen beweisen.

Hier hat man — wohl wesentlich aus nationaler Eitelkeit, um nicht als Nachahmer des deutschen Vorbildes zu erscheinen — die Einführung von Zwangskassen mit Beteiligung der Arbeitgeber abgelehnt und sich darauf beschränkt, die Unternehmer für alle im Betriebe erwachsenden Beschädigungen haftpflichtig zu machen, indem man ihnen anheim gab, diese Verantwortung ihrerseits durch Versicherungen ihrer Arbeiter abzuwenden. Auf dem zweiten internationalen Kongresse für Arbeiter-Unfallverhütung, der 1891 in Bern stattfand, mußten die französischen Vertreter, die anfangs sehr lebhaft gegen das deutsche System auftraten, schließlich selbst einen Vorteil desselben zugeben, der gewissermaßen über das nächste Ziel der Versicherung hinaus liegt, aber eine höhere Bedeutung, als diese selbst, beanspruchen darf: die Unfallverhütung. Hat der Unternehmer seine Arbeiter versichert, so hat er an einer eintretenden Beschädigung keinerlei finanzielles Interesse; er zahlt seine festgeregelten Beiträge und dafür gewährt die Versicherungsgesellschaft die den Arbeitern gesetzlich gebührende Entschädigung bezw. ersetzt dem Unternehmer die aufgewandten Summen. Nun hat allerdings die Gesellschaft Veranlassung, einer zu starken Belastung ihrer Kasse dadurch vorzubeugen, daß sie die technischen Einrichtungen des Unternehmers daraufhin prüft, ob sie einen ausreichenden Schutz gegen Gefährdung der Arbeiter gewähren, aber sie ist zur Durchführung einer solchen Prüfung auf das sehr unzureichende Mittel einer periodischen Beaufsichtigung angewiesen. Vergleicht man hiermit das deutsche System, so leuchtet der außerordentliche Vorteil desselben für die Unfallverhütung von selbst ein: der Unternehmer hat in seiner persönlichen Beteiligung an der Tragung eines etwa eingetretenen Schadens den allerstärksten Antrieb an dessen Verhütung. In Frankreich hat man das Interesse an der Vermeidung von Schädigungen der Arbeiter und die thatsächliche Möglichkeit, in dieser Richtung einen Einfluß zu üben, auseinander gerissen und verschiedenen Personen zugewiesen, dadurch aber die notwendige organische Verbindung beider zerstört. Es muß deshalb, da das höchste Ziel stets bleiben muß, nicht den Schaden nachträglich zu ersetzen, sondern von vornherein möglichst zu verhindern, unter allen Umständen daran festgehalten werden, den Unternehmer, als die einzige Person, welche in der Lage ist, weitgreifend die technische Einrichtung des Betriebes zu beeinflussen, mit seinem eignen unmittelbaren Interesse daran zu beteiligen, daß alles geschieht, um Gesundheitsschädigungen der Arbeiter nach Möglichkeit zu verhüten; mit andern Worten, das System der Zwangsversicherung verdient zweifellos den Vorzug vor demjenigen der bloßen Haftpflicht.

III. Beschaffung der Mittel.

Die Beschaffung der Mittel hat es zu thun einerseits mit der Frage, wer dieselben zu liefern hat, und andererseits mit der Form der Aufbringung.

Was die Person des Trägers betrifft, so lassen sich erhebliche Gründe dafür anführen, das Ziel darin zu sehen, daß schließlich die Mittel allein durch den Unternehmer aufgebracht werden.

Man hat schon wiederholt darauf hingewiesen, daß in der Beziehung zum Produktionsprozesse der Arbeiter ja keine andere Stellung einnehme, als die Maschine. Es versteht sich nun ganz von selbst, daß der Unternehmer von dem jährlichen Bruttoerlöse einen angemessenen Betrag für Amortisation des in seinen Maschinen enthaltenen Kapitals abschreibt, der ausreicht, um dieselben nach erfolgter Abnutzung durch neue zu ersetzen; so muß das Gleiche auch für die menschliche Arbeitskraft gelten. Einen Arbeiter solange, als er arbeiten kann, ausnutzen und, falls er erwerbsunfähig geworden ist, der Gesamtheit zur Erhaltung überweisen, ist ein Verstoß gegen die einfachste volkswirtschaftliche Forderung, daß die Produktion die durch sie entstehenden Kosten selbst zu tragen habe, nicht aber den übrigen Staatsbürgern aufbürden dürfe.

An sich führt dieser Gedankengang nur zu der Ablehnung der Forderung, daß die Unterstützung der arbeitsunfähig gewordenen Arbeiter in Form von Armenunterstützung oder Zuschüssen zur Versicherung von der Gesamtheit getragen werde, und zu dem Ergebnisse, daß sie als Teil der Produktionskosten angesehen werde[1], enthält aber keinen Ausspruch darüber, ob sie den Unternehmern oder den Arbeitern zur Last fallen solle. Beide sind die Faktoren der Produktion, und ob man das eine oder das andere thut, betrifft schließlich nur die Verteilung des Arbeitsertrages unter jene beiden Beteiligten, also mittelbar die Höhe des Lohnes.

Aber wollte man auch unter Voraussetzung entsprechender Löhne es grundsätzlich als zulässig ansehen, den Arbeiter selbst zur Bestreitung der Versicherung anzuhalten, so sprechen doch erhebliche praktische Gründe dagegen. Da die Arbeiter von einer freiwilligen Versicherung nur in unzureichendem Maße Gebrauch machen würden, es

---

[1] Vgl. hierzu die Ausführungen in der Begründung der Regierungsvorlage: „Wirtschaftlich angesehen bedeutet die Alters- und Invalidenrente in der Regel einen Ersatz für die durch die Arbeit selbst bedingte Minderung der Arbeitskraft. Dieser Ersatz wird folgerichtig in der Hauptsache aus dem Arbeitsertrage zu entnehmen, gewissermaßen zu reservieren sein. Wie aber das Arbeitsverhältnis selbst eine gewisse Solidarität zwischen Arbeitgeber und Arbeitnehmer begründet, insofern beide an dem Arbeitsertrage Teil haben, so ergiebt sich, daß auch der Arbeitgeber sich der Verpflichtung, zu dem Ersatze der geminderten Arbeitskraft des Arbeiters beizutragen, nicht entziehen darf. Es mag dahingestellt bleiben, ob sich das Verhältnis, in welchem Arbeitgeber und Arbeitnehmer an dem Arbeitsertrage beteiligt werden, durch eine allgemeine Formel überhaupt zahlenmäßig ausdrücken läßt. Jedenfalls ist es eine Forderung der Gerechtigkeit, daß auch der Arbeitgeber einen entsprechenden Teil der in Rede stehenden Belastung übernehme".

sich also, wie oben unter II erörtert, nur um eine Zwangseinrichtung handeln kann, so müßten die Beiträge zwangsweise eingezogen werden; um dies wirksam zu machen, müßte man den Abzug vom Lohne anordnen, und soll einmal der Unternehmer die Abführung der Beiträge besorgen, so betrifft die Frage, ob er sie materiell selbst bestreiten oder seinen Arbeitern in Anrechnung bringen darf, nicht mehr die Form der Erhebung, sondern ausschließlich die Höhe des Lohnes. Hält man nun eine allmähliche Steigerung der Löhne im Interesse einer Steigerung der Kaufkraft der Arbeiterklasse für nötig und sieht die Schwierigkeit derselben wesentlich in der unter den Arbeitgebern bestehenden gegenseitigen Konkurrenzstellung, die dem einen verbietet, etwas zu thun, solange nicht die andern sich anschließen, so wird man in einer Einrichtung, bei der zwangsweise alle Unternehmer sich an einer Lohnerhöhung beteiligen müssen, ein brauchbares und nützliches Hülfsmittel für Erreichung jenes Zieles sehen. Allerdings verbleibt dabei immer noch die Rücksicht auf die Konkurrenz des Auslandes, und falls man hier nicht durch socialpolitische Schutzzölle einen künstlichen Schutz herbeiführen will, so wird man nur mit Vorsicht und allmählich vorgehen dürfen; aber das ändert nichts an der Berechtigung der Forderung, die Last der Versicherung grundsätzlich dem Unternehmer aufzuerlegen.

Dagegen kommt als Gegengrund ein Gesichtspunkt ganz anderer Art in Betracht, der im wesentlichen auf ethischem Gebiete liegt. Ist es auch im wirtschaftlichen Erfolge völlig gleichwertig, ob der Arbeiter 700 Mark Lohn erhält und der Unternehmer 30 Mark Versicherungsbeiträge leistet, oder ob der Lohn auf 730 Mark erhöht wird und dafür die Versicherungskosten dem Arbeiter zur Last fallen, so wird dies dem letzteren nicht so erscheinen, und er vielmehr die Überzeugung haben, in diesem Falle selbst für sich gesorgt zu haben, während er sich in jenem fremder Fürsorge bewußt ist. Nun ist aber eine Einrichtung, die dem Arbeiter das Bewußtsein verschafft, selbst für sich und die Seinigen zu sorgen, von einer nicht hoch genug anzuschlagenden ethischen Bedeutung, indem sie einerseits sein Selbstgefühl auf eine höhere Stufe hebt, und andererseits den subjektiven Wert des Gebotenen für ihn außerordentlich steigert; denn es entspricht nun einmal dem menschlichen Empfinden, daß wir dasjenige am höchsten schätzen, wofür wir selbst Opfer gebracht haben.

Der Zuschuß des Reiches ist nach dem eben Erörterten grundsätzlich nicht zu rechtfertigen, kann aber zur Zeit seine Berechtigung ableiten aus einer Unvollkommenheit unseres Steuersystems, indem er als Ausgleichung einer hier bestehenden socialen Ungerechtigkeit wirkt. Indirekte Steuern sind finanziell wertvoll nur als Belastungen von Gegenständen des Massenverbrauchs, wirken aber in diesem Falle ungerecht, da sie den Steuerträger nicht heranziehen nach dem Maße seiner Steuerkraft, sondern die Unbemittelten, wenn nicht absolut, so doch mindestens relativ, stärker belasten als die Wohlhabenden: eine social gerechte Besteuerung ist nur möglich bei den direkten Steuern. Nun verbietet sich aber für das Reich die

Begründung seiner Einnahmen lediglich auf direkte Steuern teils aus politischen Gründen, teils durch die Rücksicht, daß die subjektive Empfindung des Steuerdruckes und die Form der Erhebung bei ihnen stets härter und drückender ist, als bei indirekter Belastung. Muß man also aus diesen Gesichtspunkten mit offenen Augen eine sociale Ungerechtigkeit begehen, so rechtfertigt es sich, dieselbe auf einem Umwege wieder auszugleichen, indem man aus den so zusammengebrachten Mitteln der Gesamtheit derjenigen Klassen eine Zuwendung macht, die bei der Zusammenbringung überlastet sind. —

Was die Form der Aufbringung der Mittel anlangt, so hat man bei der Invaliditätsversicherung einen Mittelweg zwischen zwei sich bekämpfenden Forderungen eingeschlagen, den man als durchaus zweckmäßig wird anerkennen müssen. Hatte man freilich bei der Unfallversicherung und in gewissem Sinne auch bei der Krankenversicherung das Umlageverfahren zu Grunde gelegt, obgleich dasselbe von zunächst geringen Beiträgen ausgehend bald zu um so höheren Sätzen gelangen muß und so die Gegenwart auf Kosten der Zukunft entlastet, wobei die Rücksicht auf die allmähliche Anpassung der Industrie an die aufgelegte Last und die Abschwächung durch die Einrichtung eines umfassenden Reservefonds nur bis zu einem beschränkten Grade als Ausgleichung anerkannt werden kann, so erklärte man es doch seitens der Regierung mit Recht für unmöglich, diesen finanziell nicht als solide anzuerkennenden Weg auch bei der sehr viel umfassenderen Aufgabe der Invaliditätsversicherung zu gehen. Andererseits ließen sich gegen das gerade entgegengesetzte Princip des Prämiensystems, wonach für jeden Entschädigungsfall sofort der volle, nach versicherungstechnischen Gesetzen zu ermittelnde Gegenwert in Kapital aufzubringen ist, gewisse, insbesondere aus der Ansammlung ungeheurer, auf 2½ Milliarden berechneter Kapitalmassen hergeleitete Bedenken nicht verkennen, und so war es denn ein zweckmäßiger Ausweg, das sogenannte Kapitaldeckungsverfahren zu Grunde zu legen, welches freilich principiell an dem Prämiensystem festhält, die aufzubringenden Kapitale aber nur so berechnet, daß sie für einen gewissen, und zwar zunächst auf 10 Jahre festgesetzten Abschnitt zur Deckung der in dieser Zeit erwachsenden Renten ausreichen, während demnächst eine Erhöhung eintreten muß. Es liegt kein Grund vor, an dieser so geschaffenen Einrichtung etwas zu ändern.

IV. Organisation.

Wir haben uns hier nicht mit den Einzelheiten in der Durchführung des Organisationsplanes zu beschäftigen, sondern nur mit dessen Grundtypus, der bekanntlich bei den bisherigen Versicherungsarten, Kranken-, Unfall- und Invaliditätsversicherung, drei untereinander ganz wesentlich verschiedene Formen aufweist. Daß diese Mannigfaltigkeit vielleicht im Interesse der praktischen Erfahrung ganz nützlich, auf die Dauer aber eine Unmöglichkeit ist, wird an anderer Stelle erörtert werden; hier haben wir es nur mit der Frage zu thun, ob die für die Invaliditätsversicherung gewählte Organisationsform sich in der Art bewährt hat, daß man gut thut, sie auch bei einer Neugestaltung beizubehalten, oder ob zu empfehlen ist, eine der beiden andern, oder gar eine ganz neue Form an ihre Stelle zu setzen. Lediglich zu diesem Zwecke, um einen Vergleich zu ermöglichen, müssen wir hier noch einen Blick auf diese andern Typen werfen.

Der principielle Gegensatz derselben fällt sofort in die Augen. Die mannigfachen Formen der für die Krankenversicherung geschaffenen Anstalten: Gemeindekrankenversicherung, Orts-, Betriebs-, Bau-, Innungs- und Knappschaftskassen zeigen alle das gemeinsame Merkmal der Anlehnung an mehr oder weniger eng begrenzte Kreise. Verteilen wir die 7 723 000 Mitglieder auf die bestehenden rund 22 000 Kassen, so entfällt auf jede ein Durchschnittsbestand von 351. Ganz anders bei der Unfallversicherung, die es sich zur Aufgabe macht, thunlichst alle Betriebe einer gewissen Art zu einer einzigen Berufsgenossenschaft zusammenzufassen. Von den bestehenden 64 industriellen Berufsgenossenschaften umfassen deshalb 27 das ganze Reich, und verteilt man die 5 093 412 gegen Unfall versicherten industriellen Arbeiter gleichmäßig auf die 64 bestehenden Genossenschaften, so beträgt die Durchschnittszahl 79 584. Die Invaliditätsversicherung tritt hinsichtlich dieses Gegensatzes in die Fußstapfen der Unfallversicherung, denn die Verteilung der 11 285 000 gegen Invalidität versicherten Personen auf die bestehenden 31 Versicherungsanstalten ergiebt eine durchschnittliche Mitgliederzahl von 364 032. Die Abweichung besteht nur darin, daß man den Ausgangspunkt für die Zuteilung der Versicherten auf die einzelnen Anstalten genommen hat nicht von der Zugehörigkeit zu einem bestimmten Berufe, sondern von der Einteilung des Deutschen Reiches in politisch selbständige Staaten und größere Verwaltungsbezirke; an die Stelle der Berufsgliederung ist das Territorialprincip getreten. Übrigens läßt sich dieser letztere Gegensatz auch in den verschiedenen Formen der Krankenversicherung verfolgen: während für die Betriebskassen ausschließlich die Berufsgliederung, für die Gemeindeversicherung ausschließlich das Territorialprincip entscheidet, bilden die Ortskassen eine Mittelform, bei denen, falls eine gemeinsame Kasse für alle Berufe gebildet wird, das Territorialprincip, falls dagegen verschiedene Kassen errichtet werden, die Berufszugehörigkeit überwiegt. Zugleich zeigt übrigens die letzterwähnte Form, daß es möglich ist, beide Systeme miteinander zu kombinieren, so daß eine Doppelteilung nach örtlichen und beruflichen Beziehungen eintritt: naturgemäß kommt man dadurch allerdings zu verhältnismäßig kleinen Kassen.

Wollen wir uns unter diesen mannigfachen Formen entscheiden, so haben wir also hinsichtlich der beiden Grundtypen: kleine oder große Verbände — territoriale oder Berufsgliederung die Wahl zu treffen, wobei aber gleich hier auf die Möglichkeit einer Kombinierung hinzuweisen ist. Immerhin empfiehlt es sich, zunächst die reinen Formen ins Auge zu fassen und sich über deren Vorzüge klar zu werden.

Nun ist es gar nicht schwer, zunächst hinsichtlich des Gegensatzes: kleine oder große Verbände, den Vorteil jeder dieser beiden Formen einzusehen. Der Vorzug der großen Verbände besteht in der gleichmäßigeren Verteilung der Belastung und der leichteren Tragung des Risikos, auch in der relativen Verminderung der Verwaltungskosten; derjenige der kleinen Kassen dagegen in der größeren Übersichtlichkeit, in der genaueren Kenntnis der persönlichen Verhältnisse und deshalb der besseren Anpassung an diese, insbesondere aber der leichteren Verhinderung der Simulation.

Es wäre nun außerordentlich bedauerlich, wenn wir vor die Wahl gestellt wären, durch Annahme lediglich einer dieser beiden Grundformen zwar die mit ihr verbundenen Vorteile zu erlangen, dafür aber auf die der anderen eigentümlichen Vorzüge zu verzichten. Glücklicherweise liegt die Sache nicht so, sondern es giebt nicht allein einen, sondern sogar zwei Wege, um die guten Seiten beider zu vereinigen.

Der eine dieser Wege ist in der bisherigen Gesetzgebung bereits vorgezeichnet: nämlich bei kleinen Kassen die Abwälzung der Last auf breitere Schultern; ihn finden wir in § 46 des Krankenversicherungsgesetzes, indem mehrere oder sämtliche Ortskassen innerhalb desselben Aufsichtsbezirkes zu gewissen Zwecken gemeinsame Verbände bilden, in § 30 des Unfallversicherungsgesetzes, indem mehrere Berufsgenossenschaften die gemeinsame Tragung des Risikos vereinbaren, und in § 65 des Invaliditäts- und Altersversicherungsgesetzes, indem mehrere Versicherungsanstalten Abreden wegen gemeinsamer Tragung der Last treffen können. Es scheint von dieser Befugnis bis jetzt noch kaum Gebrauch gemacht zu sein, aber wenn wir dieses Mittel ins Auge fassen, so handelt es sich jedenfalls nicht um etwas völlig Neues, sondern lediglich um Ausgestaltung eines bereits in der jetzigen Gesetzgebung enthaltenen Gedankens.

Auch der andere Weg ist hier bereits zu finden. Können die Berufsgenossenschaften durch das eben bezeichnete Mittel die ohnehin schon breite Basis, auf denen ihre Last ruht, noch wesentlich vergrößern, so haben sie es andererseits in der Hand, erhebliche Teile der Verwaltung an ihre Sektionen abzugeben; ja für die wichtigste Thätigkeit, die Festsetzung der Entschädigungen bei eingetretenen Unfällen läßt schon das Gesetz eine solche Teilung eintreten, indem die leichteren Fälle durch den Sektionsvorstand, die schwereren durch den Genossenschaftsvorstand zu erledigen sind (§ 57).

Es handelt sich also um Vermittelung zwischen Centralisation und Decentralisation, und diese ergiebt sich, sobald man zwischen der Tragung der Last einerseits und der Verwaltung andererseits unterscheidet. Die erstere erfordert Centralisation, die letztere Decentralisation; die Last muß von möglichst großen Verbänden getragen, die Verwaltung auf möglichst kleine verteilt werden. Das

Richtige ist deshalb entweder: Schaffung einer einheitlichen Anstalt für das ganze Reich mit weitgehender Decentralisierung in der Verwaltung, oder Bildung ganz kleiner Verbände mit weitgehender Überwälzung der Last auf einen Gesamtverband. Beides kann, obwohl von den entgegengesetzten Polen ausgehend, im thatsächlichen Ergebnisse fast zusammenfallen. Die unerträglich hohen Verwaltungskosten der Berufsgenossenschaften sind die Folge zu weit getriebener Centralisation, zu der man gelangte in dem richtigen Verständnis, daß die Last auf breite Schultern gelegt werden müsse und deshalb große Verbände erfordere, aber unter Vernachlässigung der anderen Rücksicht, daß die Verwaltung durchaus decentralisiert werden muß, soll nicht eine bedauerliche Schwerfälligkeit und eine erhebliche Vermehrung der Kosten die Folge sein.

Allerdings ist dabei eine Gefahr zu vermeiden. Überträgt man die Zubilligung der Rente und die Kontrolle über die Fortdauer des zur Unterstützung berechtigenden Zustandes den den Verhältnissen am nächsten stehenden und deshalb für diese Aufgabe geeignetsten Personen, während man die Last nicht an dieselbe Stelle, sondern weit hinaus verlegt, so daß jene Personen von ihr nur in ganz abgeschwächtem Maße selbst betroffen werden, so liegt es nahe, daß sie bei der Beurteilung sich von einer Freigebigkeit leiten lassen, die ja innerhalb gewisser Grenzen sehr erwünscht ist, aber bei Überschreitung derselben zu einer Überlastung und zu unbilligen Verschiedenheiten führen kann. Es muß deshalb ein Teil der Last von den kleinen Kreisen unmittelbar getragen, und nur das Schwergewicht darf auf die großen Verbände gelegt werden. Aber auch hier finden wir bereits in der jetzigen Gesetzgebung unser Vorbild, indem das Unfallversicherungsgesetz (§ 29) es zuläßt, durch das Statut die Entschädigungsbeträge bis zu 50 % den Sektionen zur eigenen Tragung zu überweisen. Da dieselben, wie oben bemerkt, bei kleineren Unfällen die Festsetzung der Entschädigung zu besorgen haben, so entspricht es durchaus dem hier ausgeführten Gedanken, ihnen insoweit auch eine eigene Haftsphäre zu überweisen.

Wir haben uns bisher mit der ersten der oben aufgeworfenen Fragen beschäftigt, nämlich der Entscheidung, ob große oder kleine Kassen und Verbände den Vorzug verdienen. Kürzer können wir die zweite Frage erledigen, ob als Klassifizierungsprincip, als Grundsatz für die Abgrenzung der Kassen gegeneinander das Territorialsystem oder die Berufsgliederung zu empfehlen sei. Da es sich um thunlichste Berücksichtigung persönlicher Verhältnisse handelt und nur unter dieser Voraussetzung die ganze Einrichtung möglichst praktisch und zur Zufriedenheit der Beteiligten wirken kann, so kommt es vor allem darauf an, wie diese persönliche Beziehung am besten zu schaffen ist. Nun wird offenbar diese Kenntnis wohl durch den gemeinsamen Aufenthalt an demselben Orte, nicht dagegen oder höchstens innerhalb der bereits so gezogenen lokalen Abgrenzung durch die Zugehörigkeit zu demselben Berufe beeinflußt, und mehrere an demselben Orte arbeitende Personen auch verschiedenen Gewerbes stehen sich zweifellos gegenseitig näher, als Berufsgenossen, deren Beschäftigungsorte verschieden sind. Daraus ergiebt sich, daß an sich die Gliederung nach dem Wohn= oder Beschäftigungsorte das Näherliegende ist und vor derjenigen nach dem Berufe den Vorzug verdient, und es fragt sich lediglich, ob für die letztere besondere Gründe geltend gemacht werden können.

Nun ist, wie mir scheint, nur ein einziger solcher Grund anzuerkennen, nämlich die Verschiedenheit der durch den Beruf bedingten Invaliditätsgefahr. Es liegt auf der Hand, daß die Arbeit in Berufen, die starke Ansprüche an die körperliche Widerstandsfähigkeit stellen oder gar als gesundheitsgefährlich anzuerkennen sind, eine größere Wahrscheinlichkeit für die bald eintretende Invalidität begründet, als eine andere relativ gesunde und wenig aufreibende Thätigkeit. Aber hieraus folgt doch höchstens, daß es unbillig sein würde, die Beiträge dieser verschiedenen Klassen gleich hoch zu bemessen, und sonderbarer Weise hat man, obgleich das Gesetz (§ 24) den Versicherungsanstalten das Recht giebt, innerhalb der gesetzlichen Lohnklassen die Beiträge nach Berufszweigen verschieden zu bemessen, also, kurz gesagt, innerhalb der Lohnklassen Gefahrenklassen zu schaffen, bisher nicht allein in der Praxis hiervon, soweit bekannt, noch nirgends Gebrauch gemacht, sondern selbst der Gesetzgeber scheint in den späteren Abschnitten diese Einrichtung wieder mehr oder weniger aus den Augen verloren zu haben; denn lediglich in § 109 findet sich ein Zurückgreifen auf dieselbe, während für die Ausgabe von Marken (§ 99) ausschließlich die Sonderung nach den gesetzlichen vier Lohnklassen vorgesehen ist. Nun ist ja aber in dem Unfallversicherungsgesetze, da auch innerhalb der auf Grund derselben gebildeten Berufsgenossenschaften eine verschiedene Abstufung der specifischen Berufsgefahr stattfindet, das System der Gefahrenklassen sehr weitgehend durchgeführt, und es bedarf deshalb nur einer Nutzbarmachung dieses Gedankens und des weiteren Ausbaues der durch § 24 grundsätzlich bereits getroffenen Einrichtung, um diesem Gesichtspunkte auch innerhalb einer lokalen Gliederung gerecht zu werden. Es liegt deshalb in der berechtigten Rücksicht auf die nach Berufen verschieden abgestufte Invaliditätsgefahr kein Grund, das an sich zweckmäßige System der Anlehnung an die geographische Einteilung zu verlassen.

Das Ergebnis unserer Untersuchung können wir hiernach in folgender Weise zusammenfassen. Hinsichtlich des Gegensatzes: große oder kleine Verbände kann man von dem einen oder andern System ausgehen, sofern man die erforderlichen Korrektivmaßregeln anbringt: also entweder große Verbände mit weitgehender Decentralisation der Verwaltung, oder kleine Verbände mit ausgedehnter Überwälzung der Last. Die andere Frage dagegen hinsichtlich des Gegensatzes von geographischer oder beruflicher Gliederung war entschieden zu Gunsten der ersteren zu beantworten, sofern man der

Verschiedenheit des Berufsrisikos durch ausreichende Bildung von Gefahrenklassen Rechnung trägt.

Wie stellt sich nun das heute geltende Gesetz zu diesen so gefundenen Forderungen? Daß dasselbe die Gefahrenklassen gewissermaßen nur embryonal enthält, wurde schon hervorgehoben; im übrigen ist die geographische Gliederung durchgeführt. Dagegen vertritt das Gesetz hinsichtlich des anderen Gegensatzes zwischen großen und kleinen Verbänden einen Mittelstandpunkt, der überwiegend durch politische Gründe veranlaßt ist. Das in der Krankenversicherung zu Grunde gelegte System der kleinen, im wesentlichen örtlich gesonderten Kassen hat man aufgegeben; es wäre deshalb verständig gewesen, das entgegengesetzte Princip zum Ausgangspunkte zu nehmen, das ganze Reich zu einem gemeinsamen Versicherungsgebiete zusammenzufassen und innerhalb desselben durch Bildung von weit verzweigten Unterverbänden mit einer relativen Selbständigkeit in der Verwaltung und einer dadurch bedingten begrenzten eigenen finanziellen Sphäre den mehrgedachten Rücksichten der Zweckmäßigkeit Rechnung zu tragen. Bekanntlich hat man ursprünglich auch eine solche einheitliche Reichsversicherungsanstalt beabsichtigt und in dem ersten Entwurfe vorgesehen; aber der Partikularismus ist leider heute, 25 Jahre nach der Begründung des Reiches, eine Macht geworden, die ihren Einfluß auch auf solchem Gebiete und bei solchen Fragen geltend macht, wo lediglich Rücksichten der Zweckmäßigkeit maßgebend sein sollten.

So hat man das, was man für das ganze Reich einheitlich hätte thun sollen, je für ein Land oder eine Provinz geschaffen und diese Verbände zu finanziell selbständigen Körpern gemacht, dadurch aber die großen Vorzüge der Centralisation aufgegeben, ohne diejenigen der Decentralisation zu erlangen. Man denke nur an die demnächst dem „Rechnungsbureau" obliegende Arbeit, die Rente eines Versicherten, der vielleicht in 30 Jahren in zehn oder mehr Provinzen und Staaten gearbeitet hat, nach den auf jeden Bezirk entfallenden Wochen auf diese zu verteilen! Und dabei sind, vorläufig wenigstens, die in jeder Provinz zu erhebenden Beiträge innerhalb derselben Lohnklasse die gleichen. Aber nach Ablauf der ersten zehn Jahre hat jede Versicherungsanstalt nach den von ihr gemachten Erfahrungen selbständig die Höhe der Beiträge festzusetzen (§§ 20, 97). Dann haben wir also 31, nicht bloß, wie bisher nach der äußeren Beschaffenheit, sondern auch nach dem Werte verschiedene Marken für jede der vier Lohnklassen; kommt dazu noch eine Einteilung jeder Lohnklasse jeder Versicherungsanstalt in 5, 10 oder 20 Gefahrenklassen, so läßt ja die Mannigfaltigkeit nicht mehr viel zu wünschen übrig.

Und was hat man dadurch erreicht, daß man Deutschland in 31 Versicherungsgebiete mit selbständiger Vermögenssphäre, gegenseitiger verwickelter Abrechnung und wesentlich verschiedenen Einrichtungen zerschnitt? Jedenfalls nicht denjenigen Vorteil, den wir oben als Folge der Decentralisation fanden, nämlich das nähere

Heranrücken der Verwaltung an die ihr unterstellten Personen und Verhältnisse; denn offenbar steht der Vorstand in der Provinzial- oder Landeshauptstadt diesen kaum irgendwie näher als in Berlin, von einer persönlichen Kenntnis und Vertrautheit mit den zur Entscheidung gelangenden Angelegenheiten kann auch jetzt nicht entfernt die Rede sein. Das wäre nur möglich gewesen, wenn man wirklich in großem Stile aus sachlichen und nicht aus politischen Gründen decentralisiert und Verwaltungskörper geschaffen hätte, die sich in ähnlicher Weise wie die Krankenkassen grundsätzlich an die Gemeindeeinteilung anlehnten; wie dabei der Verteilung der Last und des Risikos Rechnung zu tragen gewesen wäre, ist oben erörtert.

Das einzige, was man jetzt gethan hat, um den Verhältnissen näher zu kommen, besteht einerseits in der Schaffung von Vertrauensmännern — denn auch Ausschuß und Aufsichtsrat umfassen den ganzen Bezirk der Versicherungsanstalt — und andererseits in der Herbeiziehung der politischen Verwaltungsbehörden für die der Versicherungsanstalt obliegenden Zwecke. Aber die Einrichtung der Vertrauensmänner ist eigentlich auch noch im Ei stecken geblieben und, wie es scheint, ziemlich mechanisch aus dem Unfallversicherungsgesetze übernommen, denn die einzige Erwähnung derselben beschränkt sich auf die lapidaren Worte: „Als örtliche Organe der Versicherungsanstalt werden Vertrauensmänner aus den Kreisen der Arbeitgeber und der Versicherten bestellt" (§ 51). Die praktische Thätigkeit dieser Vertrauensmänner ist bis jetzt sehr gering und deshalb ihre Bedeutung sehr untergeordnet gewesen; so ist es denn auch noch nicht möglich, darüber Aufschluß zu erhalten, wie die beabsichtigte Doppelköpfigkeit sich bewähren wird. Auch die Berufsgenossenschaften haben Vertrauensmänner, und das Krankenversicherungsgesetz verlangt bei gewissen Zwecken die Zuziehung von „Vertretern der Arbeiter", aber die ersteren sind Arbeitgeber, die letzteren Arbeiter, und haben die Interessen ihrer Klasse zu vertreten. Wie sich dies bei der Invaliditätsversicherung gestalten wird, ob man paritätisch besetzte Kollegien schaffen oder für örtlich abgegrenzte Bezirke je einen Vertrauensmann der Arbeiter und einen der Arbeitgeber bestellen und bei jeder Frage beide zuziehen soll, das muß erst die Zukunft lehren.

Einstweilen liegt die Verbindung der Versicherungsanstalt mit den örtlichen und persönlichen Verhältnissen noch ausschließlich in der Hand der politischen Organe, deren Mithülfe das Gesetz vorschreibt, also der Gemeindebehörden und der unteren Verwaltungsbehörden, zum Teil auch der Post. Da die letztere nur Verkaufsstelle für die Marken und Zahlstelle für die Renten ist, also Entscheidungen nicht zu treffen hat, so handelt es sich hier wesentlich nur um die finanzielle Seite der vom Reiche unentgeltlich geleisteten Arbeit. Dagegen lassen sich gegen die Herbeiziehung der Gemeindeverwaltung und der Verwaltungsbehörde sehr gewichtige Bedenken erheben. Man hat dem Gesetze ja vielfach den Vorwurf einer stark bureaukratischen Gestaltung gemacht, und obgleich man sich damit rechtfertigen mag, daß es bei Bewältigung einer ganz neuen und unvergleichlich schwierigen Aufgabe unvermeidlich war, sich zunächst an die geschulten Kräfte des Beamtentums zu wenden, bis es möglich sei, der Selbstverwaltung die Fortsetzung der Arbeit in den bereits festgefahrenen Geleisen abzutreten, so darf man sich doch die Berechtigung des Vorwurfs als eines Verlassens des sonst allgemein und grundsätzlich befolgten Princips, die Beteiligten selbst zur Vertretung ihrer Interessen herbeizuziehen, nicht verhehlen. Ja man braucht sich nur einmal die Möglichkeit einer in ihrer Mehrheit socialdemokratischen Gemeindeverwaltung auszumalen, wie sie bekanntlich in Frankreich nichts Neues und für einzelne deutsche Städte nicht so völlig fernliegend ist, um zu dem Zweifel zu gelangen, ob man sich hier an die richtige Adresse gewandt habe. Man hat ja bisher wohl im ganzen mit Recht die Überzeugung, daß die Behörden der Gemeinden nicht minder wie die des Staates zu den Klassenkämpfen der Gegenwart eine neutrale Haltung einnehmen, obgleich Beispiele des Gegenteils leider nicht allzu selten sind. Mögen nun aber die Klagen der Arbeiter darüber, daß insbesondere Gemeindeverwaltungen einseitig im Interesse der besitzenden Klassen handelten, mehr oder minder begründet sein, so ist es jedenfalls an sich nicht zu billigen, wesentliche Funktionen einer grundsätzlich auf Selbstverwaltung mit gleicher Beteiligung von Arbeitern und Arbeitgebern aufgebauten Einrichtung Behörden anzuvertrauen, die für ganz andere Zwecke geschaffen sind, und auf deren Zusammensetzung, wie es gerade bei den Gemeindeverwaltungen in die Augen fällt, teils grundsätzlich, teils infolge eines nach ganz andern Gesichtspunkten geregelten Wahlrechts den Beteiligten ein Einfluß entweder überall nicht oder nicht nach einem die Unparteilichkeit gewährleistenden Maßstabe zusteht.

V. Verfahren.

Die Bestimmungen über das Verfahren bei Feststellung der Rente, die Rechtsverfolgung vor dem Schiedsgerichte und dem Reichsversicherungsamte, und die Auszahlung durch die Post haben sich im allgemeinen durchaus bewährt. Angegriffen ist allerdings vielfach, und so auch bei den bereits mehrfach erwähnten Verhandlungen des Reichstages, in denen man das Gesetz einer eingehenden Besprechung unterzog, die kostenlose Rechtsprechung, die angeblich eine Überlastung der Behörden und insbesondere des Reichsversicherungsamtes mit unbegründeten Berufungen und Beschwerden zur Folge habe. Daß hierin ein Übelstand zu sehen ist, soll durchaus nicht bestritten werden; aber die Frage ist doch so zu stellen, ob die Nachteile die Vorteile überwiegen, und das ist entschieden zu verneinen. Die Rechtsverfolgung von der Bezahlung von Gebühren abhängig zu machen, hat an sich etwas sehr widerstrebendes; erweckt man doch dadurch den Anschein, als ob das Recht nur den Begüterten gewährt werde. Dieser Vorwurf scheitert ja nun freilich an der Einrichtung des Armenrechts, die auch dem Besitzlosen die Verfolgung seiner Ansprüche sichert. Aber gerade hier liegt der praktisch durchschlagende Grund für die Zweckmäßigkeit der jetzigen Einrichtung. Die Arbeiter, die in die Lage kommen, Rentenansprüche zu erheben, werden selten mit Glücksgütern gesegnet und vielmehr ganz überwiegend in der Lage sein, ihre Unfähigkeit zur Bezahlung von Prozeßkosten nachzuweisen. Entschlösse man sich deshalb, die Kostenpflicht einzuführen, so würde dieselbe praktische Bedeutung wesentlich nur soweit haben, als die Versicherungsanstalten der unterliegende Teil wären; die Arbeiter würden in 90 % aller Fälle im Armenrechte klagen, und da ist es doch sehr viel angemessener, die Kostenfreiheit allgemein beizubehalten.

Ein anderer Punkt, über den man sich unterhielt, betrifft die Entwertung der Marken. Daß diese an sich zur Verhütung von Unrechtfertigkeiten wünschenswert sein würde, ist von keiner Seite bestritten; wenn man trotzdem bei der Beratung des Gesetzes geneigt war, sie ganz auszuschließen, und schließlich dem Bundesrate das Recht, darüber seinerseits Vorschriften zu erlassen, nur gegen das feierliche Versprechen zugestand, von diesem Rechte einen möglichst beschränkten Gebrauch zu machen, so war dabei wesentlich die Befürchtung maßgebend, daß durch ein in die Hände der Behörden gelegtes Entwertungsverfahren die praktische Handhabung erheblich erschwert werden würde, wozu noch seitens einzelner Parteien der Gesichtspunkt hinzutrat, daß durch eine private Entwertung die Möglichkeit geschaffen werden würde, den Inhaber der Quittungskarte irgendwie zu kennzeichnen und in seinem Fortkommen zu hindern. Immerhin sind die jetzigen durch die Bekanntmachung des Bundesrats vom 24. Dezember 1891 festgesetzten Vorschriften durchaus unzulänglich. Nicht allein, daß aus einzelnen Gegenden, z. B. aus Sachsen, von einem förmlichen Handel mit Marken berichtet wird, die von den als verloren angemeldeten, in Wirklichkeit aber absichtlich vernichteten Karten oder von den Karten Verstorbener abgelöst sind, sondern vor allem die Unmöglichkeit, festzustellen, ob eine eingeklebte Marke sich auf eine bestimmte Woche bezieht, die sich insbesondere bei unständigen Arbeitern geltend macht und durch die zugelassene, lediglich freiwillige Eintragung des Verwendungstages keineswegs gehoben ist, zwingt durchaus zur Einführung wesentlich anderer Entwertungsvorschriften, wobei es sich nur darum handeln würde, die eben hervorgehobenen Bedenken zu vermeiden. Glücklicherweise brauchen wir uns über diese Frage den Kopf nicht zu zerbrechen aus dem sehr einfachen Grunde, weil das ganze Markensystem als verfehlt zu verwerfen ist, und damit also auch die Entwertung hinfällig wird. Da ich hier den für die Umgestaltung des Gesetzes wesentlichsten Punkt sehe, der mit einer in der Grundlage verfehlten Anschauung und Einrichtung auf das engste zusammenhängt, so will ich diese Erörterung für einen besonderen Abschnitt aufsparen, auf den ich das Schwergewicht dieser ganzen Arbeit lege.

Wenn bei den mehrgedachten Reichstagsverhandlungen von einem

Abgeordneten die zu kleine Form der Karten und Marken gerügt wurde, so soll das hier nur im Interesse der Vollständigkeit erwähnt sein, da es teils nicht das Gesetz, sondern dessen Handhabung betrifft, teils sich aus dem eben angeführten Grunde für unsere Untersuchung erledigt.

Dagegen mag noch auf einen dort nicht berührten Mangel hingewiesen werden, der freilich nur äußerer Art, trotzdem aber für die Handhabung und insbesondere das Verständnis des Gesetzes von ganz wesentlicher Bedeutung ist: nämlich die Einrichtung eines besonderen Beitragsjahres, welches im Gegensatze zu dem Kalenderjahre nicht 52, sondern nur 47 Wochen zählt. Einen verständigen Sinn hatte diese immerhin etwas gekünstelte Einrichtung höchstens in dem ursprünglichen Entwurfe, nach welchem die Rente mit jedem Kalenderjahre um 4, 6 oder 8 Tausendstel des zu Grunde gelegten Jahreslohnes stieg, dagegen Kürzungen eintraten, falls in dem Kalenderjahre nicht mindestens für 47 Wochen Beiträge gezahlt waren. Hier wollte man bis zu jährlich 5 Wochen der Gefahr der Arbeitslosigkeit Rechnung tragen. Seitdem aber die Steigerung nicht mehr nach Kalenderjahren, sondern mit jeder einzelnen Wochenmarke eintritt, ist die ganze Einrichtung des Beitragsjahres ein haltloses Überbleibsel der ursprünglichen Vorlage, das man übersehen hat zu beseitigen, welches aber das Verständnis des Gesetzes außerordentlich erschwert. Will man dem einzigen, jetzt noch für die Abweichung vom Kalenderjahre anzuführenden und in der Begründung erwähnten Gesichtspunkte, daß andernfalls die Behörden zur Zeit des Jahreswechsels mit Anträgen auf Erneuerung der Karten überlastet sein würden, erhebliche Bedeutung beimessen, so kann man dies dadurch vermeiden, daß man die Gültigkeit der Karte für jeden Arbeiter vom Tage ihrer Ausstellung bemißt; jedenfalls vermeidet man dabei die Verkehrtheit, einen Abschnitt von 47 Wochen zu einer besonderen Zeiteinheit zu stempeln, die neben einer solchen von 52 Wochen einherläuft und zu unnützer Weitläufigkeit und Verwirrung Anlaß giebt.

VI. Das Markensystem.

Eine Einrichtung kann ganz vorzüglich sein in ihrem Grundgedanken, und kann trotzdem ihren Zweck völlig verfehlen wegen der Mängel in dessen Durchführung. Ein schlagendes Beispiel hiervon bietet uns unser Gesetz. Wir haben schon oben uns mit der Thatsache beschäftigt, daß dasselbe in Hinsicht auf die Befriedigung der weitesten Volkskreise das gerade Gegenteil dessen erreicht hat, was man sich davon versprochen hatte; ja, als bei den mehrgedachten Reichstagsverhandlungen der Minister von Bötticher erklärte, daß die Einführung des Gesetzes sich ungestört und zur Zufriedenheit vollzogen habe, erntete er ein einstimmiges Gelächter als Antwort auf seine in der That ungewöhnlich optimistische Geschichtsauffassung. Worin hat man denn nun aber den Grund dieses vollständigen Mißerfolges zu sehen? Liegt er etwa darin, daß man in der Bevölkerung ben Grundgedanken der Invaliditätsversicherung nicht billigte? Ganz entschieden nicht; denn man hat ihn überall begeistert aufgenommen. Oder sind die Opfer zu groß? Das kann nicht wohl der durchschlagende Grund sein, denn die Abneigung bestand von Anfang an, bevor diese Opfer recht fühlbar geworden sein konnten; auch hätte die Großindustrie die Geldbeiträge immerhin verschmerzt. Nein, der Urquell für die Unbeliebtheit der Invaliditäts- und Altersversicherung liegt in ihrer **unzweckmäßigen Durchführung**, ihrer Unübersichtlichkeit und Unverständlichkeit, ihrer Schwerfälligkeit und Weitläufigkeit, ihren störenden Eingriffen in die alltäglichsten Lebensverhältnisse, kurz in den Opfern nicht an Geld, sondern an Mühe und Arbeit. Das Stichwort, unter welchem man mit dem größten Erfolge das Gesetz im Volke angreift, ist: „Das Klebegesetz"; damit bezeichnet man am kürzesten die ganze Widerwärtigkeit und Schererei, welche der Bevölkerung das Werk verleidet und an Stelle der erwarteten Befriedigung Mißmut und Verbitterung gesetzt hat.

Ich lege auf diesen Punkt das allergrößte Gewicht; m. E. bildet er zusammen mit der später zu erörternden Behandlung des Kleingewerbes ganz überwiegend den Erklärungsgrund für den eingetretenen Mißerfolg. Es ist mir deshalb von großem Werte, aus den bereits erwähnten Verhandlungen des Reichstages nachweisen zu können, daß auch auf anderen Seiten diese Auffassung geteilt wird, und ich will deshalb zunächst hierfür einige Zeugnisse anführen.

Der erste, der sich in diesem Sinne äußerte, war der Abgeordnete Freiherr v. Stumm, der sehr richtig bemerkte:

„Meines Wissens ist die Unzufriedenheit über das Gesetz viel weniger in den Kreisen der Arbeiter zu Tage getreten, als in denen der Arbeitgeber, und auch da nur wegen der Komplikationen und Unbequemlichkeiten, die mit dem Gesetze verbunden sind."

Und noch weiter wurde derselbe Gedanke ausgeführt von dem Abg. Hartmann:

„Es ist weit weniger die finanzielle Belastung, welche bei einem großen Teile unserer Arbeitgeber dieses Gesetz unbeliebt macht. Die Opfer an Geld hätten sie gern gebracht, denn an der Verbesserung der Lage ihrer Arbeiter ist den bei weitem meisten von ihnen gelegen. **In der Schererei lag die Ursache ihrer Unzufriedenheit**, welche ihnen das Einkleben der Marken, das Aufbewahren der Quittungskarten, das Anmelden und alle diese Dinge machen, Mühewaltungen, welche eine fortwährende Aufmerksamkeit des Arbeitgebers erfordern, eine um so gespanntere, als er dabei beständig den Flügelschlag des Strafgesetzes in seiner nächsten Nähe hört. Das ist nach meinen Beobachtungen der Hauptgrund der Unbeliebtheit des Gesetzes in vielen Kreisen der Arbeitgeber gewesen."

Aber allein der Abg. Grillenberger zog hieraus die zutreffende Folgerung, das Markensystem aufzuheben, indem er erklärte:

„Allerdings, wir stehen auf dem Standpunkte, daß die

ganze Kleberei ein Unding ist. Man möchte am liebsten die ganzen Karten mitsamt den Marken los sein und einen andern Modus eingeführt sehen, und ich bin überzeugt, ehe ein Jahrzehnt ins Land gegangen ist, werden die Karten verschwunden sein, und werden Sie sich dazu bequemt haben, neben der Ausdehnung der Alters= und Invaliditätsversicherung auch eine Änderung des Zahlungs= und Quittungsmodus einzuführen. Und je eher Sie daran gehen, das zu thun, desto besser wird es sein, desto zufriedener werden Sie die Versicherten mit dem Gesetze machen."

Im Gegensatz hierzu erklärten die meisten andern Redner ausdrücklich das Markensystem für unvermeidlich, und der Abg. Hitze bezeichnete auch ganz richtig den Grund, weshalb es unvermeidlich ist, solange man die jetzige Unterlage der Rentenfestsetzung festhält, indem er sagte:

„Die Renten werden gezahlt auf Grund der Beiträge; es muß also ein Nachweis geschaffen, es muß Buch geführt werden. Nun kann man aber unmöglich dem kleinen Arbeitgeber vorschreiben, daß er Buch führt."

Ganz richtig; solange wir dem einzelnen Versicherten an Rente genau so viel geben wollen, wie seinen Beiträgen entspricht, solange ist das Markensystem nicht zu entbehren; denn jede andere Art der Buchung wäre noch viel weniger durchzuführen. Hier ist deshalb die Stelle, wo wir den Hebel einsetzen müssen.

Aber um die Frage sogleich in ihrem vollen Umfange zu fassen, müssen wir noch eine andere Erwägung herbeiziehen. Gesetzt auch, die Regelung des Verhältnisses zwischen Rente und Beitrag wäre auf anderem Wege erfolgt, so wäre damit die Bedeutung der Marke noch nicht erledigt. Nehmen wir an, der Arbeiter zahle gar keine Beiträge, sondern die Last würde allein von den Arbeitgebern getragen, so bliebe es immer erforderlich, sie auf die beteiligten Arbeitgeber zu verteilen. Diese Verteilung soll geschehen nach der Anzahl der beschäftigten Arbeiter, der Dauer der Beschäftigung und der Höhe des verdienten Lohnes. In allen diesen Beziehungen bietet die Marke ein Mittel, um die Kontrolle zu erleichtern, und es ist deshalb zu prüfen, ob man imstande ist, hier ein geeignetes Ersatzmittel zu finden.

Aber zu diesen beiden Funktionen kommt noch eine dritte. Gesetzt, die Arbeiter zahlten keine Beiträge und erhielten eine von der Dauer ihrer Beschäftigung unabhängige Rente; gesetzt ferner, die Beiträge wären in anderer Weise, als durch Marken aufgebracht, so würde es sich immer noch um die Verteilung der Rente auf die einzelnen Versicherungsanstalten handeln. Auch für diesen Zweck stellt das Gesetz ein Princip auf, welches die Marken notwendig macht, und dessen Berechtigung deshalb hier zu prüfen ist. Dieses Princip geht dahin, daß jede Versicherungsanstalt in dem Verhältnisse an der Tragung der Rente beteiligt sein müsse, in welchem ihr Beiträge zugeflossen sind. Hätten wir gar nicht die verschiedenen Anstalten, sondern eine einzige für das ganze Reich, so würde diese

Aufgabe nicht entstehen; aber da dies leider aus den an anderer Stelle erwähnten politischen Rücksichten nicht zu erreichen sein wird, so muß hier die einmal gegebene Thatsache des Vorhandenseins einer Mehrzahl von Versicherungsanstalten zu Grunde gelegt und geprüft werden, ob man von ihr aus notwendig zum Markensystem gelangt.

Die Untersuchung ist hiernach eine dreifache, indem zu fragen ist, ob das Markensystem erfordert wird

1. durch die Abhängigkeit der Rente vom Beitrage des Versicherten;
2. durch die Rücksicht auf die Einziehung der Beiträge, und
3. durch die Notwendigkeit einer Verteilung der Rente auf die einzelnen Versicherungsanstalten.

I.

Die Grundauffassung, mit der wir es bei dem Verhältnis der Rente zu den Beiträgen zu thun haben, tritt nicht allein hier, sondern an den verschiedensten andern Stellen hervor; ja sie durchzieht das Gesetz wie ein roter Faden. Ich möchte sie bezeichnen als die Äquivalenztheorie, denn sie besteht in der Forderung, daß überall Leistung und Gegenleistung gleich sein müsse. Nun hat diese Forderung ja zweifellos ihren guten Sinn, denn man kann aus einer Kasse nicht mehr herausnehmen, als man hineingelegt hat. Aber es kommt doch ganz darauf an, wie weit man das Gebiet ausdehnt, in welchem man jenen Grundsatz zur Anwendung bringt. An sich ist derselbe durchaus individualistisch, er verweist jeden Menschen auf sich selbst und steht im Gegensatze zu der socialen Auffassung, welche die ganze Menschheit oder gewisse Gruppen derselben als eine Einheit in dem Sinne ansieht, daß innerhalb derselben die Grenzen der individuellen Sphären in einem mehr oder minder weitgehenden Umfange verwischt werden.

Wir wollen hier die Frage nicht allzu abstrakt behandeln, sondern uns sofort mit ihrer konkreten Fassung beschäftigen: Ist es richtig, daß jeder Versichertege nau in dem Verhältnisse Rente erhält, wie er Beiträge gezahlt hat? Wäre es ein Unrecht, wenn ein Arbeiter, der im Alter von 30 Jahren invalide würde und nur 14 Jahre Beiträge geleistet hätte, dieselbe Rente erhielte, wie ein anderer mit 30 oder 40 Beitragsjahren? Ist denn nicht umgekehrt dies gerade eine notwendige Folge aus dem Begriffe der Versicherung? Wenn ich mein Leben versichere, so erhalten meine Angehörigen dieselbe Summe, mag ich ein Jahr oder 50 Jahre Beiträge geleistet haben. Den Gegenwert findet die Gesellschaft nicht in den thatsächlich und im Einzelfalle gezahlten Beiträgen, sondern in der übernommenen Verpflichtung, solange zu zahlen, wie ich lebe, indem sie weiß, daß das, was sie bei dem einen verliert, bei dem andern gewonnen wird.

Das ist ja eben der Unterschied von einer Sparkasse, bei welcher die Summen mit jedem Jahre wachsen. Hier ist die einfache Ansammlung der Zweck, dort der Schutz gegen eine Gefahr, welche gerade dadurch abgewandt wird, daß man sie auf viele verteilt, wobei notwendig der eine das bezahlen muß, was der andere erhält, aber doch nur deshalb, weil ihn das allgemeine Lebensschicksal um so günstiger gestellt hat. Auch unsere beiden älteren Versicherungsgesetze haben diesen Gesichtspunkt zutreffend durchgeführt: weder bei der Versicherung gegen Krankheit, noch bei der gegen Unfall sind die von den Kassen gewährten Leistungen abhängig von der Dauer der Beitragszahlung. Weshalb soll nicht das gleiche für unsere Aufgabe gelten und derjenige, welcher invalide wird, die gleiche Rente erhalten, mag dieses Unglück ihn im früheren oder im späteren Lebensalter betreffen? Die Gleichheit der Rente braucht dabei durchaus nicht eine absolute in dem Sinne zu sein, daß der eine ziffernmäßig denselben Betrag erhält, wie der andere, sondern kann die Verschiedenheit der Lebenslage, insbesondere des Lohnes berücksichtigen, so daß bei einem Lohne von 800 Mark auch die Rente doppelt so hoch ist, wie bei einem solchen von 400 Mark. Die Gleichheit liegt dann aber in dem Verhältnis der Rente zum Lohn. Ist dies Verhältnis 1:2, so erhält zwar der eine 200 Mark, der andere 400 Mark, aber beide erhalten 50 % ihres Lohnes, und deshalb insofern die gleiche Rente, als diese Verhältniszahl dieselbe bleibt und sich nicht ändert, mag die Erwerbsunfähigkeit früher oder später eintreten.

Selbstverständlich haben die Verfasser unseres Gesetzes diesen so nahe liegenden Gesichtspunkt nicht übersehen, und wir haben deshalb zunächst zu fragen, weshalb man denselben nicht berücksichtigt hat. Bei der Wichtigkeit der Frage scheint es angemessen, die betreffenden Ausführungen der Begründung hier wörtlich wiederzugeben:

„Wollte man allen Invaliden ohne Rücksicht darauf, wie lange sie Beiträge geleistet.... haben, den gleichen Betrag des ... Lohnes als Rente gewähren, so würden diejenigen Arbeiter, welche früh in den Genuß der Rente treten, durch Ersparung an Beiträgen einen erheblichen Vorteil vor denjenigen erlangen, welche erst nach langjähriger Beitragszeit in den Genuß der Vorteile des Gesetzes treten. Grundsätzlich wäre dies zwar, da es sich um eine Versicherung auf Gegenseitigkeit handelt, bei welcher einer für den andern einzutreten hat, in der Erwägung allenfalls in Kauf zu nehmen, daß es sich hier um die Befriedigung eines socialpolitischen Bedürfnisses handelt, bei welcher die Durchführung eines absolut gerechten Verhältnisses zwischen der individuellen Leistung und der zu gewährenden Gegenleistung überhaupt nicht erreichbar ist. Es würde aber den praktischen Nachteil haben, daß junge Leute eine verhältnismäßig zu hohe Rente erhalten würden; ferner, daß der Anreiz, durch thunlichst lange und regelmäßige Arbeit eine Erhöhung der Rente sich zu erwerben, fortfiele, und daß die Aussicht auf die durch Ersparung an Beiträgen zu erlangenden Vorteile einen starken Antrieb zu Simulation bieten möchte. Es gehört vielmehr zu den erzieherischen Aufgaben des Gesetzes, die fortgesetzte treue Verwertung der noch vorhandenen Arbeitskraft zu fördern. Von diesem gewichtigen Gesichtspunkte aus sind die Pensionen der Beamten und Militärpersonen nach der Dauer der Dienstzeit abgestuft. Eine gleiche Abstufung empfiehlt sich daher auch für die Invalidenrente."

Es ist bemerkenswert, wie widerwillig man die grundsätzliche Berechtigung der Forderung zugesteht. Man will sie als aus dem Begriffe der Gegenseitigkeitsversicherung fließend, und da es sich um ein socialpolitisches Bedürfnis handelt, allenfalls „in Kauf nehmen", findet es aber unbefriedigend, daß Versicherte, welche früh in den Genuß der Rente treten, durch Ersparung von Beiträgen nun erheblichen Vorteil erlangen, ja man sieht hierin einen Verstoß gegen ein „absolut gerechtes Verhältnis." Dann besteht also dieser Verstoß gegen die Gerechtigkeit auch bei der Lebensversicherung, wo langjährige Beiträge nicht mehr Rechte gewähren, als kurzzeitige? Weshalb mögen wohl bei einer so durchaus freiwilligen Einrichtung die Geschädigten sich diese Benachteiligung gefallen lassen? Vermutlich, weil sie die Einrichtung nicht als ungerecht betrachten, weil sie mehr Verständnis von dem Wesen der Versicherung haben, als unsere Gesetzgeber, weil sie als die in Ausgleich zu setzenden Werte nicht ansehen Prämien- und Versicherungskapital in absoluten Größen, sondern modifiziert nach dem Wahrscheinlichkeitskoeffizienten, weil sie den Gegenwert der Beiträge nicht finden in dem demnächst zu zahlenden Kapitale, sondern in der geschaffenen Sicherheit. Versichere ich mein Haus gegen Feuer, so habe ich doch nicht die Prämien nutzlos und ohne Gegenleistung gezahlt, falls das Haus nicht abbrennt, und werde nicht behaupten, daß ich denjenigen ein Geschenk gemacht habe, die den ihnen zugestoßenen Schaden aus meinen Beiträgen ersetzt erhalten.

Aber sehen wir von dieser principiellen Seite ab und prüfen die vorgedachten drei praktischen Bedenken. Zunächst soll es nachteilig sein, wenn junge Leute eine verhältnismäßig zu hohe Rente erhalten. Wenn diese jungen Leute das Unglück haben, schon in jungen Jahren invalide zu werden, so erhalten sie in der Rente nur einen sehr unvollständigen Ersatz und sind immer noch sehr viel ungünstiger gestellt, als ihre Altersgenossen, die erst später in den Genuß der Rente treten, weil sie ihre Arbeitskraft behalten. Ferner soll der Anreiz, durch möglichst lange Arbeit die Rente zu erhöhen, in Wegfall kommen. Ja, wenn die Rente einen vollwertigen Ersatz des Arbeitsverdienstes böte, möchte das zutreffen, aber solange dies nicht der Fall ist, bleibt der Anreiz zur Ausnutzung der Arbeitskraft noch ausreichend groß, ganz abgesehen davon, daß es nicht in den guten Willen der Betreffenden gestellt ist, entweder zu arbeiten oder lieber Rentenempfänger zu werden. Aber endlich soll der Antrieb zur Simulation gesteigert werden. Daß der Reiz, sich durch Betrug jährlich 300 Mark zu verschaffen, größer ist, als wenn es sich nur um 150 handelt, ist allerdings nicht zu bestreiten, aber gerade aus diesem Grunde ist es unvermeidlich, daß die Gefahr der Simulation wächst, je höhere Renten man giebt. Ihr ließe sich deshalb nur dadurch vorbeugen, daß man sie allgemein möglichst niedrig hielte, nicht aber liegt ein Grund vor, einzelnen Klassen der Versicherten weniger zu geben, als man an sich gerecht findet.

Sind also die aufgeworfenen Bedenken als stichhaltig nicht anzuerkennen, so verbleibt nur der scheinbar durchschlagende Hinweis auf die Pension der Beamten. Nun läßt sich ja der Parallelismus beider Einrichtungen keineswegs bestreiten, allein ebensowenig derjenige zwischen der Invaliditätsversicherung und der Unfallversicherung, und es ist also nur die Frage, welche der beiden Analogien die näherliegende ist. Der Beamte bekommt auch bei einem im Dienste ihn treffenden Unfalle nicht eine feste, sondern eine nach dem Maße des Dienstalters abgestufte Pension. Die Invalidität wird in gleicher Weise behandelt, mag sie auf einen einzelnen bestimmten Unfall oder auf allmählich wirkende Ursachen zurückzuführen sein, und insofern kann man sich auf die Analogie der Beamtenversorgung offenbar mit ebenso viel Recht, wie für die Forderung der Abstufung, auch für das Verlangen berufen, allgemeine und Unfall-Invalidität gleich zu behandeln, was, nachdem einmal für die Unfallversicherung die feste, von der Arbeitsdauer unabhängige Rente besteht, zu der Notwendigkeit führt, das gleiche für die Invaliditäts-Versicherung zu schaffen.

Führt hiernach die Berufung auf die Analogie der Beamtenversorgung zu keinem Ziele, so bleibt lediglich das Ergebnis, daß die letztere auf einem anderen System beruht, als die Arbeiterfürsorge, soweit sie in der Unfallversicherung zum Ausdruck gelangt ist. Aber wir brauchen nur etwas eingehender die einschlägigen Verhältnisse ins Auge zu fassen, um ausreichende Gründe zu finden, welche in der That eine verschiedene Behandlung rechtfertigen. Es ist bisher noch kaum der Fall vorgekommen, daß ein Beamter seine Pensionierung nachgesucht und die Regierung sie als unbegründet abgelehnt hätte. Möchte sich dies nun zum Teil eben daraus erklären, daß der Beamte ein unmittelbares Interesse daran hat, durch längere Dienstzeit seine Pension zu steigern, so steht dem doch entgegen, daß er bei früherer Pensionierung in der Lage sein würde, seine Arbeitskraft noch anderweit zu verwenden, sodaß die Versuchung, unbegründete Pensionierungsanträge zu stellen, keineswegs so durchaus fern liegt.

Aber mag das sein, wie es wolle, jedenfalls hört man umgekehrt sehr häufige Klagen darüber, daß ein Beamter noch immer im Dienste bleibe, obgleich er nicht imstande sei, denselben zu versehen. Das ist charakteristisch und wirft ein helles Licht auf unsere Frage. Sollte das auch wohl bei Arbeitern vorkommen? Nein, es ist eben ein ganz anderes Verhältnis, in dem der Beamte steht, er ist nicht allein recht häufig nicht entfernt so bis an die Grenze der Leistungsfähigkeit angestrengt, wie der Arbeiter, sondern vor allem wird auf seine abnehmende Kraft weitgehend Rücksicht genommen, und ihm dadurch die Möglichkeit geschaffen, sehr viel länger im Dienste zu bleiben. So gehören denn Fälle, in welchen ein Beamter in frühen Jahren und deshalb mit einem verhältnismäßig geringen Teile seines Gehaltes pensioniert wird, zu den Ausnahmen, und berücksichtigt man weiter, daß nicht selten der Beamte in der Lage ist, auf eigenes Vermögen zurückzugreifen, so wird man sich überzeugen, daß es durchaus unzulässig ist, aus der mehrgedachten Einrichtung der Beamtenpension einen Grund herzuleiten für die Abstufung der Invalidenrente nach der Dauer der Versicherung.

Übrigens mag noch darauf hingewiesen werden, daß die Ähnlichkeit zwischen der Berechnung der Invalidenrente und derjenigen der Beamtenpensionen doch nur eine sehr oberflächliche ist. Der Beamte klebt ja keine Marken ein, ja, er bezahlt gar keine Beiträge, und deshalb ist auch die Höhe seiner Pension nicht durch diese bedingt. Die Pension ist allerdings bei längerer Dienstzeit höher, als bei kurzer, aber sie steigt nach den verhältnismäßig großen Abschnitten ganzer Jahre, wobei auch solche Zeiträume nicht abgesetzt werden, in welchen etwa infolge von Krankheit oder auf Grund Urlaubes die Dienstarbeit nicht verrichtet ist. Will man das auf die Arbeiterversicherung übertragen, so soll das schon als ein außerordentlicher Fortschritt begrüßt werden, dann bedürfte es also bei der Feststellung der Rente lediglich des Nachweises, seit wie lange der Versicherte in einer Lohnarbeit beschäftigt gewesen ist, wobei es sich nur um Abschnitte ganzer Jahre handeln und auf geringe Unterbrechungen keine Rücksicht zu nehmen sein würde. Jedenfalls bedürfte es dazu nicht der Wochenmarken und des ganzen Markensystems, denn der Nachweis hierfür, zumal wenn man es dabei nicht allzu ängstlich nimmt und die Sache allzu bureaukratisch=juristisch behandelt, läßt sich sehr wohl auf anderem Wege erbringen, wobei die jetzt für die Übergangszeit des Gesetzes gegebenen Bestimmungen einen geeigneten Anhalt gewähren würden.

Dagegen muß noch ein anderes Bedenken berührt werden, das scheinbar sehr gewichtig ist. Wenn nachgewiesen ist, daß ein Beamter eine gewisse Reihe von Jahren gedient hat, so steht damit zugleich fest, daß er diese Zeit hindurch gearbeitet hat, denn dafür sorgt die disciplinare Aufsicht. Wenn man die Grundsätze der Beamtenpensionierung auf die Arbeiter in der angegebenen Weise überträgt, so daß sie den Nachweis ihrer Beschäftigung erbringen müssen, so gilt hier dasselbe. Hält man aber an der oben vertretenen weitergehenden Forderung fest, daß die Invalidenrente ebenso wie die Unfallrente von der Dauer der Versicherung gänzlich unabhängig sein und stets denselben Prozentsatz des zur Zeit der Invalidisierung bezogenen Lohnes betragen solle, so kann man einwenden, daß das freilich ganz billig sein möge für die Fälle, wo der Versicherte ehrlich und treu solange gearbeitet habe, als es seine Kräfte gestatteten, daß aber kein Grund vorliege, denjenigen, der nicht gearbeitet, also auch der Gesamtheit keinen Nutzen geleistet habe, nach dem gleichen Grundsatze zu behandeln.

Nun muß man offenbar unterscheiden, ob der Grund, weshalb nicht gearbeitet ist, dem Versicherten zur Schuld anzurechnen ist oder nicht. Im letzteren Falle wird man nichts dagegen einzuwenden haben, daß hierdurch die Höhe der Rente nicht beeinflußt wird. Dies geschieht ja schon in dem jetzigen Gesetze insofern, als bescheid=

nigte Krankheit als Arbeitsdauer angerechnet wird, insbesondere aber dadurch, daß die Einsatzrente von 110 Mark von der Beitragszeit ganz unabhängig ist, und erst die weitere Steigerung durch diese bestimmt wird. Aber man wird Anstoß nehmen, dasselbe Wohlwollen auch solchen gegenüber zur Anwendung zu bringen, die schuldvoller Weise, insbesondere aus Faulheit nicht gearbeitet und deshalb keine Beiträge gezahlt haben. Nun, grundsätzlich ist ja dieses Bedenken anzuerkennen, aber praktisch wird es durch die Bestimmung über die Wartezeit, die nicht angetastet wird, erledigt. Die Befürchtung, es möchte jemand mit Rücksicht auf die ihm gebotene Versicherung mit kluger Berechnung erst den besten Teil seines Lebens verbummeln und dann, wenn er vorhersieht, nach Ablauf von 5 Jahren invalide zu werden, eine Arbeitsstelle aufsuchen, um mit 5 Arbeitsjahren dasselbe Ziel zu erreichen, wofür andere ihr ganzes Leben arbeiten müssen, — diese Befürchtung ist lediglich theoretisch möglich, praktisch scheitert sie daran, daß der Betreffende zur Arbeit doch nicht durch die Aussicht auf Invalidenrente, sondern durch die Notwendigkeit gezwungen wird, sich seinen Lebensunterhalt zu verdienen, und daß derjenige, welcher sich dieser Notwendigkeit dennoch entzieht und als Landstreicher sich umhertreibt, ganz sicher nicht die Willenskraft besitzt, lediglich einer solchen Spekulation zuliebe 5 Jahre ein ordentlicher Mensch zu bleiben. Nein, die Wartezeit giebt nicht allein hiergegen einen völlig sicheren Schutz, sondern es könnte sehr wohl in Überlegung genommen werden, ob nicht die jetzige Dauer von 5 Jahren zu hart und eine Herabsetzung zulässig wäre.

II.

Im vorigen Abschnitt habe ich nachzuweisen versucht, daß die Invalidenrente unabhängig von der Dauer der Versicherung und der Summe der gezahlten Beiträge zu bemessen sei. Ist dies zutreffend, so ist damit der erste und hauptsächlichste Grund für die Notwendigkeit des Markensystems in Wegfall gekommen.

Es bleibt jedoch noch zu prüfen, ob nicht ganz unabhängig von der gegenseitigen Beziehung zwischen Leistung und Gegenleistung lediglich zur Erhebung der doch nun einmal erforderlichen Beiträge von Arbeitern und Arbeitgebern die Marke das zweckmäßigste Mittel bildet. Aber auch hier bietet uns den nächstliegenden Ausgangspunkt die Unfallversicherung, und dieser führt zur Verneinung der Frage.

Die Unfallrenten werden bekanntlich von der Post vorschußweise bezahlt; die verauslagten Summen werden innerhalb der durch die Gliederung nach Berufsgenossenschaften und unter Berücksichtigung der den geschaffenen Gefahrenklassen gegebenen Begrenzung auf die beteiligten Unternehmer umgelegt und von diesen im Verwaltungswege eingezogen. Was hindert uns, das gleiche für die Invaliditätsversicherung einzuführen? Man könnte zunächst auf den Unterschied hinweisen, daß bei letzterer nicht, wie bei der Unfallversicherung, ausschließlich die Unternehmer, sondern gleichzeitig die Arbeiter und das Reich beitragspflichtig sind. Nun, der feste Zuschuß des Reiches macht offenbar keine Schwierigkeit; die Rente, welche dem Versicherten gebührt, vermindert sich, was die aufzubringenden Beiträge betrifft, einfach um die vom Reiche gezahlten 50 Mark. Aber auch der Beitrag der Arbeiter steht nicht im Wege. Der Versicherungsanstalt gegenüber ist der Unternehmer der einzige Verpflichtete, ganz genau wie bei der Unfallversicherung; lediglich ein persönliches Recht auf Erstattung ist ihm seinen Arbeitern gegenüber gegeben, welches die Einziehung nicht beeinflussen kann. Allerdings wäre es undurchführbar, den abzugsberechtigten Betrag genau an die auf den Unternehmer umgelegte Summe anzuschließen, schon deshalb, weil diese erst nach einem Jahre festgestellt wird. Aber es ist ja auch völlig unbedenklich, die Abzugssumme auf einen festen Bruchteil des Lohnes zu bestimmen, der sich nach der Erfahrung in der Weise feststellen läßt, daß er annähernd die Hälfte des Gesamtbeitrages ausmacht, so gut, wie dies bei den Krankenkassen geschieht, wo der Satz von $1^{1}/_{2} \%$ als der normale zu Grunde gelegt wird.

Ebensowenig begründet es eine Schwierigkeit, daß die eine der beiden Versicherungen auf dem Umlage=, die andere auf dem Deckungsverfahren beruht. Hält man es für erforderlich, von den Pflichtigen nicht nur den Betrag der jährlichen Renten einzuziehen, sondern eine Summe, die ausreicht, diese Renten eine gewisse Dauer hindurch zu zahlen, so hat man einfach den Erstattungsbetrag des einzelnen Jahres mit dem versicherungstechnisch zu ermittelnden Koeffizienten zu multiplizieren. Das beeinflußt die Höhe, aber nicht die Art der Einziehung. Ja, man kann sich noch enger an das bestehende Gesetz anschließen — ob man dies thun soll, wird erst in einem späteren Abschnitte erörtert werden — und einfach vorschreiben: der Unternehmer hat genau die nach den jetzigen Lohnklassen sich ergebenden Beträge für jeden Arbeiter monatlich oder vierteljährlich an die Versicherungsanstalt abzuliefern, wobei er das Recht hat, die Hälfte dem Arbeiter bei jeder Lohnzahlung in Abzug zu bringen. Daß dabei die dem Arbeiter abgezogenen Beträge eine Zeitlang sich in Verwahrung des Arbeitgebers befänden und der Gefahr des Verlustes ausgesetzt wären, würde kein erhebliches Bedenken begründen; denn da die Höhe der Rente von den Beiträgen unabhängig sein soll, so würde diese Gefahr nicht den Arbeiter, sondern die Versicherungsanstalt treffen und, da sie nicht groß ist, von dieser sehr wohl getragen werden können.

Dagegen liegt die Schwierigkeit an einer anderen Stelle: in der beseitigten Kontrolle. Die Quittungskarte befindet sich im Besitz des Arbeiters, das Einkleben der Marken vollzieht sich unter dessen Augen, und so ist also dafür gesorgt, daß nicht allein die gesetzlichen Beiträge zur Verwendung kommen, sondern vor allem, daß die dem Arbeiter abgezogene Summe auch in der That in die Kasse der Versicherungsanstalt gelangt. Ersetzt man die Marken durch die Verpflichtung des Arbeitgebers, die entsprechenden Beträge in gewissen Perioden an die Versicherungsanstalt abzuführen, so fehlt es an dieser Kontrolle, und es ist die Frage, ob man sie entbehren oder auf andere Weise beschaffen kann.

Aber auch hier bieten uns die Einrichtungen der Kranken- und Unfallversicherung, die beide kein Markensystem kennen, die Anleitung zur Abhülfe; prüfen wir also das dort geordnete Verfahren.

Im Krankenversicherungsgesetze (§ 51) wird für die Gemeindeversicherung und die Ortskassen bestimmt: „Die Arbeitgeber sind verpflichtet, die Beiträge, welche . . . . für die von ihnen beschäftigten Personen . . . . zu entrichten sind, im voraus . . . . zu den durch Statut festgesetzten Terminen einzuzahlen." Sie sind berechtigt, den von ihnen beschäftigten Personen bei jeder Lohnzahlung $^2/_3$ der gezahlten Summe in Abzug zu bringen (§ 52, 53). Die Kontrolle wird dadurch hergestellt, daß vorgeschrieben ist (§ 49): „Die Arbeitgeber haben jede von ihnen beschäftigte versicherungspflichtige Person . . . . spätestens am dritten Tage nach Beginn der Beschäftigung anzumelden und spätestens am dritten Tage nach Beendigung des Arbeitsverhältnisses wieder abzumelden," und zwar unter der schweren Strafe, daß sie bei Vernachlässigung dieser Meldepflicht gehalten sind, „alle Aufwendungen zu erstatten, welche die Kasse . . . . zur Unterstützung einer vor der Anmeldung erkrankten Person gemacht hat", abgesehen von der durch § 81 begründeten Geldstrafe. Die Höhe der Beiträge ist für die Gemeindeversicherung auf $1^1/_2\%$, für die Ortskassen auf 3% des Lohnes festgesetzt; eine Erhöhung ist bei ersterer bis zu 2%, bei letzteren regelmäßig nicht über $4^1/_2\%$ zulässig.

Nach dem Unfallversicherungsgesetze ist zunächst jeder Betriebsunternehmer binnen einer Woche nach Beginn seines Betriebs zu einer Anzeige an die untere Verwaltungsbehörde verpflichtet (§ 35). Ebenso muß er auf Erfordern bei Eintritt eines Unfalls die Lohn- und Gehaltsnachweisungen liefern, welche zur Feststellung der Entschädigung erforderlich sind (§ 60). Hauptsächlich aber hat, um die Umlegung der nach Ablauf des Rechnungsjahres von der Postbehörde gegenüber der Genossenschaft liquidierten Beträge zu ermöglichen, jedes Mitglied binnen 6 Wochen dem Vorstande eine Nachweisung einzureichen, welche u. a. enthält:

„die während des abgelaufenen Rechnungsjahres im Betriebe beschäftigten versicherten Personen und die von denselben verdienten Löhne und Gehälter".

Für Mitglieder, welche mit der rechtzeitigen Einsendung im Rückstande sind, erfolgt — abgesehen von der Bestrafung — die Feststellung durch den Vorstand auf Vorschlag des Vertrauensmannes (§ 71). Allerdings ist im Gesetze nicht vorgeschrieben, daß diese Lohnnachweisungen getrennt für jeden Arbeiter erfolgen müssen, und so enthalten sie denn meist nur Kollektivangaben für alle im Laufe des Jahres beschäftigten Personen; aber es ist bereits jetzt die Genossenschaft befugt, das Gegenteil anzuordnen[1], und jedenfalls enthält eine solche Erweiterung der Angabepflicht eine sehr geringe

---

[1] Vgl. Amtl. Nachrichten des R.V.A. I S. 368.

Vermehrung der Arbeit, da die Ziffern lediglich aus den Lohnlisten abgeschrieben zu werden brauchen. Nebenbei bemerkt, ist die Forderung einer solchen Specialisierung schon längst seitens der Statistik gestellt, denn für diese haben die jetzigen Angaben nur einen recht beschränkten Wert, und für die unendlich wichtige Schaffung einer wirklichen Lohnstatistik bietet sich hier der einfachste Weg.

Aber endlich zeigt uns unser Gesetz selbst das Mittel, das unglückliche Markensystem durch ein anderes Einziehungsverfahren zu ersetzen, insofern in § 112 vorgesehen ist, durch statutarische Bestimmung die Erhebung für diejenigen Versicherten, welche Mitglieder von Krankenkassen sind, diesen Kassen, für andere aber den Gemeindebehörden zu übertragen. Allerdings sollen diese Erhebungsbehörden sich wieder der Marken bedienen und diese in die Karten einkleben; aber offenbar hat dies mit der Erhebung nichts mehr zu thun und berührt die Frage der Verrechnung. In Verbindung hiermit ist die Anordnung einer An- und Abmeldepflicht vorgesehen. Da es bei dieser Art der Erhebung möglich ist, daß die Beiträge seitens der Arbeitgeber noch nicht abgeliefert sind, wenn die Lohnzahlung an die Arbeiter erfolgt, so ist ihr Recht den letzteren gegenüber dahin formuliert, daß sie befugt sind, „bei der Lohnzahlung... die Hälfte der in den beiden letzten Lohnzahlungsperioden fällig gewordenen Beiträge in Abzug zu bringen", wobei also die bereits erfolgte Einzahlung nicht erfordert wird.

Überblicken wir diese verschiedenen Einrichtungen, so ist es zunächst einleuchtend, daß es Wege giebt, das Markensystem durch ein anderes Einziehungsverfahren zu ersetzen. Welcher derselben der geeignetste ist, soll an einer andern Stelle näher geprüft werden, wo es sich darum handeln wird, bestimmte Besserungsvorschläge zu machen. Hier genügt es, festzustellen, daß die Rücksicht auf die Einziehung der Beiträge keinen Grund bildet, der dazu zwänge, das Markensystem, falls es sonst entbehrlich sein sollte, beizubehalten.

III.

Als dritten Punkt, der bei der Frage der Abschaffung des Markensystems in Betracht gezogen werden muß, fanden wir oben die Verteilung der Rentenbelastung auf die einzelnen Versicherungsanstalten. Diese erfolgt nach dem jetzigen Gesetze „in dem Verhältnis der Beiträge, welche den einzelnen Versicherungsanstalten für den Versicherten zugeflossen sind" (§ 89), und sobald die Rente engültig feststeht, hat das Rechnungsbureau sich der Aufgabe zu unterziehen, an der Hand der einzufordernden Quittungskarten und der daraus ersichtlichen Marken genau festzustellen, wie viele Wochen und in welcher Lohnklasse der Versicherte während seines ganzen Lebens im Bezirke jeder einzelnen der 31 Versicherungsanstalten gearbeitet hat, um danach zu bemessen, wie viel jede dieser letzteren zu der Rente beizusteuern hat. Dabei genügt es auch nicht, einfach die Gesamtsumme der den einzelnen Anstalten zugeflossenen

Beiträge festzustellen, sondern „die Verteilung der Renten muß nach dem Versicherungswerte der zu den einzelnen Versicherungsanstalten entrichteten Beiträge erfolgen, weil die Beiträge nach dem Lebensalter, in welchem sie entrichtet werden, einen verschiedenen Wert für die Versicherung haben. Im Interesse der ausgleichenden Gerechtigkeit darf diese Verschiedenheit hier ebensowenig, wie bei der Kürzung der Rente wegen ausgefallener Beiträge unberücksichtigt bleiben". Ja, es ist ein herrliches Ding, diese „ausgleichende Gerechtigkeit" oder die Äquivalenztheorie, wie ich sie besser zu bezeichnen glaube, von der das Gesetz so völlig beherrscht wird! Nicht allein der einzelne Versicherte soll genau soviel Rente erhalten, als er durch die nicht von seinem Willen, sondern von äußeren Glücksumständen abhängigen Zahlungen verdient hat, sondern auch jede Versicherungsanstalt muß an der zu zahlenden Rente gerade so stark beteiligt sein, wie es ihrer Einnahme an Beiträgen entspricht. Leistung — Gegenleistung: das war auch der Standpunkt unserer Posteinrichtungen zur Zeit von Thurn und Taxis. Ein Brief, der 100 Meilen weit befördert werden sollte, mußte zehnmal so viel Porto zahlen, als ein anderer bei 10 Meilen Entfernung. Der Einheitssatz, der von diesen Unterschieden absieht, ist erst eine Erfindung der Neuzeit. Ja, selbst heute haben im Weltpostverkehr noch nicht alle Staaten auf die Erhebung eines Transitportos verzichtet und sich auf die Höhe der Anschauung aufgeschwungen, daß sich bei solchem Verzichte nach den Regeln der Wahrscheinlichkeitsrechnung Vorteil und Nachteil ausgleichen. Sollte sich das nicht hier ganz ähnlich verhalten? Und wenn es nicht auf die Mark stimmte, wäre es ein Unglück, wenn wohlhabendere Bezirke zu Gunsten ärmerer einen geringen Ausfall erlitten? Wäre mindestens der so angerichtete Schaden so außerordentlich, daß er nicht aufgewogen würde durch die unendliche Erleichterung in der Handhabung?[1]

Aber hören wir zunächst, wie die Begründung der Regierungsvorlage ihren Vorschlag rechtfertigt: „Der Orts- oder Berufswechsel der Arbeiter hat zur Folge, daß in den Bezirken der einzelnen Versicherungsanstalten nicht fortlaufend dieselben Personen beschäftigt werden, und daß jeder einzelne Arbeiter seine Beiträge bald an diese, bald an jene Versicherungsanstalt abführen wird. Es fragt sich da-

---

[1] Daß das Gesetz sich bei aller socialer Grundlage doch von individualistischen Halbheiten nicht frei machen kann, tritt auch noch an anderer Stelle recht deutlich hervor, nämlich bei der Ausprägung der Lohnklassen zu selbständigen finanziellen Einheiten. Der § 24 lautet: „die Beiträge müssen nach den Lohnklassen in der Weise bemessen werden, daß durch die in jeder Lohnklasse aufkommenden Beiträge die Belastung gedeckt wird, welche der Versicherungsanstalt durch die auf Grund dieser Beiträge entstehenden Ansprüche voraussichtlich erwächst." Konsequenterweise müßte man eigentlich für jede Lohnklasse eine besondere Versicherungsanstalt schaffen, und nachdem man erst die Gefahrenklassen eingeführt haben wird, die Teilung auch auf diese ausdehnen. Dann hätten wir wirklich allen Anforderungen der ausgleichenden Gerechtigkeit entsprochen, nur schade, daß dann von einer socialen Auffassung der Aufgabe nichts mehr übrig geblieben wäre.

her, welcher von diesen Versicherungsanstalten demnächst die Fürsorge für die Invaliden zur Last fallen soll. Es geht nicht an, dieselben lediglich derjenigen Anstalt aufzubürden, bei welcher die Invalidität in die Erscheinung getreten ist. Dies könnte höchstens dann zugelassen werden, wenn man annehmen dürfte, daß die thatsächlichen Verhältnisse eine Ausgleichung der hierdurch erwachsenen Belastung der einzelnen Anstalten herbeiführen werden. Diese Annahme wäre indes eine willkürliche. Sie würde zur Voraussetzung haben, daß in den einzelnen Bezirken der Zuzug und Abzug gleichwertiger Arbeitskräfte sich ausgleicht. Allein es ist die Möglichkeit nicht ausgeschlossen, daß in einzelnen Gegenden ein größerer Zuzug von älteren Leuten zu leichterer Arbeit stattfindet, deren Arbeitskraft in jüngeren Jahren in anderen Gegenden und Berufszweigen ausgenutzt ist; in gewissen Berufszweigen, welche hauptsächlich schwere Arbeiten erfordern, werden vorzugsweise jüngere und kräftigere Personen beschäftigt. Obwohl aber deren Kräfte durch die Schwere der ihnen obliegenden Arbeit schneller als in andern Berufskreisen gemindert werden, ist dennoch eine entsprechende vorzeitige Invalidisierung dieser Arbeiter erfahrungsgemäß nicht zu erwarten. Vielmehr pflegen solche Arbeiter, wenn ihre Kräfte für die schwere Berufsarbeit nicht mehr ausreichen, zu leichterer Thätigkeit und damit zu solchen Berufszweigen, z. B. zur Landwirtschaft, überzutreten, deren Betriebe Gelegenheit zu leichter, auch von schwächlichen oder älteren Personen auszuführender Arbeit bieten! . . . . ."

Sehr hübsch ausgedacht, aber sehr schlecht ausgeführt! Wenn man auf solche Verhältnisse Rücksicht nehmen wollte, so mußte man doch offenbar die Abgrenzung der Versicherungsanstalten nach diesen Gesichtspunkten vornehmen; man mußte, da es sich also kurz gesagt um den Gegensatz der Interessen zwischen Stadt und Land handelt, ländliche und städtische Versicherungsbezirke schaffen, während man jetzt eine Abgrenzung gewählt hat, die mit diesem Gegensatze gar nichts zu thun hat. Allerdings hat man für Berlin eine besondere Versicherungsanstalt errichtet, aber überall sonst sind Großstädte und flaches Land vereinigt, die Höhe der Beiträge wird also bestimmt nach den Ergebnissen der gemeinsamen Verwaltung; liefern die Großstädte eine höhere Invaliditätsbelastung, so muß sie von der ländlichen Bevölkerung gleichmäßig wie von der städtischen getragen werden. Also, wie gesagt, will man die „ausgleichende Gerechtigkeit" bis auf diese Spitze treiben, so überlege man sich wenigstens etwas besser, was man thun muß, um ihr Rechnung zu tragen; die jetzige Einrichtung thut dies in keiner Weise und läßt sich also auch durch diesen Gesichtspunkt nicht begründen.

Aber ist denn dieser Gegensatz der Interessen wirklich in dem Maße vorhanden, um zu solchen Maßregeln zu zwingen? Es soll „die Möglichkeit nicht ausgeschlossen" sein, daß in einzelnen Gegenden ein größerer Zuzug bereits teilweise verbrauchter Arbeitskräfte stattfindet, d. h. daß ältere industrielle Arbeiter sich auf das Land zurückziehen. Diese Möglichkeit scheint durchaus am grünen Tische ausgeklügelt zu sein; denn im praktischen Leben erfährt man wohl etwas von dem Zuströmen der Arbeiter in die Stadt, aber nichts von einem Rückströmen auf das Land, so nützlich dies auch sein würde. Als im Reichstage die Novelle zum Unterstützungswohnsitzgesetze beraten wurde, beantragte der Abg. Baumbach, daß nach dem 60. Lebensjahre ein Erwerb des Unterstützungswohnsitzes nicht mehr stattfinden solle. Zweifellos verfolgte der Antragsteller hierbei die Interessen nicht des Landes, sondern der Städte, die sich gegen den Zuzug bereits verbrauchter Arbeitskräfte vom Lande schützen wollen; wäre die obige Auffassung der Begründung berechtigt, so hätte dieser Antrag gar keinen Sinn.

Das Gesetz läßt sich übrigens auch sonst noch von dieser theoretisch ausgeklügelten Vorstellung eines Zurückwanderns der alten Arbeiter auf das Land leiten, so wenn die Höhe der Rente damit begründet wird, daß dieselbe lediglich die Möglichkeit einer bescheidenen Lebenshaltung an einem billigen Orte bieten solle. Es wäre ja sehr verständig, wenn der invalide gewordene städtische Arbeiter sich auf das Land zurückzöge, wo er billiger lebt, als in der Stadt; aber aus denselben Gründen, weshalb er das nach seiner Invalidisierung nicht thut, geht er auch vorher nicht wieder aus der Stadt fort, an deren Genüsse er sich gewöhnt hat, und begnügt sich hier lieber mit einer kümmerlichen Existenz. Läge es anders, so hätte der Vorschlag des ersten Entwurfs einer nur nach dem Beitrittsalter abgestuften, aber von den Verschiedenheiten der Lebenshaltung absehenden sog. Einheitsrente ihre volle Berechtigung; denn wenn die invaliden Arbeiter sich nach den billigsten Orten zurückzögen, würde ja von da ab ihre Lebenshaltung eine gleichartige, und man brauchte ihnen deshalb auch nur eine gleich hohe Rente zu gewähren. Wie man die Einheitsrente hat fallen lassen, so sollte man auch auf solche theoretische Phantome keine Rücksicht nehmen.

Bietet also die Rücksicht der ausgleichenden Gerechtigkeit keinen Grund zur Beibehaltung des schrecklichen Abrechnungsverfahrens zwischen den verschiedenen Versicherungsanstalten, das allein ein ganzes Heer von Beamten nötig machen wird, so haben wir zu fragen, was wir an dessen Stelle setzen wollen. Es muß nun auch hier wieder darauf hingewiesen werden, daß das Einfachste, Zweckmäßigste und Natürlichste sein würde, das ganze Reich zu einem einheitlichen Versicherungsgebiete umzugestalten. Ist aber dieses Ideal nicht zu erreichen, und muß man an der bisherigen Einteilung nach Versicherungsanstalten festhalten, so steht durchaus nichts entgegen, die Tragung der Rente ausschließlich derjenigen Anstalt aufzulegen, von welcher die Invalidisierung erfolgt, und von einer gegenseitigen Verrechnung abzusehen. Fürchtet man, daß dabei Abschiebungen im letzten Augenblicke oder sonstige Unzuträglichkeiten vorkommen könnten, so kann man ja eine gewisse Dauer des Aufenthaltes vorschreiben in derselben Weise, wie sie für den Erwerb des Unterstützungswohnsitzes gilt, wie denn überhaupt dieser letztere einen sehr brauchbaren Anhaltspunkt giebt, um danach die Einrichtung der Invaliditätsversicherung zu gestalten. Wenn die Begründung gegen diesen Vorschlag einer gewissen Dauer des Aufenthaltes für den Erwerb der Invalidenrente geltend macht, „daß dann für alle diejenigen Personen, welche eine solche dauernde Beschäftigung während der vorgeschriebenen Zeit nicht aufzuweisen haben, noch besonders gesorgt werden müßte", so übersehen sie, daß natürlich der Verlust des entsprechenden Rechts gegen die frühere Versicherungsanstalt nicht früher stattfinden dürfte, als bis ein neuer Anspruch gegen die nachfolgende erworben wäre.

Als allerletzte Zuflucht gegen etwa denkbare Bekämpfungen des hier vertretenen Standpunktes mag endlich noch darauf hingewiesen werden, daß, wenn wirklich eine längere praktische Erfahrung dasjenige Bedenken bestätigen sollte, welches jetzt lediglich theoretisch konstruiert wird, also eine Überlastung einzelner Versicherungsanstalten gegenüber den andern, es noch ein Mittel geben würde, Abhülfe zu schaffen, ohne zum Markensystem und der gegenseitigen Abrechnung zu greifen: dieses Mittel bietet der Zuschuß des Reiches. Da das Reich in der günstigen Lage ist, als freiwilliger Geber seine Gabe lediglich nach eigenem Ermessen zu verteilen, so wird es sich hierbei mit Recht von Billigkeitsrücksichten leiten lassen. Würde man also wahrnehmen, daß das eingeführte und im übrigen zweckmäßige System zu einer Benachteiligung einzelner Landesteile führte, so enthielte es lediglich die Beseitigung einer hervortretenden Unvollkommenheit, wenn das Reich durch entsprechende Verteilung seines Zuschusses diese nicht beabsichtigte Ungleichheit beseitigte.

Übrigens muß doch auch hier als Ergänzung der sonstigen Beweisführung immer wieder das einleuchtendste Beweismittel vorgeführt werden, indem wir fragen, weshalb man denn bei der Kranken- und Unfallversicherung ohne Markensystem auskommt. Nun liegen ja freilich bei beiden die Verhältnisse etwas abweichend. Bei der Unfallversicherung werden allerdings Renten von derselben Höhe und Dauer gezahlt, wie bei der Invaliditätsversicherung, aber da ein Arbeiter nicht so häufig seinen Beruf wechselt, wie seinen Beschäftigungsort, so wird es die Regel sein, daß der Versicherte derjenigen Berufsgenossenschaft, von welcher er seine Rente erhält, auch während des größten Teils seines Lebens angehört und ihr also den Wert seiner Arbeitskraft zugewandt hat. Aber mag dies auch die Regel sein, so wird dieselbe doch von so zahlreichen Ausnahmen durchbrochen, daß man der „ausgleichenden Gerechtigkeit" starken Abbruch gethan hat, wenn man die Rente lediglich von derjenigen Genossenschaft tragen läßt, welcher der Versicherte zur Zeit des Unfalls angehört. Dies gilt besonders, seitdem man die Land- und Forstwirtschaft in die Versicherung einbezogen hat. Die Begründung unseres Gesetzes selbst hebt dies hervor als Grund, alle Arbeiterklassen gleichzeitig unter die Versicherung zu begreifen: „Berufszweige, unter denen ein Austausch der Arbeitskräfte nicht stattfindet, ... giebt es überhaupt nicht. In besonders großem Umfange aber besteht ein solcher Wechsel zwischen den einzelnen Zweigen der Industrie und dem Handwerk, sowie zwischen land- und forstwirtschaftlichen und industriellen Betrieben. .... Ein Handwerksgeselle, der heute in einem mit 10 Arbeitern oder mit Motoren betriebenen und deshalb unter die Unfallversicherung fallenden Unternehmen beschäftigt ist, arbeitet vielleicht schon morgen in einem gleichartigen kleineren und deshalb der Unfallversicherung noch nicht unterliegenden Betriebe. Derselbe Arbeiter ist während des Sommers als Maurer, während des Winters als Forstarbeiter oder während der Ernte in der Landwirtschaft, sonst aber in gewerblichen Betrieben bald dieser, bald jener Art beschäftigt". Ist das richtig, so ist es also in hohem Grade vom Zufall abhängig, ob diejenige Berufsgenossenschaft, welcher der Versicherte im Augenblicke des Unfalls angehört, und die deshalb die Rente lebenslänglich aus ihren Mitteln zu tragen hat, gerade diejenige ist, welcher die Arbeitskraft des gesunden Arbeiters vorwiegend zu statten gekommen ist. — Die Äquivalenztheorie würde deshalb auch hier zu einer Verteilung der Rente unter die verschiedenen beteiligten Berufsgenossenschaften zwingen. Noch zweifelloser ist dies bei den Krankenkassen. Auch sie sind örtlich gegliedert, und da sie sehr viel kleinere Gebiete umfassen, als die Versicherungsanstalten, so muß ein Wechsel hier auch ungleich häufiger vorkommen. Trotzdem ist die Freizügigkeit unter den Kassen eingeführt, und es wird gar nicht selten sein, daß eine Kasse auf 13 Wochen oder gar auf noch länger einem Mitgliede Krankenunterstützung gewähren muß, welches der Kasse erst seit ganz kurzer Zeit angehört.

Man hat sich also bei beiden früheren Versicherungsformen von dem Grundsatze, daß jede Kasse die Unterstützung genau nach den ihr zugeflossenen Vorteilen gewähren müsse, frei gemacht, und wenn man nicht annehmen will, daß man dabei die Rücksichten der Gerechtigkeit völlig außer Augen gesetzt hat, so muß man wohl davon ausgehen, daß der Gesetzgeber der Ansicht gewesen ist, daß im ganzen ein Ausgleich stattfinden werde, und daß er es nicht als seine Aufgabe angesehen hat, in ängstlicher Weise über Leistung und Gegenleistung Buch zu führen.

―――――

Das Ergebnis dieser Untersuchung kann man also dahin feststellen, daß keine der verschiedenen für das Markensystem anzuführenden Rücksichten ausreichend ist, um dasselbe zu rechtfertigen.

Ich werde die Reformvorschläge, welche dem hier erörterten Standpunkte entsprechen, am Schlusse dieses Abschnittes zusammenstellen und näher erläutern. Hier hatten wir zunächst nur kritisch den vorhandenen Fehler nachzuweisen und daraus eine allgemeine Folgerung zu ziehen. Diese lautet: Abschaffung des Markensystems durch Aufgeben der Äquivalenztheorie. Man verzichte auf die ängstliche Abwägung zwischen Leistung und Gegenleistung, man mache Ernst mit dem Solidaritätsgedanken, der nun einmal jeder Versicherung zu Grunde liegt, man erhebe endlich das

Gesetz von dem jetzigen kaufmännischen auf den seinem Grundgedanken entsprechenden socialen Standpunkt, dann wird man ohne Mühe die jetzigen Schwierigkeiten beseitigen und Zufriedenheit wenigstens in allen den Kreisen herbeiführen, welche nicht auf dem Boden des nackten Egoismus stehend oder wegen principieller Voreingenommenheit alle Socialpolitik verwerfen.

VII. Die Rente.

Wir haben uns mit der Frage, in welcher Weise die Rente zu bestimmen sei, schon bei der Erörterung über das Markensystem insoweit beschäftigt, als es für die Beantwortung der dort aufgeworfenen Fragen erforderlich schien. Hier haben wir dieses Thema weiter zu verfolgen und dürfen dabei an das dort Gesagte anschließen. Wir stellten den Satz auf, **daß die Rente nicht, wie bisher, abhängig sein dürfe von der Dauer der Versicherungspflicht und der Summe der gezahlten Beiträge, sondern daß sie, möge die Invalidität früher oder später eintreten, stets einen festen, gesetzlich bestimmten Bruchteil des zur Zeit der Invalidisierung bezogenen Lohnes ausmachen solle.** Bekanntlich findet dies nicht allein bei der Krankenversicherung statt, wo das Krankengeld von der Dauer der Mitgliedschaft gänzlich unabhängig ist, sondern ebenso bei der Unfallversicherung. Hier erhält der Versicherte 66⅔% „desjenigen Arbeitsverdienstes, den er während des letzten Jahres seiner Beschäftigung bezogen hat". Ja, bei der Krankenversicherung ist es sogar den Statuten vorbehalten, das Krankengeld auf 75% zu erhöhen. In beiden Fällen ist es ganz gleichgültig, ob der Versicherte kurze oder lange Zeit Beiträge bezahlt hat, den Maßstab für die Rente bilden lediglich die Erwerbsverhältnisse, wie sie bei Eintritt der Störung sich fanden.

In der Begründung der Vorlage wird die Analogie der Kranken- und Unfallversicherung mit der Bemerkung abgelehnt, daß es sich dort um Schäden handele, deren Ursachen nicht weit zurückliegen, sodaß man sich ohne weiteres an die zur Zeit bestehenden Lohnverhältnisse anschließen könne, während hier die Folgen jahrelanger Entwickelung in Frage ständen, welche deshalb ein Zurückgreifen auf den Gesamtverdienst des ganzen Lebens erfordere. Ich müßte lügen, wenn ich behaupten wollte, daß ich diese Beweisführung zwingend fände. Der oberste Zweck und die Grundlage der ganzen Einrichtung besteht doch darin, den Arbeiter, dessen Lebenslage fast ausnahmslos völlig abhängig ist von seinem Arbeitsverdienste, gegen Störungen der ersteren dadurch zu schützen, daß man für Fälle, in welchen der letztere aufhört, einen Ersatz schafft, der an dessen Stelle tritt. In diesem Zwecke, als Ersatz des Arbeitslohnes zu dienen, liegt aber doch ganz zwingend die untrennbare Beziehung zu diesem, und zwar zu ihm in der ganz konkreten Gestalt, in der er besteht in dem Augenblicke, wo es sich um seinen Ersatz handelt.

Schwankungen der Einnahmen innerhalb gewisser Grenzen und bei allmählicher Verschiebung ist der Mensch gewohnt, sich anzupassen, und er kann es, ohne allzusehr das Gefühl der Störung zu empfinden; nur der unvermittelte Sturz aus besseren in schlechtere Lebensverhältnisse erscheint uns unerträglich. Es muß deshalb das oberste Ziel der Versicherung sein, einen solchen plötzlichen Übergang aus verhältnismäßig befriedigenden Erwerbsverhältnissen in gänzliche Erwerbslosigkeit zu verhüten, nicht aber ist dabei berechtigt die Rücksichtnahme auf weit zurückliegende Zeiten oder auf die Dauer der Beitragsleistung. Hat jemand wirklich in seiner Jugend ungewöhnlich große Einnahmen gehabt, ist aber allmählich auf einen verminderten Verdienst angewiesen worden, so liegt nur in letzterem, nicht aber in ersterem der Faktor, der die Lebenshaltung bestimmt. Werden zwei Arbeiter invalide, die gleichmäßig seit 10 Jahren einen Lohn von 600 Mk. gehabt haben, so liegt durchaus kein Grund vor, die Renten Beider deshalb verschieden zu bemessen, weil vor 20 Jahren der eine einen doppelt so hohen Verdienst gehabt hat, wie der andere.

Die Begründung meint, dieser letzte Verdienst könne schon um deswillen nicht maßgebend sein, "weil die Invalidität allmählich einzutreten pflegt und mit der allmählichen Abnahme der Kräfte auch der Arbeitsverdienst in der Regel sich mindert, zuletzt aber sehr gering ist". Ich sehe ganz umgekehrt hierin einen besonderen Vorzug. Gerade deshalb, weil der Lohn der meisten Arbeiter bei Eintritt der Invalidität nicht mehr sehr hoch sein wird, ist es bei der Anlehnung an diesen möglich, einen verhältnismäßig hohen Prozentsatz als Rente zu zahlen, ohne die Beiträge allzuhoch zu steigern. Würde z. B. die Gesamtsumme der künftig nach dem jetzigen Gesetze zur Zahlung gelangenden Renten ausreichen, um mit derselben bei Anlehnung an den letzten Arbeitsverdienst 75% desselben als Rente zu zahlen, so würde darin ein außerordentlicher Erfolg zu sehen sein, denn an die Lebensverhältnisse, wie sie dieser Verdienst mit sich bringt, hat sich, wie schon hervorgehoben, die Familie bereits allmählich gewöhnt; tritt also in diesen nun eine Verschlechterung um nicht mehr als 25% ein, die außerdem vielleicht durch Nebenerwerb noch gemildert werden kann, so ist in der That der angestrebte Zweck, einen störenden Einfluß der eingetretenen Erwerbsunfähigkeit auszuschließen, in sehr weitgehendem Maße erreicht. Noch weiter zu gehen würde sogar durch die Rücksicht widerraten werden, daß dann die Gefahr der Simulation zu groß würde, und ein Anreiz bleiben muß, die Arbeitskraft bis zu einer angemessen zu bestimmenden Grenze auszunutzen.

Nun mag ja der immerhin zuzugebende Unterschied zwischen einem plötzlich eintretenden Betriebsunfalle und der regelmäßig sich anbahnenden Invalidität dazu führen, den Zeitraum, nach welchem die Rente berechnet wird, von einem Jahre auf drei oder fünf Jahre auszudehnen, man mag ferner mit Rücksicht darauf, daß die Möglichkeit der Invalidität leichter im voraus zu berechnen ist, als die

Gefahr eines Unfalles, eine mehrjährige Wartezeit vorschreiben, aber das alles ändert nichts an der Berechtigung der Grundforderung, die Invalidenrente zu bestimmen nach dem der Invalidität vorhergehendem Arbeitsverdienste.

Nun kann freilich der Arbeitsverdienst noch in verschiedenem Sinne verstanden werden: entweder als individueller des einzelnen Versicherten oder als durchschnittlicher gewisser Klassen. Die Begründung der Vorlage giebt sich große Mühe, nachzuweisen, daß die Berücksichtigung des Individuallohnes, die als das Nächstliegende und Billigste anerkannt wird, an praktischen Schwierigkeiten scheitere, und daß man statt dessen große Klassen schaffen müsse, innerhalb deren der Unterschied des Erwerbes nicht berücksichtigt werde. Die Vorlage wollte diese Klassen auf den ortsüblichen Tagelohn gründen und unterschied deshalb 5 Ortsklassen. Das Gesetz hat dieselben durch 4 Lohnklassen ersetzt, die scheinbar den Individuallohn zum Ausgangspunkte nehmen, in Wahrheit aber gewisse Durchschnittssätze, wie sie in § 22 unter Ziffer 1—5 näher bezeichnet sind.

Die Frage, um die es sich hier handelt, ist nicht von grundlegender Bedeutung, denn die übrigen hier vertretenen Reformen sind mit dem einen wie mit dem andern System vereinbar. Für ihre Entscheidung ist es von wesentlichem Einfluß, wie man die Beitragsleistung gestaltet. Geht man von dem — allerdings durchaus nicht zuzugebenden — Grundsatze aus, daß ein möglichst enger Parallelismus zwischen Beiträgen und Renten bestehen müsse, so wird man bei den Letzteren Klassen fordern, sofern man sie bei den Ersteren verlangt, und wir hätten dann zunächst zu prüfen, ob die Beitragserhebung sich unmittelbar an den Individuallohn anlehnen könne oder nach Klassen abgestuft sein müsse.

Nun erscheint das Erstere keineswegs unausführbar. Man braucht sich ja nur die Lohnnachweisungen nutzbar zu machen, die schon jetzt durch das Unfallversicherungsgesetz vorgeschrieben sind, und hat nicht einmal nötig, dieselben entsprechend der oben vertretenen Forderung so umzugestalten, daß sie die Löhne der einzelnen Arbeiter ersehen lassen, sondern es braucht nur ein bestimmter Prozentsatz vorgeschrieben zu werden, der als Beitrag von dem Arbeitgeber an die Versicherungsanstalt zu zahlen ist, und von welchem er die Hälfte den Arbeitern bei der Lohnzahlung in Anrechnung bringen darf. Allerdings würde die im Krankenkassengesetze angeordnete Vorauszahlung insofern mit Schwierigkeiten verknüpft sein, als bei gewissen Arten der Löhnung, insbesondere Accordarbeiten, der Betrag sich nicht vorher übersehen läßt. Sieht man aber von der Vorauszahlung ab und erhebt den gesetzlich festgesetzten Prozentsatz von der thatsächlich bereits bezahlten Lohnsumme, so können sich solche Schwierigkeiten nicht geltend machen.

Es bleibt hier also wieder die schon oben berücksichtigte Frage der Kontrolle. Aber die letztere wird doch schon heute bei der Unfallversicherung geboten, ohne daß man dafür besondere Schutzmaßregeln getroffen hat; sie liegt eben in den Verhältnissen. Würde ein Unternehmer unrichtige Angaben über die von ihm gezahlten Löhne machen, so gäbe er sich gänzlich in die Hand derjenigen seiner Leute, welche diese Aufstellungen anfertigen, ganz abgesehen davon, daß die Berufsgenossenschaft nach § 82 des Gesetzes das Recht hat, „behufs Prüfung der . . . eingereichten Arbeiter- und Lohnnachweisungen Geschäftsbücher und Listen einzusehen, aus welchen die Zahl der beschäftigten Arbeiter und Beamten und die Beträge der verdienten Löhne und Gehälter ersichtlich werden". Das mag nun freilich leichter durchzuführen sein beim Großbetriebe als beim Kleinbetriebe, aber wenn man die oft gegebene Zusage einer Ausdehnung der Unfallversicherung auf das Handwerk erfüllen will, so muß man dort bereits diese Frage lösen. Nun umfaßt freilich die Invaliditätsversicherung nicht bloß die bei Gewerbetreibenden, sondern auch die bei Privaten beschäftigten Arbeiter und Dienstboten, allein auch die Dienstboten will man ja in die Unfallversicherung einbeziehen, und daß man die unständigen Arbeiter, für welche die Durchführung einer Kontrolle die meisten Schwierigkeiten machen würde, aus dem Rahmen des Gesetzes vorläufig ausschließen solle, ist schon an anderer Stelle ohnehin empfohlen. Für sie kann man ja andere Wege der Fürsorge finden, wobei in erster Linie das durch § 112 des jetzigen Gesetzes zugelassene Verfahren einer Übernahme auf die Gemeinde und die allgemeinen Steuermittel in Betracht zu ziehen sein würde.

Wir müssen hier aber ferner an das anknüpfen, was wir oben über den Reichszuschuß gesagt haben. Da es sich bei ihm um eine freiwillige Gabe handelt, so kann dieselbe verwandt werden, um Ungleichheiten und Lücken, die sonst hervortreten würden, auszufüllen. Also man übernehme Renten von Personen, deren Beschäftigungsart es erschwert, die Gegenwerte in Form von Beiträgen zu beschaffen, einfach auf die Reichskasse, d. h. diese vergütet jeder Versicherungsanstalt die an solche Personen gezahlten Renten.

Dieser Gedanke, den Reichszuschuß anders als bisher zu verteilen, ihn insbesondere zu verwerten, um das Verfahren zu vereinfachen, scheint mir überhaupt von größester Bedeutung. Gerade wenn man die Äquivalenztheorie an den verschiedenen Stellen, an denen wir sie oben erörtert haben, fallen läßt, also auf die enge Beziehung zwischen Leistung und Gegenleistung verzichtet, liegt es nahe, das Bedenken, daß man dadurch die Einrichtung auf finanz-technisch weniger sichere Unterlagen stelle, dadurch zu entkräften, daß man den Einfluß des so eingeführten Unsicherheitsmomentes an eine Stelle verlegt, wo es am wenigsten störend wirkt, und diese Stelle ist der allgemeine Reichshaushaltsetat. Freilich ist es ja auch hier angenehmer, einen Satz einstellen zu können, der sich ziemlich weitgehend vorher berechnen läßt, wie der jetzige Zuschuß von 50 Mk. zu jeder Rente. Aber diese Annehmlichkeit ist doch bei dem ohnehin vorhandenen ungemeinen Schwanken der Reichseinnahmen und -ausgaben von zurücktretender Bedeutung und darf in Kauf genommen werden, wenn dadurch eine wesentliche Erleichterung an wichtigeren Stellen zu erzielen ist. Wir werden vielleicht Veranlassung haben, diesen Gedanken auch noch sonst zu verwerten, hier wollen wir denselben zunächst für die Frage der Renten und der Beiträge verfolgen.

Wir wollen die Rente festsetzen auf einen **bestimmten Bruchteil des zuletzt bezogenen Lohnes**, wobei ein längerer Zeitabschnitt zu Grunde zu legen sein würde. Es ist hier nicht der Ort, in beiden Beziehungen bestimmte Vorschläge zu machen, aber um uns konkreter ausdrücken zu können, wollen wir feste Ziffern einstellen. Also sagen wir, die Rente soll betragen $2/3$ des Lohnes nach dem Durchschnitte der letzten 3 Jahre, wobei ausdrücklich zu betonen ist, daß es nicht die Absicht ist, die an der Hand der jetzigen gesetzlichen Bestimmungen zu zahlenden Renten in ihrem **Gesamtbetrage** zu erhöhen oder zu erniedrigen, also auch an der Belastung sei es der Arbeiter oder der Arbeitgeber etwas zu ändern, sondern lediglich eine andre Berechnungsart zu finden. Es wird deshalb, um wirklich über die Ziffer $2/3$, $3/5$, $3/4$ u. s. w. Bestimmung zu treffen, vor allem wichtig sein, an der Hand der bereits vorliegenden Erfahrungen festzustellen, welchen Bruchteil des Lohnes die bereits bewilligten Renten bilden. Aber halten wir uns zunächst an die Zahl $2/3$.

Nun handelt es sich noch um die Aufbringung der Mittel. Auch hier wollen wir grundsätzlich nichts ändern, sondern nur die **Beiträge in ein festes Verhältnis zu dem Lohn bringen**. Wir müssen deshalb ermitteln, welchen Bruchteil des Lohnes die jetzigen Beiträge darstellen. Nun sind zu zahlen

in der I. Klasse bei einem Lohnsatze (§ 23) von 300 ℳ jährlich 7,28 ℳ = 2,12 %
= = II. = = = = 500 = = 10,40 = = 2,08 =
= = III. = = = = 720 = = 12,48 = = 1,60 =
= = IV. = = = = 960 = = 15,60 = = 1,60 =

Es würde also, wie es scheint, angängig sein, den Beitrag auf 2 % des Lohnes festzusetzen, wobei noch der Vorteil erzielt würde, die jetzige Überlastung der unteren Klassen zu beseitigen. Dieser Satz würde um so mehr als ausreichend anzusehen sein, als bei der obigen Berechnung volle 52 Wochenbeiträge vorausgesetzt sind, das Gesetz aber bei seiner Berechnung naturgemäß einen Ausfall in Rechnung gezogen haben muß. Sollten sich nun aber bei diesem Satze von 2 % Ungleichmäßigkeiten der einzelnen Jahre ergeben, so würde hier der Reichszuschuß ausgleichend einzutreten haben.

Ganz einfach ist dies freilich nicht aus dem besondern Grunde, weil die Beiträge nicht nach dem Umlage-, sondern nach dem Deckungsverfahren erhoben werden. Es wird deshalb in den ersten Jahren, bis zum Eintritt des Beharrungszustandes weit mehr an Beiträgen eingenommen, als an Renten ausgegeben, und man kann deshalb nicht einfach bestimmen: „der durch Beiträge nicht gedeckte Jahresbetrag der Rente wird vom Reiche zugeschossen", sondern da die in diesem Jahre erhobenen Beiträge dazu dienen sollen, mit Hülfe derjenigen der folgenden Jahre den Einzahlern demnächst **lebenslängliche Renten** zu gewähren, so müßte man zuvor die

Gesamtsumme der Beiträge, welche in dem betreffenden Jahre auf=
gekommen sind, auf denjenigen Betrag reduzieren, der nach versiche=
rungstechnischen Grundsätzen auf dieses Jahr zur Verrechnung
kommt. Das wäre recht umständlich, und obwohl es lediglich eine
mathematische Arbeit ist, die vom Rechnungsbureau unendlich viel
rascher erledigt werden würde, als die jetzige Verteilung der Renten
auf die beteiligten Versicherungsanstalten, so würde es doch vielleicht
den Vorzug verdienen, wenn das Reich zunächst, wie bisher, jährlich
einen festen Zuschuß von 50 Mk. leistet, bis der Beharrungszustand
eingetreten ist, und dann dieser feste Zuschuß durch die Deckung
des jährlichen Unterschiedes zwischen Beiträgen und Renten ersetzt
wird.

VIII. Die Stellung des Kleingewerbes.

Im VI. Abschnitte habe ich den Nachweis versucht, daß das
proton pseudos, der Grundfehler des Gesetzes, welcher alle die
seine Mißerfolge erklärenden Weitläufigkeiten und Schwierigkeiten,
insbesondere aber das schreckliche Klebesystem zur notwendigen Folge
habe, in der Äquivalenztheorie bestehe. Leider bin ich verpflichtet,
jene Behauptung insofern einzuschränken und zu berichtigen, als ich
jenem einen Grundfehler noch einen zweiten zur Seite stellen
muß, der sogar, genau besehen, noch tiefer greift und deshalb die
Anerkennung des proton pseudos noch mehr verdienen würde, be=
zieht er sich doch im Gegensatze zu der Äquivalenztheorie, die nur
die Ausführung des gesetzgeberischen Gedankens beeinflußt, auf dessen
Inhalt und letztes Ziel. An dieser allertiefsten und wichtigsten
Stelle glaube ich nicht allein gegen das Invaliditätsversicherungs=
gesetz, sondern gegen unsere ganze Socialversicherung die Anklage er=
heben zu müssen, daß sie ihre Aufgabe unrichtig aufgefaßt und einen
Weg eingeschlagen hat, der in seiner Grundrichtung verkehrt ist. Ich will
dies zunächst gewissermaßen abstrakt zu begründen versuchen, dann die
ungeheure praktische Tragweite des gemachten Fehlers nachweisen
und endlich Stellung dazu nehmen, wie man sich mit der jetzt nun
einmal geschaffenen Sachlage abzufinden hat.

Welches ist im allgemeinsten Sinne die Aufgabe unserer socialen
Gesetzgebung? Nun, sie ergiebt sich aus dem Worte. Social heißt
gesellschaftlich, bezeichnet also die aus der Zusammengehörigkeit zu
dem Gesamtorganismus der menschlichen Gesellschaft für ihre ein=
zelnen Glieder sich ergebende Beziehung. Um den Vorteil einer
solchen Zusammengehörigkeit zu genießen, muß jeder auch die durch
sie begründeten Beschränkungen in Kauf nehmen, und diese sind um
so umfangreicher, je mehr Aufgaben man der Gesellschaft zuweist.
So entwickelt sich also nicht ein absoluter, kontradiktorischer, sondern
nur ein relativer, Richtungsgegensatz zwischen einem mehr individua=
listisch und einem mehr socialistisch aufgefaßten Ideal, wobei die
Extreme beiderseits unmöglich sind, denn sie würden entweder die
Gesellschaft oder das Individuum auflösen, wobei es dagegen un=

gezählte Mittelstufen giebt, über deren Zweckmäßigkeit lediglich die praktische Rücksicht auf die durch den einen wie durch den anderen Standpunkt gebotenen Vorzüge und Nachteile entscheiden kann.

Aber diese Betrachtung der menschlichen Gesellschaft führt sofort zu einem etwas konkreteren Gedanken, nämlich zu der Betrachtung, daß die unendliche Mannigfaltigkeit der Lebensverhältnisse nicht eine völlig bunte und ungeregelte ist, sondern daß sich in derselben gewisse große Gruppen unterscheiden lassen, deren Mitglieder freilich keineswegs unter einander völlig gleiche Lebensbedingungen haben, sich aber doch einander so sehr nähern, daß man von einer Gesamtlage dieser Gruppen sprechen kann; mit einem Worte: man gelangt zum Begriffe der gesellschaftlichen Klassen.

Nun kann man solche Klassen offenbar nach sehr verschiedenen Gesichtspunkten und Maßstäben herstellen, je nachdem man das eine oder das andere Merkmal zu Grunde legt, und vielfach werden dieselben Individuen mehreren solchen Klassen angehören, ja, wenn zwei Maßstäbe, nach denen man zwei verschiedene Einteilungen vornimmt, einander sehr nahe liegen, so spricht die große Wahrscheinlichkeit dafür, daß die so geschaffenen Klassen sich hinsichtlich der sie bildenden Individuen sehr weitgehend decken, obgleich es daneben auch andere geben wird, die nur der einen oder nur der anderen Klasse angehören. In solchem Falle liegt die Gefahr sehr nahe, dadurch, daß das praktische Ergebnis der beiden verschiedenen Einteilungsarten weitgehend zusammenfällt, sich über deren Berechtigung täuschen zu lassen, die beiden Maßstäbe für identisch zu halten, und den einen da anzuwenden, wo man eigentlich den andern anwenden müßte. Thut man dies, so entsteht nun die Schwierigkeit, was man mit denjenigen Individuen anfangen soll, die durch den richtigen Maßstab einbegriffen sein würden, durch den unrichtigen aber ausgeschlossen sind. Da man sich über den diesen Übelstand erklärenden methodologischen Fehler täuscht, so wird man sie als Auswüchse ansehen, die zu ihrem eigenen Schaden sich nicht in die schöne Schablone fügen wollen, und für die man günstigenfalls einige kleine Erleichterungen zur Hand nimmt, die man aber doch im ganzen ihrem Schicksal überläßt.

Das Gesagte wird sich verdeutlichen, wenn wir daran gehen, es für die heutige Socialpolitik zu verwerten.

Als Maßstab der Klasseneinteilung für die heutige menschliche Gesellschaft der Kulturstaaten bieten sich zwei große Ausgangspunkte: nämlich

1. die Verschiedenheit des Besitzes,
2. die Stellung im Prozesse der Güterproduktion.

Der erstere Ausgangspunkt wird kurz bezeichnet durch den Gegensatz von Reich und Arm; er hat mit der Einrichtung der Produktion nur eine mittelbare Berührung, denn er beruht auf den Fragen der Güterverteilung und der Konsumtion; reiche und arme Personen könnte es begrifflich auch bei der Kollektivproduktion des Socialstaates geben, falls die Verteilung der erzeugten Güter unter die Staatsbürger dem entsprechend, also sagen wir meinetwegen unvollkommen, wäre.

Der letztere Ausgangspunkt dagegen führt zu dem Gegensatze zwischen selbständiger und unselbständiger gewerblicher Arbeit, ihm entsprechen die Stichworte: Unternehmer — Arbeiter, er steht und fällt mit der heutigen Art der Produktion, insbesondere mit dem Lohnsystem; sollte an dessen Stelle die genossenschaftliche Arbeit treten, bei der jeder Arbeiter zugleich Unternehmer ist, oder die staatliche Produktion, bei der formell nur der Staat selbst Unternehmer, alle Staatsbürger dagegen Arbeiter sind, so würde von ihm keine Rede mehr sein können.

Schon hieraus ergiebt sich, daß die beiden Einteilungsarten mit einander innerlich nicht das geringste zu thun haben, sondern völlig unabhängig von einander sind, aber es wurde schon oben auf die Möglichkeit hingewiesen, daß bei der Einteilung der menschlichen Gesellschaft nach dem einen oder dem andern Maßstabe die zu bildenden Klassen zum Teil aus denselben Mitgliedern bestehen könnten. Das ist nun in der That weitgehend der Fall, denn von den in die Klasse der Lohnarbeiter fallenden Personen ist die große Überzahl zugleich arm, und von den Armen sind die meisten Lohnarbeiter, obgleich dies doch nicht mehr in demselben Grade gilt, wie jenes; es giebt allerdings wenig reiche Lohnarbeiter, aber viele Arme, die nicht für Lohn arbeiten, ja sogar eine sehr große Klasse, die für die weitere praktische Verwendung des hier Erörterten von der äußersten Bedeutung ist: das sind die kleinen Gewerbetreibenden. Sie würden in den Rahmen der socialen Gesetzgebung fallen, wenn man diesen nach dem Gegensatze des Besitzes bestimmte, sie bleiben außerhalb desselben, sobald man den Gegensatz von selbständiger und unselbständiger Produktionsthätigkeit zu Grunde legt.

Aber sie sind, wenngleich die wichtigste, so doch keineswegs die einzige Klasse, für welche die Anlegung des einen oder des anderen Maßstabes von praktischer Bedeutung ist. Auch der andere Satz, daß alle Lohnarbeiter arm seien, hat seine Ausnahme, sobald man nur den Begriff Lohnarbeiter in seinem vollen Umfange nimmt, also unter Einschluß der Beamten. Staatliche und Gemeindebeamte gehören als Regel nicht hierher, soweit sie nämlich nicht an der Produktion, sondern an der Verwaltung und der obrigkeitlichen Leitung beteiligt sind, aber die unzähligen Beamten der privaten Erwerbsthätigkeit, vom Ofenheizer bis zum Fabrikdirektor, sind unselbständige Arbeitskräfte, mag ihre Bezahlung hoch oder gering, fest oder unbestimmt sein, solange sie nicht am Ertrage, und zwar sowohl am Gewinn als am Verluste, beteiligt sind.

Welcher von den beiden entgegengesetzten Ausgangspunkten ist denn nun als richtig anzuerkennen? Man kann die Frage nicht einheitlich beantworten, sondern muß unter den verschiedenen Zweigen der socialen Gesetzgebung unterscheiden, insbesondere zwischen der Versicherungsgesetzgebung auf der einen und der Schutzgesetzgebung auf der anderen Seite.

Betrachten wir zunächst die letztere und fragen: weshalb bedarf es hier einer besonderen staatlichen Fürsorge? so sehen wir die Erklärung in dem Grundprincip der unselbständigen Arbeit. Der selbstständige Handwerker bedarf keines staatlichen Schutzes; denn derjenige, gegen den er ihm geboten werden könnte, wäre lediglich er selbst, seine eigene Unvorsichtigkeit oder Unkenntnis. Soweit die vorhandene Technik es ihm gestattet, ist er jederzeit im stande, sich ihrer zur Abwendung der Gefahren des Betriebes zu bedienen; ja selbst wo sie noch keine Abhülfe bietet, steht es in seiner Hand, sich lieber mit unvollkommenen und deshalb weniger einträglichen, aber dafür auch weniger gefährlichen Betriebsarten zu begnügen. Ganz anders beim Lohnarbeiter. Er hat seine Arbeitskraft in der Weise in den Dienst und unter die Leitung des Arbeitgebers gestellt, daß er nicht allein die von diesem geforderten Arbeiten herstellen, sondern auch der dafür bestimmten Produktionsart sich bedienen und die eingeführten Maschinen benutzen muß. Nun sollte ja allerdings auch der Arbeitgeber unter mehreren zur Verfügung stehenden technischen Wegen denjenigen wählen, der am wenigsten eine Gefährdung der dabei beschäftigten Personen mit sich bringt, er sollte daneben alles thun, um diese Gefahren möglichst abzuwenden, und er wird dieser Verpflichtung gerecht werden, wenn er seine Aufgabe anders, als vom rein geschäftlichen Standpunkte, sagen wir, wenn er sie menschlich auffaßt. Aber immerhin ist hier ein Gegensatz lediglich der wirtschaftlichen Interessen zwischen Arbeiter und Arbeitgeber nicht zu bestreiten, insofern Schutzvorrichtungen, die für die Arbeiter wünschenswert sind, nicht allein Kosten machen, sondern auch meistens den Betrieb erschweren, jedenfalls also für den Unternehmer Opfer mit sich bringen. Will also hier der Staat eingreifen — und daß er es soll, wird ja heutzutage nur noch hinsichtlich des Maßes und Umfanges bestritten — so sind die beiden Klassen, deren Verhältnis er zu regeln bestrebt ist, die eben genannten: Arbeiter und Arbeitgeber; das Gesetz, welches dies beabsichtigt, heißt durchaus zutreffend ein Arbeiterschutzgesetz, wobei „Arbeiter" in dem oben erörterten streng wissenschaftlich richtigen durch die Grundform unseres Produktionsprozesses gegebenen Sinne der unselbständigen Arbeitskraft verstanden ist.

Gilt aber nun alles dies auch für die Versicherungsgesetzgebung? tritt hier ein Interessengegensatz zwischen Arbeiter und Arbeitgeber hervor, der einen Schutz des ersteren gegen den letzteren und insbesondere gegen die unangemessene Ausnutzung seiner ihm eingeräumten technischen Herrscherstellung nötig machte? Nicht im geringsten; die ganze technische Seite der Produktion mit ihrem Gegensatze zwischen anordnender und ausführender Thätigkeit, Herrschaft und Folgeleistung, selbständiger und unselbständiger Arbeit ist hier ohne jede Bedeutung, man kann von ihr aus niemals zu einer Versicherung gelangen. Allerdings können Krankheiten und noch mehr Unfälle und Invalidität sehr erheblich beeinflußt werden durch technische Einrichtungen, aber es sind zwei völlig verschiedene Dinge, gegen den Eintritt solcher Schädigungen möglichste Vorsorge zu treffen, und nachdem sie nun doch einmal eingetreten sind, auf eine Abwendung der wirtschaftlichen Folgen bedacht zu sein. Diese letzteren sind im weitesten Maße abhängig von einem Umstande, der für jene oben erörterte Frage ganz ohne Belang war, nämlich von der äußeren Vermögenslage des Betroffenen, davon, ob er außer seiner Arbeitskraft noch weitere Unterhaltsmittel, insbesondere Einkünfte aus vorhandenem Vermögen besitzt oder nicht, kurz von dem Gegensatze: reich und arm. Auch der selbständige Gewerbetreibende ist, wenngleich in geringerem Grade, den Gefahren seines Betriebes, wie viel mehr also anderen allgemein menschlichen gesundheitstörenden Einflüssen unterworfen, und unterliegt er ihnen, so ist er an sich genau in derselben Lage, wie der unselbständige Arbeiter, falls nicht der eine von beiden Vermögen besitzt, was dem anderen fehlt; das hat dann aber mit dem aus der verschiedenen Beschäftigungsart beider fließenden natürlichen Gegensatze nichts zu thun.

Welche Gründe bestimmen denn nun den Staat, eine Versicherung gegen Krankheit, Unfall und Invalidität möglichst zu fördern, ja zu erzwingen? Offenbar die Erwägung, daß, so verständig es sein würde, wenn die beteiligten Personen aus eigner Initiative ihr späteres Schicksal und das ihrer Angehörigen gegen solche Schädigungen sicher stellten, es ihnen doch ganz überwiegend an den dazu erforderlichen Mitteln fehlt. Gewiß wären manche dazu im stande, und nur ihr Leichtsinn mag sie daran hindern, aber man darf es doch nicht allzu schulmeisterlich hart beurteilen, wenn ein Mann, der allenfalls bei äußerster Sparsamkeit die Versicherungsbeiträge erübrigen könnte, dies unterläßt, um sich und den Seinigen auch einen mäßigen Anteil am Lebensgenusse zu verschaffen. Es ist schlecht eingerichtet in der Welt, daß, je notwendiger das Sparen ist, es auch um so schwerer ist. So erklärt es sich dann sehr leicht, daß diejenigen, die es am nötigsten hätten, sich gegen Störungen ihres Erwerbes zu versichern, indem sie andere Hülfsmittel als ihre Arbeitskraft nicht haben, dies nur in so geringem Maße freiwillig thun, daß man schließlich geglaubt hat, zum Zwange greifen zu müssen.

Gegen wen soll dieser Zwang ausgeübt werden? Zweifellos nicht gegen Wohlhabende, denn bei ihnen fehlt es an seiner logischen Voraussetzung; mein Leben versichere ich nur, wenn die Meinigen demnächst hülflos sein würden, nicht, wenn ich ihnen ausreichendes Vermögen hinterlasse. Noch mehr gilt dies, wenn der Staat sich nicht auf den Zwang zur Versicherung beschränkt, sondern selbst aus den Mitteln der Gesamtheit beisteuert, sei es in Form direkter Zuschüsse, oder bloßer unentgeltlicher Arbeitsleistung seiner Beamten, um den Versicherten die Last zu erleichtern, denn soweit man dies überhaupt als zulässig ansieht, kann es jedenfalls nur eine Hülfe für solche sein, die zu eigner Hülfe zu schwach sind. Aber läuft schon der staatliche Zuschuß darauf hinaus, aus den Taschen der wohlhabenden und deshalb zu den Staatslasten am meisten beitragenden Bürger den weniger wohlhabenden eine Zuwendung zu machen —

die sich zur Ausgleichung eines an anderer Stelle gemachten Fehlers rechtfertigen mag —, so gilt dieser Gesichtspunkt noch unendlich viel mehr, sobald man die eine Klasse zwingt, zu den für die andere geschaffenen Einrichtungen Beiträge zu leisten. Man mag noch so sehr daran festhalten, daß die Unternehmer die ihnen für die Versicherung ihrer Arbeiter auferlegten Lasten auf die Gesamtheit der Konsumenten werden abwälzen können, einstweilen stellt doch ihr Zuschuß eine Erhöhung des Lohnes dar und rechtfertigt sich nur, wenn man eine solche Erhöhung überhaupt für begründet hält.

Ich habe bisher versucht, aus dem gesetzgeberischen Grundgedanken, aus dem letzten Ziele und verfolgten Zwecke unserer Socialversicherung nachzuweisen, daß dieselbe nach ihrem innersten Kerne zugeschnitten ist auf den Klassengegensatz zwischen Reich und Arm, und daß es deshalb ein Verkennen dieser Thatsache und einen grundsätzlich falschen Ausgangspunkt bedeutet, wenn man statt dessen denjenigen zwischen Arbeitgeber und Arbeiter zu Grunde legt.

Aber wir brauchen nur unsere vorhandene Gesetzgebung etwas genauer zu prüfen, um die Bestätigung unserer Grundanschauung insofern zu erhalten, als wir auf Schritt und Tritt sehen, welcher Mühe und willkürlicher Aushülfsmittel man bedurft hat, um die unerträglichsten Folgen des falschen Ausgangspunktes abzuschwächen.

Betrachten wir das Arbeiterschutzgesetz: es zeigt keine Spur solcher Fehler. Man hat über die Berechtigung und Zweckmäßigkeit aller möglichen Punkte mehr principieller oder mehr praktischer Natur gestritten, aber die Grundlage, der Umfang des Gesetzes war von vornherein gegeben: es sollte den unselbständigen, durch die Technik des Produktionsprozesses unter die Herrschaft des Arbeitgebers gestellten Arbeiter gegen die aus dieser verlorenen Selbstständigkeit hinsichtlich der Einrichtung des Betriebes sich ergebenden Gefahren schützen, insbesondere der Gefahr einer übertriebenen Ausbeutung der Arbeitskraft vorbeugen. Dahin gehören alle Bestimmungen über Frauen-, Kinder-, Sonntags- und Nachtarbeit, über Schutz für Leben, Gesundheit und Sittlichkeit, über Arbeitsdauer, Arbeitsordnungen, Arbeiterausschüsse, Fabrikaufsicht u. s. w.; einzig das Truckverbot könnte man auf ein nicht technisches, sondern wirtschaftliches Übergewicht des Arbeitgebers zurückführen, aber immerhin giebt lediglich die technische Einrichtung des Betriebes die äußere Veranlassung zur Gefahr, sonst würde das Trucksystem nicht in das Arbeiterschutz-, sondern in das Wuchergesetz gehören.

Ganz anders bei der Versicherungsgesetzgebung. Hatten wir dort eine von Anfang an gegebene klare Unterlage insbesondere über den persönlichen Umfang des Gesetzes, so sehen wir hier die wunderlichsten Künsteleien, um den Fehler der Grundanlage zu verdecken. Man denke nur an die verschiedene Behandlung der Dienstleute, Kofferträger, Lohndiener, Aufwärter, Waschfrauen und ähnlicher Personen, je nachdem sie als unselbständige Arbeiter oder als selbstständige Gewerbeunternehmer zu behandeln sind, und an die Schwierigkeit, dies im einzelnen Falle festzustellen. Der Dienstmann, der einem Dienstmannsinstitut angehört, ist Arbeiter, der, welcher selbständig Aufträge entgegennimmt, Unternehmer. Der Aufwärter ist Unternehmer, sofern er sich von Fall zu Fall in öffentlichen oder privaten Lokalen zur Dienstleistung verdingt; er ist Arbeiter, sobald dieses Verhältnis einer bestimmten Person, etwa einem einzelnem Wirte gegenüber einen ständigen Charakter erhält, auch wenn die Vergütung von Fall zu Fall gezahlt wird. Sucht er aber, wie es regelmäßig der Fall ist, seinen Verdienst auf beiderlei Art, so ist er an dem einen Abend einfacher Arbeiter, für den der Staat sorgen muß, während er sich an dem andern zu der Höhe des Unternehmers erhebt, der die staatliche Fürsorge stolz ablehnt. Wäre die Unterscheidung nicht schon an sich so lächerlich, so läge die Frage nahe, ob denn nun eigentlich derjenige Aufwärter, der bei einem Wirte eine feste Beschäftigung hat, oder derjenige, dem sie fehlt, und der von Tag zu Tag sein Brot suchen muß, des staatlichen Schutzes bedürftiger sei. Man wird wohl kaum zweifeln, diese Frage zu Gunsten des „selbständigen" Aufwärters zu beantworten, aber unsere Versicherungsgesetzgebung entscheidet im entgegengesetzten Sinne; er ist ja „Unternehmer"; wenngleich nur ein kleiner, und zur Strafe dafür wird er von der Versicherung ausgeschlossen. Ja, es sind sonderbare Ergebnisse, zu denen man von dem falschen Ausgangspunkte aus gelangt, und doch sind die von mir angeführten Beispiele nicht etwa von mir ausgeklügelt, sondern der vom Reichsversicherungsamte erlassenen amtlichen Anleitung, betr. den Kreis der nach dem Invaliditäts- und Altersversicherungsgesetze versicherten Personen vom 31. Oktober 1890 entnommen. Daß es einer solchen Anleitung bedurfte, ausschließlich zu dem Zwecke, die im Gesetze gezogenen Grenzlinien der Versicherung in das praktische Leben überzuführen, daß man in 20 ausführlichen Abschnitten den Versuch machen mußte, die zweifelhaften Fälle nach Möglichkeit zu entscheiden und — wohlverstanden — nicht Zweifel über sonstige Bestimmungen des Gesetzes, sondern allein über den Kreis der versicherten Personen zu entscheiden, das sollte doch eigentlich zu Nachdenken darüber anregen, ob nicht der so gewählte Ausgangspunkt unrichtig ist, und es nur deshalb solcher unglaublichen Mühe bedarf, um die dadurch erwachsenden Fehler wenigstens zum Teil auf dem Wege künstlicher Kasuistik wieder einzubessern.

Aber da es sich in der That um den Grundfehler handelt, so kann ich meinen Angriff nicht stark genug machen und muß die Geduld des Lesers hier noch etwas in Anspruch nehmen. Versichert sind die Arbeiter ohne Rücksicht auf ihren Verdienst; die Beamten nur, falls derselbe 2000 Mark nicht übersteigt. Weshalb diese Verschiedenheit der Behandlung? Weil der Arbeiter ohnehin keine 2000 Mark verdient. Nun, das mag so überwiegend zutreffen, daß für die geringfügigen Ausnahmen keine Sondervorschrift verlangt werden möchte, wenn es an sich das Natürliche wäre, beide Gruppen zu trennen, aber das ist es doch offenbar nicht, umsomehr, als beide unselbständige Produktionsfaktoren sind; da schiene es also richtiger, für beide Gruppen gemeinsam die Einkommensgrenze zu ziehen. Freilich bleibt dann noch übrig die auch gegenüber dem jetzigen Gesetze gestattete Frage, weshalb in die 2000 Mark nur der gewerbliche Verdienst und nicht das Einkommen aus eigenem Vermögen eingerechnet werden soll. Das Gesetz läßt nur für solche Personen eine Befreiung von der Versicherungspflicht eintreten, die aus öffentlichen Kassen eine gleichwertige Pension zu beziehen haben, schließt also private Rückhalte, und mögen sie in noch so sicher angelegtem Vermögen bestehen, von der Berücksichtigung aus. Das Krankenkassengesetz ist nicht so streng, indem es die Versicherungsfreiheit schon dann eintreten läßt, wenn die betreffende Person im Krankheitsfalle mindestens für 13 Wochen auf Verpflegung in der Familie des Arbeitgebers, oder auf Fortzahlung von Lohn oder Gehalt Anspruch hat (§ 3), wobei nur für die Landwirtschaft der Vorbehalt einer Prüfung der Leistungsfähigkeit gemacht ist (§ 136). Aber eigenes Vermögen wird in keinem Falle in Betracht gezogen, offenbar deshalb, weil man es als zu unsicher ansieht.

Das ist vielleicht solange richtig, als jeder unselbständige Gewerbegehülfe auf Grund dieser seiner Stellung unter die Versicherungspflicht gezogen ist, da dann die Befreiung infolge anderweiter Sicherstellung als eine besondere Ausnahme erscheint. Aber wir werden stets wieder vor die Frage geführt: ist denn wirklich diese gewerbliche Abhängigkeit der Grund für das staatliche Eingreifen? Würden wir an die Stelle dieses Gesichtspunktes den andern der Unzulänglichkeit der eigenen Einnahmen setzen, so könnte es kaum einem Zweifel unterliegen, daß der Besitzer einer Rente von 3000 Mark ebensowenig der Versicherungspflicht zu unterwerfen ist, wie der Inhaber eines Gehaltes von gleichem Betrage, denn unter Voraussetzung eines mittleren Maßes von Vorsicht und Gewissenhaftigkeit erscheint die Rente für die künftige Lebensdauer mindestens nicht in geringerem Grade gesichert als das Gehalt.

Mag nun aber die Nichtberücksichtigung der außerhalb des eigentlichen Erwerbsverhältnisses liegenden Umstände hingenommen werden, so ist dagegen gar nicht abzusehen, weshalb innerhalb desselben die in der Form der Geldwirtschaft erfolgende Löhnung zur Vorbedingung der Versicherung gemacht ist. Sobald auch nur eine Mark als barer Lohn gezahlt wird, werden die sonstigen Leistungen in Geld umgerechnet; besteht dagegen ausschließlich Naturallöhnung, so versagt das Gesetz seinen Dienst. Der Grund für diese wunderliche Bestimmung ist ausweislich der Begründung die Rücksicht auf die Wiedereinziehbarkeit des den Arbeiter treffenden Anteils seitens des vorschuß- und klebepflichtigen Arbeitgebers. Aber wenn dort die Lehrlinge des Handwerks angeführt werden, bei denen andernfalls die bezeichnete Schwierigkeit eintreten könnte, so ist darauf hinzuweisen, daß in dem Lehrvertrage noch ganz andere Dinge geregelt werden, und man deshalb auch hier die Sorge für die Deckung ruhig den beteiligten Arbeitgebern hätte überlassen können.

Wir haben oben die verschiedene Behandlung von Arbeitern und

Beamten, wenngleich grundsätzlich nicht berechtigt, so doch praktisch ungefährlich gefunden, da die Arbeiter regelmäßig unter 2000 Mark Einnahme bleiben würden. Dabei machten wir jedoch eine Voraussetzung, die leider nicht zutrifft, nämlich daß sich der so geschaffene Unterschied wenigstens ohne Mühe durchführen ließe. In Wahrheit sind die Schwierigkeiten hier kaum geringer, als die oben hervorgehobenen, und es mag hier lediglich, um nicht zu ermüden, von einer Belegung mit Beispielen abgesehen und auf die bereits erwähnte „Anleitung" verwiesen werden, die den Versuch unternimmt, hier eine brauchbare Grenzlinie zu finden.

Dagegen erwiesen sich die Begriffe „Geselle" und „Gehülfe" in gleichem Maße elastisch und unbestimmt, und mancher, den man nach seiner ganzen socialen Stellung unter das Gesetz fassen möchte, der aber weder „Arbeiter" noch „Beamter" zu sein scheint, muß sich unter diese dehnbare Bezeichnung einreihen lassen.

Handelte es sich bei den bisher besprochenen Personen nur um die Schwierigkeiten bei der Ausführung des Gesetzes, um die Frage, ob dieselben unter das nun einmal aufgestellte gewerberechtliche Schema fallen oder nicht, so hat man nun aber zwei große Gruppen zweifellos ausgeschlossen, hinsichtlich deren gar kein Zweifel bestehen sollte, daß sie der staatlichen Versicherung genau ebenso zu unterstellen sind, wie die bisher umschlossenen Personen, ja hinsichtlich deren sich nachweisen läßt, daß der Gesetzgeber im Innersten seiner Seele hierüber gar nicht anders denkt, und daß er nur durch seine unglückliche Begriffsverwirrung gehindert ist, das zu thun, was er selbst als billig und berechtigt anerkennt. Diese beiden Klassen sind die sog. Hausarbeiter und die Kleingewerbetreibenden.

Auf die unglaubliche Notlage der Hausindustrie ist man erst in den letzten Jahren allgemeiner aufmerksam geworden, besonders durch die Schilderungen des Elends aus den Weberbezirken Schlesiens, des sächsischen Erzgebirges und des Eulengebirges; daß in der Eifel, im Taunus und der Rhön kaum bessere Zustände bestehen, haben neuere private Specialforschungen nachgewiesen, daß aber häufig selbst in den Großstädten diese Hausarbeiter die allergedrückteste Klasse bilden, das hat man aus Untersuchungen über das sog. Schwitzsystem ersehen, die freilich in erster Linie England betreffen, aber auch für Deutschland nicht ohne Bedeutung sind. Man sieht ziemlich allseitig den Grund für diese trostlose Lage der Hausindustrie in ihrer wirtschaftlichen Inferiorität gegenüber der Fabrikindustrie, und man versucht staatlicherseits, die betreffende Bevölkerung zu andern Erwerbszweigen überzuführen. Aber mag dieses Todesurteil gegenüber der Hausindustrie berechtigt sein oder nicht, so unterliegt es doch nicht dem mindesten Zweifel, daß hier die allerschwärzeste Stelle unserer socialen Zustände ist, und wenn der Staat Arbeiterfürsorge treibt, so sollte man erwarten, ihn hier zu allererst am Werke zu finden. Thatsächlich ist dies nicht der Fall. Freilich fließt man bei den parlamentarischen Verhandlungen über von Mitleid gegen die armen Leute, aber helfen kann man ihnen nicht, denn zwischen ihnen und dem wohlwollenden Gesetzgeber zieht der breite Graben des principiellen Vorurteils, daß Gegenstand der staatlichen Fürsorge nur derjenige sein dürfe, der unter Anlegung der gewerbetechnischen Einteilung in Arbeiter und Arbeitgeber auf die erstere Seite fällt. Freilich versucht man, über diesen Graben einzelne Brücken zu bauen und ist noch viel freigebiger in dem Eröffnen von Aussichten, indem man allerlei Instanzen, Landesgesetzgebung, Bundesrat und Ortsstatut, ermächtigt, falls ihnen noch etwas Gescheites einfallen sollte, worauf der Gesetzgeber gerade nicht gekommen ist, dies aus eigener Machtbefugnis für die armen Hausindustriellen zu thun, aber den alten Graben einfach zuwerfen, den ganz falschen gewerberechtlichen Ausgangspunkt fallen lassen und ihn durch einen socialen ersetzen —, dazu hat man sich bisher noch nicht entschließen können.

Es hat immerhin Interesse, diese erwähnten Brücken kennen zu lernen, und so wollen wir denn einmal sorgfältig zusammentragen, inwieweit in den drei Versicherungsgesetzen die Hausindustrie Berücksichtigung gefunden hat.

In der Begründung des Krankenkassengesetzes heißt es, „die Verhältnisse dieser Klasse der gewerblichen Bevölkerung, deren Angehörige zwischen selbständigen Gewerbetreibenden und unselbständigen Arbeitern eine Übergangsstufe bilden und sich in ihrer wirtschaftlichen Lage von den letzteren kaum unterscheiden, sind nach Bezirken und Industriezweigen so mannigfaltig, daß die Frage, ob ein Zwang zur Krankenversicherung geboten erscheint, nur örtlich entschieden und auch die zur Durchführung des Zwanges erforderliche Organisation nur durch specielle, den örtlichen Verhältnissen angepaßte Vorschriften hergestellt werden kann". Dementsprechend ist dann die Erstreckung des Gesetzes auf die Hausindustrie durch § 2 desselben der Regelung durch Ortsstatut vorbehalten, dabei auch dessen Bestimmung darüber vorbehalten, ob der „Arbeitgeber" zu Zuschüssen für seine „Arbeiter" heranzuziehen sei. Daß diese beiden Begriffe hier überhaupt versagen, daß der ganze in denselben ausgedrückte Gegensatz, die scharfe Trennung der an der Produktion beteiligten Personen sich überhaupt in vollem Umfange nur findet bei der Fabrikindustrie und höchstens noch, allmählich abnehmend, im Kleingewerbe, daß man deshalb auf ihn eine socialpolitische Organisation nicht gründen darf, das hat man sich nicht zum Bewußtsein gebracht. Daß die Hausindustriellen sich in ihrer wirtschaftlichen Lage von den Arbeitern kaum unterscheiden, hat man allerdings wirklich eingesehen, aber daraus den Schluß zu ziehen, daß, da es sich doch um die wirtschaftliche Lage und nicht um einen produktionstechnischen Unterschied handelt, man sie auch wie Arbeiter behandeln müsse, das hat man nicht fertig gebracht; man hat lediglich sein Gewissen beruhigt, indem man die Aufgabe, die man nicht lösen konnte, einem Andern formell zuwies, und nach den Erfahrungen, die wir bisher über die Regsamkeit und Thatkraft der Ortsbehörden auf den ihrer statutarischen Regelung überwiesenen Gebieten recht ausreichend zu sammeln Gelegenheit gefunden haben, unterliegt es ja gar keinem Zweifel, daß die Akten an dieser Stelle des Repositoriums ungestört liegen bleiben werden.

Bei der Unfallversicherung hat man sich die Sache noch leichter gemacht: man hat die Hausindustrie einfach ausgeschlossen. Die Versicherungspflicht der „Arbeiter" würde allerdings eintreten, wenn mindestens 10 Arbeiter beschäftigt sind oder Motoren zur Anwendung gelangen; das erstere wird höchst selten zutreffen; sollte eine elementare Kraft benutzt werden, so wäre der „Arbeitgeber" höchstens auf Grund des Haftpflichtgesetzes zur Entschädigung eines Unfalles verpflichtet, doch wird dasselbe kaum jemals Anwendung finden.

Hinsichtlich der Invaliditätsversicherung hat man sich an das im Krankenkassengesetze eingeschlagene Verfahren angelehnt, aber die Entscheidung nicht dem Ortsstatut, sondern dem Bundesrate vorbehalten[1], doch ist hier zu berücksichtigen, daß die Befugnis des letzteren zur Erstreckung des Gesetzes sich nur auf „selbständige Gewerbtreibende, welche in eigenen Betriebsstätten im Auftrage und für Rechnung anderer Gewerbtreibender mit der Herstellung gewerblicher Erzeugnisse beschäftigt werden (Hausgewerbetreibende)," bezieht, während die unter diese Bezeichnung fallenden, aber als unselbständig anzusehenden Personen als „Arbeiter" behandelt werden. Man hält also an der Anwendung einer Einteilung fest, die auf diese Form der Produktion gar nicht zutrifft.

Wenn wir noch erwähnen, daß die „selbständigen Hausgewerbetreibenden" nach dem J. u. A. V. Gesetz das Recht der Selbstversicherung haben, so haben wir damit alle auf sie bezüglichen Bestimmungen wiedergegeben; daß die Überfülle staatlichen Wohlwollens bereits in greifbare Formen verdichtet sei, wird sich danach kaum behaupten lassen, aber das ist auch so lange nicht möglich, als man den Zugang zum realen Leben durch falsche Grundbegriffe versperrt.

Von einer noch ungleich größeren Bedeutung ist der zweite der beiden oben bezeichneten von der Versicherung ausgeschlossenen Berufskreise: das Kleingewerbe. Worauf beruht dieser Ausschluß? Ist der Handwerker und Kleinhändler der staatlichen Fürsorge nicht würdig? das wird man sicher nicht annehmen. Dann bleibt also nur die Folgerung, daß man ihn derselben nicht für bedürftig hält, er kann für sich selbst sorgen, kann von seinem Verdienste Kapitalien sammeln oder sich gegen Unglücksfälle in Kassen einkaufen, das ist lediglich ihm selbst zu überlassen. Ja, so lange man dieses Recept auf Grund einer gewissen Auffassung des staatlichen Pflichtenkreises auf alle Staatsbürger anwandte, lag darin wenigstens keine Härte gegen eine einzelne Klasse, aber nachdem man diesen Standpunkt aufgegeben hat, seitdem man die Aufgabe des Staates darin erblickt, sich des wirtschaftlich Schwachen anzunehmen, kurz in der

---

[1] Der Bundesrat hat von dieser Befugnis für die Hausgewerbetreibenden der Textilindustrie durch seine Bekanntmachung vom 1. März 1894 (R. G. Bl. S. 324) Gebrauch gemacht.

Ära der Socialpolitik ist dieser Ausschluß eine Ungerechtigkeit, sofern sie nicht dadurch gerechtfertigt wird, daß bei dem Kleingewerbe — oder sprechen wir künftig vorzugsweise von dem Handwerk als dessen hauptsächlichstem Vertreter — diejenigen Voraussetzungen fehlen, die bei dem Arbeiterstande das staatliche Eingreifen notwendig erscheinen ließen. Welches sind nun diese Voraussetzungen? Ist es die Verteilung der Funktionen im Produktionsprozesse, die Verpflichtung, die Arbeit nach Anordnung des Arbeitgebers zu leisten, dann allerdings ist die verschiedene Behandlung innerlich berechtigt; ist es aber die allgemeine ungünstige Erwerbslage, die eine Fürsorge aus eigner Kraft ausschließt, dann ist sie ungerechtfertigt und verkehrt. Man prüfe doch nur einmal die Lebenshaltung beider Klassen, man betrachte sich den kleinen Schuhmacher, der neben seinem Gesellen auf dem Schemel sitzt und dieselbe Arbeit, wie jener, verrichtet! Beide essen aus derselben Schüssel und haben dieselben Lebensgewohnheiten, höchstens muß der verheiratete Meister noch etwas knapper anbeißen und sich noch mehr die einfachsten Lebensgenüsse versagen, als der ledige Geselle.

Und da kommt nun ein Gesetzgeber vom grünen Tisch und dekretiert: „Nach der Grundlage des Lohnsystems seid Ihr zwei ganz verschiedene Menschenklassen, der Meister leistet dispositive, der Geselle mechanische Arbeit: folglich bist du, Meister, nicht allein von dem deinem Gesellen gewährten staatlichen Schutze auszuschließen, sondern du hast sogar für die zu seinen Gunsten geschaffenen Einrichtungen noch aus deinen Mitteln Beiträge zu leisten." Es ist wirklich dem Meister nicht zu verdenken, wenn er von dem Befähigungsnachweise des Gesetzgebers eine ganz sonderbare Meinung erhält.

Aber wie es ein Grundfehler vieler unserer Gesetze ist, daß sie auf die Verhältnisse der großen Städte zugeschnitten sind, da diese allein den Verfassern bekannt werden, so gilt dies insbesondere für die gewerbliche und sociale Thätigkeit. Man nimmt seinen Ausgangspunkt von den sich aufdrängenden Erscheinungen der Großindustrie, sie schwimmen oben, und wer den Fluß nur von außen sieht, hält sie für den alleinigen Inhalt seines Bettes. Für sie gilt ja in der That das, wovon unsere Socialgesetzgebung ausgeht: bei ihnen steht der reiche Fabrikbesitzer, der über Millionen gebietet, den Tausenden von Arbeitern gegenüber, die auf ihren kärglichen Verdienst angewiesen sind, hier wäre es Wahnsinn, beide unter dasselbe Gesetz staatlicher Fürsorge zu stellen, hier fällt der Gegensatz des Produktionsprozesses: Arbeitgeber und Arbeiter, thatsächlich in den Personen zusammen mit dem socialen: reich und arm, hier kann man einen für den andern setzen, ohne zu Fehlern zu kommen. Aber greifen wir tiefer, stürzen wir uns selbst in den Fluß, um auch sein Inneres kennen zu lernen, so sehen wir bald, wie dort unten ganz andere Verhältnisse bestehen, wie der schroffe Gegensatz zwischen Arbeiter und Arbeitgeber seine Bedeutung verliert, wie derselbe Mensch je nach Bedürfnis heute die eine und morgen die andere Rolle spielt, wie aber an die Stelle dieses Gegensatzes ein ganz anderer tritt, nämlich der der äußeren Glücksgüter, und wir überzeugen uns, daß dieser allein das Volksleben in seiner ganzen Tiefe durchzieht, daß auf ihm alle sociale Ordnung beruht, und daß Maßregeln, welche diese Ordnung beeinflussen wollen, hier allein ihren Angriffspunkt nehmen müssen.

Aber hören wir, bevor wir zu einem abschließenden Urteil gelangen, auf die von uns gegen den Gesetzgeber erhobenen Anklagen zunächst dessen Verteidigung; sie wird uns zeigen, daß der Gedanke, auch die selbständigen Kleingewerbtreibenden in die Versicherung einzubeziehen, dem Gesetzgeber nicht völlig fremd geblieben, aber aus Gründen abgelehnt ist, die erkennen lassen, daß er die Frage, ob das Ziel überhaupt eine bloße Arbeiterversicherung und nicht vielmehr eine allgemeine Socialversicherung sein müßte, gar nicht aufgeworfen, sondern stillschweigend das erstere als das Selbstverständliche vorausgesetzt hat, wobei es höchstens in Betracht kommen könnte, aus Billigkeitsrücksichten einige Ausnahmen von dem als solchem feststehenden Princip zu gestatten. Die Begründung äußert sich über unsere Frage in folgender Weise:

„Über den Kreis derjenigen Personen, welche als Arbeiter oder untergeordnete Betriebsbeamte ihre Arbeitskraft für andere verwerten, hinaus wird der Versicherungszwang füglich nicht ausgedehnt werden können. Zwar giebt es Unternehmer kleiner Betriebe, deren Lebenslage sich nicht als günstiger, wie die der Arbeiter bezeichnen läßt. Immerhin aber bilden diese Fälle nicht die Regel. Die Verhältnisse liegen vielmehr in den einzelnen Betriebszweigen und örtlichen Bezirken sehr verschieden und zwischen den bedürftigen und nicht bedürftigen Betriebsunternehmern eine zutreffende, nicht verletzend wirkende Grenze zu ziehen, würde sehr schwer, wenn nicht unmöglich sein. Außerdem erscheint aber der Versicherungszwang den Betriebsunternehmern gegenüber mit Rücksicht darauf bedenklich, daß derselbe, wenn er nicht ungerechtfertigte Bevorzugungen eintreten lassen will, die Verpflichtung zu doppelten Beiträgen bedingen würde. Der Betriebsunternehmer würde außer den Beiträgen des Arbeitnehmers für seine Person auch die Beiträge des Arbeitgebers zu entrichten haben. Diese doppelte Belastung würde aber in zahlreichen Fällen die Leistungsfähigkeit der in Betracht kommenden Personen voraussichtlich übersteigen. Sie ließe sich nur dadurch beseitigen, daß die bei den versicherungspflichtigen Betriebsunternehmern ausfallende eine Hälfte des Beitrages anderweit gedeckt würde. Wollte man zu diesem Zwecke die Beiträge allgemein erhöhen, so würde das einer Mehrbelastung der Arbeiter zu Gunsten jener Betriebsunternehmer gleich kommen; wollte man aber die ausfallenden Teile etwa den Arbeitgebern der übrigen Versicherten auflegen, so würde die hieraus entstehende Ungleichheit der Beiträge und die schwierige Feststellung des den Arbeitgebern aufzuerlegenden Zuschlages die Durchführung des Gesetzes erheblich erschweren und die allgemeine socialpolitische Wirkung desselben beeinträchtigen."

Wir wollen auf die Würdigung dieser Ausführungen gleich eingehen und hier nur noch den folgenden Absatz beifügen, in welchem diesen Bedenken zum Trotz die Befugnis des Bundesrates empfohlen wird, die Versicherungspflicht auf die Kleingewerbetreibenden zu erstrecken. Dieses dialektische Kunststück hat folgenden Wortlaut:

„Gleichwohl wird man zugeben müssen, daß **unter Umständen eigenartige Verhältnisse** vorliegen können, in denen wenigstens die **Möglichkeit** offen bleiben muß, dem Versicherungsbedürfnisse von Betriebsunternehmern, sofern es als **besonders dringlich** hervortritt, Rechnung zu tragen. Der Gesetzentwurf sieht deshalb die Zulässigkeit einer **ausnahmsweisen** Erstreckung des Versicherungszwanges auch auf Betriebsunternehmer vor, überträgt dieselbe aber schon aus Rücksicht auf die hierdurch bedingte Belastung des Reiches, dessen Beitrag bei Vermehrung der Zahl der Versicherten sich vergrößern würde, der Beschlußfassung des Bundesrates."

Was das bedeuten soll, ist schwer zu verstehen. Soll es eine besondere Gnadenunterstützung für einzelne bedürftige Unternehmer sein? Oder für einzelne Klassen, worauf der im Reichstag beschlossene Zusatz „für bestimmte Berufszweige" hindeutet? Oder will man den Bundesrat ermächtigen, falls er jenen Fehler einsieht, den Mangel des Gesetzes durch seinen Beschluß zu ergänzen? Aber mag das Eine oder das Andere beabsichtigt sein, wo bleibt dann die mit vollem Recht in der Begründung hervorgehobene Schwierigkeit, daß in Ermangelung besonderer Bestimmung die Einbeziehung von Arbeitgebern deren doppelte Beitragspflicht zur Folge haben muß? Will man sie plötzlich nicht mehr anerkennen? Denn das Gesetz giebt dem Bundesrate keine Ermächtigung, davon abzusehen[1]. Offenbar handelt es sich hier nicht um einen klaren gesetzgeberischen Gedanken, sondern um ein bloßes Rudiment desselben: man empfindet in unbestimmter Weise, daß man einen falschen Weg geht, aber kommt nicht zum klaren Bewußtsein des Fehlers und deshalb nicht zum Verständnis der Abhülfe.

Aber halten wir uns an die principielle Frage: weshalb schließt man den kleinen Arbeitgeber aus? Daß es solche giebt, „deren Lebenslage sich nicht als günstiger, wie die der Arbeiter bezeichnen läßt", wird also zugegeben, aber diese Fälle sollen „nicht die Regel bilden", vielmehr die Verhältnisse nach Betriebszweigen und örtlichen Bezirken sehr verschieden sein. Nun, ob die günstige Lebenslage die Regel und die ungünstige die Ausnahme bildet, oder umgekehrt, das dürfte gar nicht so zweifellos feststehen, und daß hierbei der eine Betriebszweig oder der eine Bezirk vor dem anderen den Vorzug habe, ist ebenso wenig ohne weiteres zuzugeben. Aber

---

[1] In der oben (S. 61) erwähnten Bekanntmachung des Bundesrats ist bestimmt, daß die Fabrikanten, für welche der Hausgewerbetreibende arbeitet, die den Arbeitgeber treffende Hälfte des Beitrages zu entrichten haben; soweit der Hausgewerbetreibende für eigene Rechnung arbeitet, ist er wenigstens von Beibringung der Zusatzmarken befreit.

darauf kommt ja gar nichts an, denn daß es auch wohlhabende Handwerker giebt, ist ebenso wenig zu bestreiten, als daß für diese der Versicherungszwang unberechtigt sein würde. Auch unter den unselbständigen Personen, Arbeitern und Beamten, giebt es wohlhabende und arme. Es ist zuzugeben, daß unter den Arbeitern die wohlhabenden in dem Maße die Ausnahme bilden, daß man, wenn es sich um die notwendige Folge aus einem richtigen Grundsatze handeln würde, sie unberücksichtigt lassen dürfte. Aber die hervorgehobene Voraussetzung ist ja eben durchaus zu bestreiten.

Und wie steht es nun mit den Beamten? Bei ihnen giebt es sogar mindestens einen ebenso hohen Prozentsatz wohlhabender, als bei den Arbeitgebern des Kleingewerbes, ja als bei allen Arbeitgebern ohne Unterscheidung. Hier hat deshalb der Gesetzgeber diejenige zutreffende und nicht verletzend wirkende Grenze gezogen, die er bei jenen für undurchführbar erklärte.

Aber die Hauptsache bleibt doch, daß die Begründung des Gesetzes wohl die Härte des Ausschlusses einsieht, aber sie in Kauf nimmt als eine angeblich nicht zu beseitigende Folge des aufgestellten Ausgangspunktes einer nur für Arbeiter bestimmten Fürsorge, daß sie aber auch durch diese erkennbaren unerwünschten Folgen nicht auf den Gedanken gebracht wird, ob denn wirklich dieser Ausgangspunkt richtig und nicht vielmehr durch einen andern zu ersetzen sei. Und dabei hatte man doch richtig die Stelle gefühlt, an der eingesetzt werden müsse, indem man von „bedürftigen" und „nicht bedürftigen" Personen spricht, zwischen denen es nicht gelingen wolle, eine brauchbare Grenze zu ziehen. Also auf diesen Umstand kommt es an, auf die Frage der Bedürftigkeit; weshalb baut man nicht auf sie die ganze Versicherung auf und quält sich damit ab, ihr innerhalb eines principiell falsch gezogenen Kreises, nämlich der Abgrenzung von selbständiger und unselbständiger Produktionsthätigkeit, einen kümmerlichen Einfluß zu verschaffen? Wenn man innerhalb der Betriebsbeamten die Einkommensgrenze von 2000 Mark zu Grunde legte, weshalb zog man sie nicht auch für die Arbeitgeber, ja für die gesamte Bevölkerung?

Wir finden im Gesetze auch noch einen anderen Maßstab, der zur Durchführung einer Sonderung in Betracht kommen kann, nämlich nicht nach dem Einkommen, sondern nach der Anzahl der beschäftigten Hülfskräfte. Allerdings ist diese nur innerhalb des Kreises der Gewerbetreibenden angängig und also nicht für alle Staatsbürger verwertbar. Wenn wir deshalb nach einem Gesichtspunkte suchen, der im stande sein soll, den falschen Ausgangspunkt der produktionstechnischen Unterscheidung von Arbeitnehmer und Arbeitgeber zu ersetzen, so kann es nur der erstgedachte des Einkommens sein, denn dieser bestimmt in der That unmittelbar und infolge ursächlichen Zusammenhanges die Lebenslage und deshalb die Frage der Bedürftigkeit.

Ich behauptete oben, daß auch der Gesetzgeber bereits ein dunkeles Gefühl davon gehabt habe, daß er auf seinem Wege zu Ergebnissen gelange, die nicht befriedigen können, und daß er gerade hinsichtlich des Handwerkes eine Reihe von Bestimmungen getroffen habe, die einen Bruch mit seinem Ausgangspunkte enthalten, ja, die insofern wirklich eine „Reihe" darstellen, als sie den Durchbruch der besseren Einsicht und den Fortschritt des neuen Gedankens, wenngleich bisher noch gewissermaßen im embryonalen Zustande, von Stufe zu Stufe erkennen lassen. Ich will das einschlägige Material hier kurz zusammenstellen.

Am deutlichsten zeigt sich diese stufenweise Entwickelung in der Invaliditätsversicherung. In der Vorlage beschränkte sich die Fürsorge für das Kleingewerbe auf die Befugnis des Bundesrates, die Ausdehnung der Versicherungspflicht zu verfügen „auf Betriebsunternehmer, welche nicht regelmäßig wenigstens einen Lohnarbeiter beschäftigen," und das Recht der aus der Versicherungspflicht ausscheidenden Personen, die Versicherung durch freiwillige Beiträge fortzusetzen. Die freiwillige Versicherung ist insofern von wesentlicher Bedeutung, als die selbständigen Betriebsunternehmer des Kleingewerbes ganz überwiegend zunächst als unselbständige Hülfskräfte zu arbeiten pflegen. Damit werden sie versicherungspflichtig und sind also befugt, die Versicherung beizubehalten. Immerhin war das, was die Vorlage bot, fast ohne irgend welchen Wert, denn das Recht, die Versicherung nach dem Ausscheiden aus der Versicherungspflicht freiwillig fortzusetzen, war nur für die Dauer von zwei Jahren gegeben, hatte deshalb Bedeutung nur für solche Personen, die Grund zu der Annahme hatten, daß sie innerhalb dieser Frist wieder versicherungspflichtig würden, also wieder unselbständige Arbeit übernehmen würden; für sie war damit die Möglichkeit gegeben, den Verlust der in der früheren Zeit erworbenen Ansprüche zu vermeiden. Handwerksmeister, die ihre selbstständige Beschäftigung beibehielten, hatten davon keinen Nutzen. Es war deshalb ein wichtiger Schritt in ihrem Interesse, daß die Kommission die Zeitbestimmung strich und so jedem selbständigen Kleinmeister, der früher als Geselle oder Gehülfe gearbeitet hat, das Recht gab, nach seinem Belieben die Versicherung lebenslänglich beizubehalten.

Einen weiteren Schritt dieser Art that der Reichstag, als er den noch in der Kommission abgelehnten und in der Begründung der Vorlage ausdrücklich als unzulässig bezeichneten Weg einschlug, die Selbstversicherung der kleinen Betriebsunternehmer ohne Gehülfen, auch ohne vorangegangene Versicherungspflicht, zu gestatten.

Aber eine noch viel wichtigere Maßregel wurde erst noch in der dritten Lesung des Plenums beschlossen. War die freiwillige Fortsetzung der Versicherung freilich theoretisch ein erhebliches Entgegenkommen, so scheiterte ihre praktische Bedeutung doch daran, daß in solchem Falle der Versicherte das Dreifache des bisherigen Beitrages leisten mußte, nämlich außer seinem eigenen noch denjenigen des Arbeitgebers und den Zuschuß des Reiches. Hier griff man mit der Bestimmung ein, daß Betriebsunternehmer, welche regelmäßig nicht mehr als **einen** Gehülfen beschäftigen, von der Beibringung der den Gegenwert des Reichszuschusses darstellenden **Zusatzmarken befreit** sind. Dieser Weg war von der Regierung ausdrücklich mit dem Hinweise darauf bekämpft, daß es sich um ein **Arbeiterversicherungsgesetz** handele und man den Zuschuß des Reiches nur den Arbeitern gewähren könne; der Reichstag setzte sich über dies Bedenken hinweg, ohne freilich den darin ausgedrückten principiellen Fehler zu rügen.

Ebenso kümmerte man sich nicht um das fernere in der Begründung der Vorlage erhobene Bedenken, daß die Befreiung der kleinen Gewerbetreibenden von einem Teile der ihnen an sich rechnerisch obliegenden **Gegenleistung** die Überwälzung dieser Beiträge auf die Gesamtheit und mithin auch auf die Arbeiter bedeute. Man war hierbei in vollem Rechte, da, wie oben ausgeführt, gar kein Grund vorliegt, zwischen diesen kleinen Arbeitgebern und den Arbeitern eine Grenze zu ziehen und sie einer verschiedenen Behandlung zu unterwerfen. Immerhin ist die praktische Bedeutung der Maßregel nicht sehr hoch anzuschlagen, da nur die Zusatzmarke erlassen, dagegen die Verpflichtung, den ganzen Beitrag, also das Doppelte des Arbeiterbeitrages zu zahlen, geblieben und dadurch eine Erschwerung übrig gelassen ist, welche eine ausgiebige Benutzung der Einrichtung zweifellos ausschließen wird.

Etwas größere Bedeutung hat die letzte, gleichfalls erst durch den Reichstag eingefügte Bestimmung, welche es gestattet, ein durch Verfall der Anwartschaft aufgelöstes Versicherungsverhältnis sowohl durch eine von neuem eintretende Zwangsversicherung, als auch durch **freiwillige Erneuerung** wieder in Kraft zu setzen. Hierdurch wird es nicht allein solchen Kleinmeistern, welche die für die freiwillige Fortsetzung vorgeschriebenen Bedingungen außer acht gelassen haben, ermöglicht, dies später nachzuholen, sondern es wird auch für den leider nicht seltenen Fall, daß ein selbständiger Gewerbetreibender später wieder gegen Lohn zu arbeiten gezwungen wird, der Verlust der bereits früher erworbenen Vorteile vermieden.

Aber auch schon die **Unfallversicherung** zeigt Ansätze nach dieser Richtung: so wenn in § 2 des Bau-Unfall-Vers.-Ges. die **statutarische** Erstreckung der Versicherung auf selbständige Betriebsunternehmer ohne Gehülfen und in § 2 des Ges. vom 6. Juli 1884, § 2 des Ges. vom 5. Mai 1886 und § 2 des Ges. vom 11. Juli 1887 die Ausdehnung auf Betriebsunternehmer mit weniger als 2000 Mk. Einnahme zugelassen, ja sogar in § 2 des Ges. vom 5. Mai 1886 landwirtschaftlichen Betriebsunternehmern unter der gleichen Voraussetzung **gesetzlich** die freiwillige Beteiligung gestattet wird.

Noch wichtiger ist die Stellungnahme des **Krankenversicherungsgesetzes**. Hier wird neben dem Rechte, die Versiche rung beim Ausscheiden aus der Versicherungspflicht freiwillig fortzusetzen (§§ 11, 27), welches sich naturgemäß auf Personen bezieht, die früher einmal Arbeiter gewesen sind, der freiwillige Beitritt „anderer Personen" gestattet, sofern dieselben eine Einnahme von nicht mehr als 2000 Mk. haben. Allerdings ist die Verantwortung, eine solche Einrichtung zu treffen, dem Ortsstatut überlassen, und damit ist dafür gesorgt, daß praktisch kein Gebrauch von ihr gemacht wird, aber principiell ist hier ein Schritt von der äußersten Bedeutung vollzogen: jeder Staatsbürger mit nicht mehr als 2000 Mk. Einkommen darf an den Vorteilen der staatlichen Krankenversicherung teilnehmen! Wo bleibt da der Grundsatz, daß der Staat nur für die Arbeiter zu sorgen habe? wo bleibt der ganze Grundcharakter unserer bisherigen Gesetzgebung als einer Arbeiterversicherung? Er ist zu Grabe getragen und dabei so ohne Sang und Klang und ohne darüber viel Worte zu machen, daß man notwendig zu der Annahme gedrängt wird, wie sie sich der principiellen Tragweite eines solchen Schrittes gar nicht bewußt geworden ist.

Auch in der außerdeutschen Gesetzgebung finden wir den richtigen Weg betreten. Ich will nicht besonderes Gewicht legen auf die neue dänische Altersversorgung, denn sie erniedrigt allerdings durch Hineinziehung des Momentes der Bedürftigkeit die ganze Maßregel zu einer Armenpflege. Aber es ist doch von Bedeutung, daß sie eine Altersrente, welcher der Charakter der Armenunterstützung nach ausdrücklicher Bestimmung des Gesetzes nicht anhaften soll, obgleich er es innerlich notwendig muß, nicht etwa bloß den Arbeitern zusichert, sondern jedem, der die gesetzlichen Vorbedingungen erfüllt. Man brauchte nur die Bedürftigkeitsfrage auszumerzen, um das Vorbild einer socialpolitischen Maßregel, wie ich sie anstrebe, zu erhalten. In noch höherem Maße würde dies erreicht werden durch das im Juni 1891 vom Minister Constans der Kammer vorgelegte, noch nicht abgeschlossene französische Gesetz, welches eine Altersrente bis zu 600 Francs vom zurückgelegten 55. Lebensjahre ab jedem gewähren will, der bei einer Einnahme von nicht mehr als 3000 Fr. sich an der zu schaffenden Einrichtung beteiligt. Man hat sich zweifellos dabei ein zu hohes Ziel gesteckt, und würde selbst mit Hülfe des in Aussicht genommenen staatlichen Zuschusses von jährlich 100 Millionen das Gleichgewicht zwischen Einnahme und Ausgabe nicht herstellen, aber das wesentliche sehe ich auch hier darin, daß man nicht mit dem gewerbetechnischen Begriffe „Arbeiter" operiert, sondern in wirklich socialpolitischer Weise die Höhe des Einkommens zum Ausgangspunkte nimmt.

Auch die bereits bestehende, durch das Gesetz vom 20. Juni 1886 reformierte staatliche Altersrentenkasse gewährt ihre Leistungen, welche zum Teil auf staatlichen Zuschüssen beruhen, jedem Staatsbürger, und dafür, daß die Vorteile der Einrichtung sich auf die unbemittelten Klassen beschränken, ist auf andere Weise, insbesondere durch Begrenzung der Rentenhöhe gesorgt. Von den Mitgliedern ist deshalb nur ein Bruchteil Arbeiter, und ebenso sind an der durch

Gesetz vom 11. Juli 1868 eingerichteten Lebens- und Unfallversicherungskasse, welche gleichfalls Zuschüsse erhält, nach einer im Jahre 1887 vorgenommenen Zählung die Arbeiter nur zu ²/₃ beteiligt, ¹/₃ stellen die kleinen Beamten, und der Rest entfällt auf verschiedene Berufe.

Ja, wenn wir uns einmal nach Beispielen einer Fürsorge für die unbemittelten Klassen umsehen, die sich nicht auf Arbeiter beschränkt, so müssen wir auch an die verschiedenen Formen der Hülfskassen denken, die, wie auch die deutschen, keine besondere Arbeiterbegünstigung darstellen.

Auch die öffentliche Meinung beginnt bereits, wenngleich bis jetzt nur vereinzelt, in diesem Sinne Stellung zu nehmen. So hat nach Zeitungsnachrichten vom 3. November 1893 in Berlin eine große öffentliche Versammlung von Handwerksmeistern und Gewerbetreibenden beinahe einstimmig beschlossen, den in einer Versammlung vom 14. August gegebenen Anregungen folgend, den Reichstag zu ersuchen: 1. **Das Alters- und Invaliditäts-Versicherungsgesetz dahingehend abzuändern, daß die Beitragzahlungen der Arbeitgeber und Arbeitnehmer ganz aufhören, dafür aber von jedem Staatsangehörigen je nach Höhe seines Einkommens progressiv gesteigert eine allgemeine Staatsrentensteuer** zu erheben sei und jedem bedürftigen Staatsangehörigen des Reiches eingeräumt werde, mit dem sechzigsten Lebensjahre eine Staatsrente von mindestens **einer Mark für den Tag** zu beziehen. 2. An Stelle der bestehenden Kranken- und Unfallversicherung Kassen mit gleichmäßiger Berechtigung zum Bezuge des Kranken- und Unfallversicherungsbetrages durch alle Staatsangehörigen eintreten zu lassen.

Begründung des Entwurfes eines Gesetzes betreffend Abänderung der Invaliditäts- und Altersversicherung.

Es schien zweckmäßig, um den Zusammenhang der vorstehenden allgemeinen Erörterungen nicht zu unterbrechen, die Aufstellung bestimmt formulierter Abänderungsvorschläge für einen besonderen Abschnitt vorzubehalten. Solche Vorschläge sind in dem als Anlage beigefügten Gesetzentwurfe enthalten, zu dessen näherer Begründung hier noch einiges zu sagen ist. Übrigens wird es sich dabei im wesentlichen nur darum handeln, aus dem früher Gesagten die Ergebnisse zu ziehen und dieselben in Gesetzesfassung zu kleiden. Im Interesse der Übersichtlichkeit wollen wir dabei unsere Erörterungen in Gruppen zerlegen, um die beiden großen, grundlegenden Umgestaltungen von den übrigen, nebensächlichen Änderungen zu sondern.

I. Umfang des Gesetzes.

Als die beiden Grundfehler des jetzigen Gesetzes habe ich oben nachzuweisen versucht einerseits die falsche Unterlage auf dem produktionstechnischen Gegensatze von selbständiger und unselbständiger gewerblicher Arbeit und andrerseits die Äquivalenztheorie. Hier haben wir es mit dem ersten dieser beiden Fehler zu thun.

Die völlige Beseitigung desselben würde allerdings zum Aufgeben des ganzen Grundcharakters der Arbeiterversicherung und Ersetzung derselben durch eine allgemeine Staatsbürgerversicherung führen. Allein, wie schon an anderer Stelle bemerkt, stellen sich dieser Umgestaltung so große praktische Schwierigkeiten in den Weg, daß wir hier davon absehen, ihn zu verfolgen. Wir können auch genauer die Stelle bezeichnen, an der sich diese Schwierigkeiten geltend machen würden: sie liegen in der Organisation. Die bisherige Versicherungsgesetzgebung bedient sich, indem sie als ihr Objekt lediglich den Arbeiterstand betrachtet, des Unternehmers als eines Organs, dem sie wichtige Aufgaben überträgt; insbesondere hat er die Geldmittel, soweit der Arbeiter selbst sie aufzubringen hat, durch Abzüge am Lohne zu beschaffen und an die zuständigen Stellen abzuführen, und durch Anmeldung seiner Arbeiter deren Kontrolle zu erleichtern. Für diese beiden Aufgaben ist in der That der Arbeitgeber ein sehr brauchbares Organ; ließe man also den Charakter der Arbeiterversicherung fallen und versuchte, eine allgemeine Staatsbürgerversicherung zu schaffen, so würde man für diese wichtigen Aufgaben ganz neue Einrichtungen treffen müssen.

Nun lassen sich freilich zur Erreichung des Zieles immerhin zwei Wege denken, von denen der zweite noch in Betracht kommen könnte, wenn man den ersten als ungangbar ansähe. Der erste, gewissermaßen der unmittelbare, bestände darin, die jetzigen Versicherungseinrichtungen ganz zu zerschlagen und an ihrer Stelle eine Versicherung zu schaffen, die, auf der richtigen Grundlage der Vermögensverteilung beruhend, alle Staatsbürger, deren Einkommen unter einer gewissen Höhe bliebe, umfaßte. Dabei ließe sich, um nicht einen zu häufigen Wechsel in der Versicherungszugehörigkeit zu haben, durch Einführung einer neutralen Zone helfen, deren Einkommen zwar an sich die Versicherungspflicht nicht begründete, wohl aber diejenigen, die aus einer niedrigeren Stufe zu ihr aufstiegen, in derselben erhalten würde. Wäre also die Grenze bei 2000 Mark gezogen, so würde bei bisher versicherungspflichtigen Personen die Versicherungspflicht nicht erlöschen, solange ihr Einkommen z. B. 2000—3000 Mark betrüge. Aber obgleich man sich vielleicht an die bestehenden Gemeindesteuereinrichtungen anlehnen könnte, so würde doch eine allgemeine Einkommenseinschätzung mit erheblichen Schwierigkeiten verbunden sein. Leichter dürfte es sein, auf dem zweiten, dem mittelbaren Wege zum Ziele zu gelangen. Darunter verstehe ich, daß man die bisherige Form der Arbeiterversicherung als Grundlage beibehielte, aber diejenigen nicht zum Arbeiterstande gehörigen Personen, auf welche man die Versicherung auszudehnen für angemessen hält, im Wege der Ausnahmebestimmung herbeizöge und unter das Gesetz stellte. Dadurch würde man den Vorteil erreichen, für die große Überzahl der Versicherten das bisherige Verfahren mit seinen eingelebten und brauch=

baren Formen zu behalten und die neuen Einrichtungen nur für eine Minderzahl treffen zu müssen.

In dem aufgestellten Entwurfe habe ich diesen zweiten Weg eingeschlagen, aber nicht bis an sein Ende verfolgt, sondern nur soweit, als mir das Bedürfnis ein ganz besonders dringendes zu sein schien. Es ist nämlich nicht zu verkennen, daß von denjenigen Staatsbürgern, die bei einer Zugrundelegung des oben vertretenen socialpolitischen Gesichtspunktes, also etwa bei Berücksichtigung einer Einkommensgrenze von 2000 Mark, über den Rahmen des jetzigen Gesetzes hinaus unter die Versicherungspflicht fallen würden, die ganz überwiegende Mehrzahl den bereits oben besprochenen beiden großen Kategorien angehört, nämlich einerseits dem Kleinbetriebe in Handwerk, Handel und Landwirtschaft, also sagen wir kurz dem Kleingewerbe, und andrerseits der Hausindustrie. Auf diese beiden Klassen glaube ich deshalb zunächst meine Vorschläge beschränken zu sollen. Dadurch ist allerdings kein völlig befriedigendes Ergebnis erzielt, wie das ja überhaupt bei dem bezeichneten mittelbaren Wege schon deshalb ausgeschlossen ist, weil er in sich nicht geschlossen, sondern widerspruchsvoll ist, einen unrichtigen Ausgangspunkt nicht fallen lassen, sondern durch künstliche Hülfsmittel unschädlich machen will. Aber durch dieses theoretische Opfer wird der wertvolle praktische Vorteil erzielt, daß sich die neuen Vorschläge in den alten Rahmen einfügen lassen, ohne ihn auseinander zu sprengen.

Für die bezeichneten beiden Klassen ist deshalb in dem aufgestellten Entwurfe die durch § 2 des jetzigen Gesetzes dem Bundesrate gegebene Befugnis ersetzt durch eine gesetzliche Einbeziehung.

Um den Kleinbetrieb vom Großbetriebe zu sondern, giebt es, wie schon oben erörtert, zwei Wege, nämlich die Anlehnung an die finanzielle Lage, den Ertrag des Unternehmens, wobei die bestehende Gewerbesteuer einen Anhalt bieten würde, oder an die Zahl der beschäftigten Hülfskräfte. Der letztere Weg empfiehlt sich schon aus dem Grunde, weil es in der Landwirtschaft keine Gewerbesteuer giebt; auch schließt er sich an den Vorgang des jetzigen Gesetzes an. Welche Zahl von Hülfskräften den Abschnitt bilden soll, ist selbstverständlich nur einigermaßen willkürlich zu bestimmen; dies erklärt sich daraus, daß wir hier ja aus taktischen Rücksichten uns an das Bestehende anlehnen und auf einer falschen Grundlage aufbauen. Die Benutzung von Motoren scheint kein geeignetes Unterscheidungsmoment zu bilden, da sie wohl für die Unfallgefahr, aber nicht für die sociale und wirtschaftliche Stellung von Bedeutung ist. Nach dem jetzigen Gesetze können Hausgewerbtreibende vom Bundesrate in die Versicherung einbezogen werden ohne Rücksicht auf die Zahl der beschäftigten Arbeiter. Dies scheint nicht richtig, denn auch der Hausbetrieb kann einen relativ großbetrieblichen Charakter annehmen. Dagegen kommen nach dem Wortlaute die Familienangehörigen nicht als Arbeiter in Betracht.

Handelte es sich bisher um die Ausdehnung der Versicherungspflicht, so empfiehlt sich andrerseits nach dem oben Ausgeführten zugleich eine Einschränkung hinsichtlich gewisser Personen. Hierzu gehören zunächst die sogenannten unständigen Arbeiter; diesen ist geseglich die Befreiung zu gewähren, wobei sich in der Bezeichnung die Anlehnung an § 2 des Krankenkassengesetzes empfiehlt.

Aber auch noch andere Personen empfinden ihre jetzige Unterstellung unter das Gesetz als eine nutzlose Härte, z. B. die weiblichen Dienstboten. Es ist das Naturgemäße und Gewöhnliche, daß Dienstmädchen sich nach einer gewissen Zeit verheiraten. Geschieht dies, so scheiden sie regelmäßig aus der Versicherung aus. Zu der freiwilligen Fortsetzung der Versicherung haben sie meist keine Neigung, ohne daß man ihnen darum einen Vorwurf machen kann, wie denn dieses ganze Institut einen stark theoretischen Charakter trägt. Die Rückzahlung der eingezahlten Beträge ist nach dem jetzigen Gesetze auf 3 Monate beschränkt und scheitert regelmäßig an der Nichtinnehaltung dieser Frist, für die übrigens ein triftiger Grund nicht ersichtlich ist. Aber auch noch andere Personen kommen hier in Betracht, z. B. junge Männer, die nach ihren Verhältnissen zweifellos nicht dauernd Arbeiter bleiben und nur zu ihrer Ausbildung eine an sich unter das Gesetz fallende Thätigkeit durchmachen müssen; man denke z. B. an Ingenieure, die eine Zeit lang als Schlosser arbeiten. Um diese und ähnliche Fälle, für welche die Versicherung durchaus unzweckmäßig ist, berücksichtigen zu können, wird man die Möglichkeit einer Befreiung vorzusehen haben.

Wie schon bemerkt, hat die im Gesetze zugelassene freiwillige Fortsetzung der Versicherung eine sehr geringe praktische Bedeutung, und nachdem ihr Hauptzweck, den kleinen Gewerbetreibenden die Möglichkeit des Verbleibens in der Versicherung und deshalb die Ausnutzung der einmal gezahlten Beiträge zu verschaffen, durch deren Einbeziehung in die Versicherung sich erledigt hat, könnte sehr wohl in Betracht gezogen werden, diese Einrichtung im Interesse einer Vereinfachung des Gesetzes ganz zu beseitigen. Es mag jedoch hier genügen, auf diesen Punkt lediglich hinzuweisen. Dagegen kommt die Selbstversicherung in Wegfall, nachdem die ihr zugewiesenen Personen in die Versicherungspflicht einbezogen sind.

Weshalb eine Entlohnung, die nur in Naturalien besteht, die Versicherungspflicht nicht begründen soll, während dies eintritt, sobald neben den Naturalien nur eine einzige Mark bar gegeben wird, ist durchaus nicht einzusehen. Der Zweck der Bestimmung, vorzubeugen, daß nicht die im Betriebe thätigen Familienmitglieder als Arbeiter angesehen werden, ist besser durch das Recht auf Befreiung gewahrt; dieses Recht kann man ihnen unbeschränkt geben und es ihnen überlassen, wie weit sie von demselben Gebrauch machen wollen.

Den Begriff der Invalidität zu verändern, insbesondere das Gesetz auf die bloße Verringerung der Erwerbsfähigkeit auszudehnen, ist, um die Aufgabe nicht unnötig zu erschweren, und da diese Frage mit den hier angestrebten Reformen außer Zusammenhang steht, nicht zu empfehlen (vgl. S. 14). Einer Änderung bedarf deshalb der § 9 des Gesetzes nur insofern, als man sich entschließt, die später zu erörternde anderweite Berechnung der Renten und Beiträge einzuführen, da dann die in § 9 enthaltene Bezugnahme auf die Lohnsätze hinfällig wird. Es ist das Nächstliegende, an Stelle dieser ohnehin äußerst gekünstelten und schwer verständlichen Grenzbestimmung der Invalidität einfach einen Bruchteil des ortsüblichen Tagelohnes treten zu lassen.

II. Renten.

Die grundlegende Änderung, welche in den hier gemachten Vorschlägen enthalten ist, besteht in der Beseitigung der Äquivalenztheorie, also in der Unabhängigmachung der Rente von der Dauer der Versicherung und der Höhe der gezahlten Beiträge. Es mag dabei bemerkt werden, daß beides nicht durchaus zusammenfällt. Hält man es für angezeigt, die Höhe der Rente mit der Dauer der Versicherung steigen zu lassen, so kann man dies thun ohne eine strenge Verbindung mit der Höhe der Beiträge, wie sie in dem Markensystem zum Ausdruck kommt; man kann insbesondere, ähnlich wie es bei den Pensionen der Beamten geschieht, die Rente mit jedem Jahre um einen gewissen Bruchteil steigen lassen. Der Nachweis der Beschäftigungsdauer ist auf dem in § 161 des Gesetzes für die Übergangszeit angeordneten Wege zu führen.

Die Berechnung der Rente lediglich nach dem letzten Lohnsatze vorzunehmen, wie es bei der Unfallversicherung geschieht, ist nicht geeignet, da es sich hier nicht um plötzliche, unvorhergesehene Ereignisse handelt, sondern um eine allmähliche Abnahme der Kräfte. Es dürfte sich empfehlen, den Durchschnittsverdienst der letzten drei Jahre zu Grunde zu legen, wobei darauf hinzuweisen ist, daß mit Rücksicht auf die Wartezeit dieser Zeitraum stets verstrichen sein muß, bevor die Invalidisierung verlangt werden kann.

Was die Höhe der Rente betrifft, so handelt es sich nicht um eine Änderung der durch das jetzige Gesetz geschaffenen Belastung, sondern nur um eine bessere Ausnutzung derselben. Bei endgültiger Abmessung der Ziffer würde es deshalb die Aufgabe sein, an der Hand statistischer Zahlen zu berechnen, wie hoch man gehen kann, ohne die zur Verfügung stehenden Mittel zu überschreiten. Nur ist das schon oben Gesagte zu wiederholen, daß der Betrag des Lohnes mit steigendem Alter sinkt, und zumal bei Personen, die durch allmählichen Verfall ihrer Kräfte invalide werden, der Durchschnittsbetrag der letzten drei Jahre erheblich geringer sein wird als der Arbeitsverdienst der rüstigen Jahre, sodaß man, ohne die Beiträge zu erhöhen, imstande sein wird, bei dieser Berechnungsart einen verhältnismäßig hohen Prozentsatz zu bestimmen, daß aber in einer Rente, die dem bisher bezogenen Lohne möglichst sich anschließt, das Hauptziel der ganzen Einrichtung gesehen werden muß. (Vgl. hierzu die Ausführungen S. 47.)

Wir untersuchten oben die Bedeutung der Äquivalenztheorie, welche zu der Einführung des Markensystems gezwungen hat, einerseits für das Verhältnis der Rente zu den Beiträgen und andrerseits für das Verhältnis der verschiedenen Versicherungsanstalten untereinander, kamen aber für beide Anwendungsgebiete zu dem Ergebnisse, daß diese Theorie aufzugeben sei, indem man die Rente unabhängig von den Beiträgen zu machen und auf eine besondere rechnerische Ausgleichung unter den verschiedenen Versicherungsanstalten zu verzichten habe, da sich eine ausreichende Ausgleichung auf natürlichem Wege vollziehe, bei etwa sich herausstellender Überlastung aber demnächst eine Abhülfe durch eine entsprechende Verteilung des Reichszuschusses getroffen werden könne. (Vgl. oben S. 41, 46.)

Die in § 75 des Entwurfes niedergelegten Vorschläge knüpfen an das Gesagte an. Die zweckmäßige Mitwirkung der unteren Verwaltungsbehörden bei der ersten Prüfung des Invalidisierungsantrages ist beibehalten, ebenso wie die endgültige Entscheidung durch den Vorstand der Versicherungsanstalt mit nachfolgendem schiedsgerichtlichen Verfahren. Auch soll im wesentlichen die Versicherungsanstalt des letzten Beschäftigungsortes zuständig sein, aber während nach dem jetzigen Gesetze nach Abgabe der rechtskräftigen Entscheidung nunmehr das schreckliche Verteilungsverfahren seitens des Rechnungsbureaus beginnt, damit auch ja jede Versicherungsanstalt bei jeder einzelnen Rente nach Maßgabe der ihr zugeflossenen Beiträge belastet wird, ist hiervon abgesehen und die Tragung der Last ausschließlich derjenigen Versicherungsanstalt zugewiesen, welche die Invalidisierung ausgesprochen hat. Es bedurfte keiner ausdrücklichen Vorschrift dieses Inhaltes, denn nach Beseitigung der auf das Verteilungsverfahren der verschiedenen Versicherungsanstalten bezüglichen §§ 87—90 folgt das beabsichtigte Ergebnis von selbst aus der Bestimmung, daß die Auszahlung durch die Post auf Anweisung der Versicherungsanstalt geschieht (§ 91), und daß die Versicherungsanstalten die vorgeschossenen Beträge der Post zu erstatten haben (§ 93), wobei in Ermangelung anderweiter Bestimmung als erstattungspflichtig nur diejenige Versicherungsanstalt in Betracht kommen kann, auf deren Anweisung die Auszahlung erfolgt ist.

Dagegen bedarf es hinsichtlich der Frage, welche Versicherungsanstalt haftbar sein soll, noch einer weiteren Erwägung. Soll dies auch regelmäßig diejenige des letzten Beschäftigungsortes sein, so würde dies doch zu Härten in den Fällen führen, wo diese Beschäftigung nur von kurzer Dauer gewesen ist. Es empfiehlt sich deshalb, eine Mindestdauer vorzuschreiben. Damit aber nicht der Fall eintreten kann, daß keine Versicherungsanstalt verpflichtet ist, so ist für diesen Fall dadurch Vorsorge zu treffen, daß dann diejenige Versicherungsanstalt einzutreten hat, in deren Bezirke die relativ längste Beschäftigung stattgefunden hat. Die ganze Einrichtung hat, wie oben (S. 43) bemerkt, eine große Verwandtschaft mit dem Unterstützungswohnsitz; es empfiehlt sich deshalb, diese Verwandtschaft auch in der Bezeichnung „Versicherungswohnsitz" zum Ausdruck zu bringen und so die Ergänzung etwaiger Lücken und Zweifel aus diesem analogen Verhältnisse anzudeuten.

Bei der praktischen Handhabung ist ein Erfolg des bestehenden Gesetzes hervorgetreten, der nicht allein dem natürlichsten Billigkeitsgefühl widerspricht, sondern auch beim Erlaß desselben zweifellos nicht beabsichtigt ist, daß nämlich die Renten auch solchen Personen gezahlt werden müssen, die sich zur Verbüßung langjähriger, ja lebenslänglicher Freiheitsstrafen in Gefangenanstalten aufhalten und also, da ihr Unterhalt anderweit beschafft wird, die gezahlten Summen einfach ansammeln. Das Reichsversicherungsamt hat in der Revisionsinstanz erkannt, daß hier nur eine Änderung des Gesetzes helfen könne. Dementsprechend ist in dem Entwurfe vorgeschlagen, in einem Zusatze zu § 34 diesen Fall zu regeln.

Die vorgeschlagene Änderung des § 94 ist lediglich die Folge der Beseitigung der Quittungskarten und des Verteilungsverfahrens.

III. Aufbringung der Mittel.

Hierzu gehört sowohl die materielle Verteilung der Last, als die Form der Erhebung. In ersterer Beziehung ist nach den früheren Ausführungen nichts zu ändern, als daß wir die Möglichkeit ins Auge gefaßt haben, den Zuschuß des Reiches nicht, wie bisher, auf eine feste gesetzlich bestimmte Summe zu beschränken, sondern ihn insofern beweglich zu gestalten, als er die Mittel abgeben soll, Abweichungen des thatsächlichen finanziellen Erfolges gegen den erwarteten und bei Abmessung der Beiträge zu Grunde gelegten auszugleichen, oder auch Überlastungen einzelner Versicherungsanstalten im Vergleich zu anderen zu beseitigen. Von der Formulierung hierauf gestützter Vorschläge ist hier Abstand genommen, da es richtig sein dürfte, zunächst die praktische Wirksamkeit eines ohne dieses Ventil arbeitenden Gesetzes zu erproben.

Der Schwerpunkt liegt deshalb für uns in dem formellen Teile, der Frage, auf welchem Wege die Beiträge der Arbeitgeber und Arbeiter eingezogen werden sollen. In dieser Beziehung haben wir oben (S. 29 ff.) die Entbehrlichkeit des Markensystems gezeigt, auch die Richtung der Abhülfe angedeutet, jedoch die Aufstellung bestimmter Vorschläge vorbehalten. Nach dem dort Erörterten erfüllt das Markensystem drei Aufgaben:
1. es regelt die Höhe der Renten nach dem Maße der geleisteten Beiträge;
2. es regelt die Verteilung der Last unter die beteiligten Versicherungsanstalten nach dem Maße der ihnen zugeflossenen Mittel;
3. es bietet einen Weg für die Einziehung der Beiträge.

Hinsichtlich des ersten Punktes haben wir oben die Ansicht vertreten, daß die Regelung, welche hier das Markensystem beschaffen soll, gar nicht als ein anzustrebendes Ziel anzuerkennen ist, daß vielmehr grundsätzlich die Höhe der Rente von dem Umfange der Beitragsdauer unabhängig sein soll. Die daraus sich ergebenden Änderungen sind im vorigen Abschnitte dargelegt.

Was den zweiten Punkt betrifft, so gilt hier teils das Gleiche, teils wird die Ausgleichung, soweit wir sie als Bedürfnis anerkennen konnten, sich von selbst vollziehen, und endlich kommt als letztes Zufluchtsmittel in Betracht die bereits angedeutete ausgleichende Verteilung des Reichszuschusses. Auch dieser Punkt ist im vorigen Abschnitte erledigt.

Es bleibt also als eine Aufgabe, die im Falle der Beseitigung des Markensystems auf anderem Wege gelöst werden muß, nur noch die Einziehung der Beiträge. Auch in dieser Hinsicht haben wir die wesentlichen Ausführungen bereits oben gegeben und hier lediglich im Anschluß hieran die konkreten Vorschläge zu entwickeln. Wir fanden den Hauptwert des Markensystems in der durch dasselbe gebotenen Kontrolle, zugleich aber auch die Möglichkeit, diesen Zweck entsprechend der Kranken- und Unfallversicherung durch eine Anmeldepflicht zu ersetzen, die allerdings nicht, wie es bisher auf Grund des § 71 des Unfallversicherungsgesetzes geschieht, sich auf eine Gesamtnachweisung beschränkt, sondern die einzelnen Versicherten nebst ihren Lohnbeträgen ersehen läßt.

Wir ließen oben die Frage offen, ob eine völlige Anlehnung an den Individuallohn durchführbar sei, oder ob man zur Bildung von Lohnklassen seine Zuflucht nehmen müsse. Legen wir zunächst den ersteren Weg zu Grunde, so würde sich das Verfahren in folgender Weise gestalten.

Jeder Versicherte ist, wie bisher bei der Krankenversicherung, innerhalb 2 Tagen nach Beginn der Beschäftigung anzumelden, und zwar bei der Gemeindebehörde. In gewissen Zwischenräumen, die vielleicht am besten ortsstatutarisch festgesetzt werden und auch keineswegs für alle Arbeitgeber gleich sein müssen, sind Lohnlisten einzureichen, aus welchen sich der von jedem einzelnen Versicherten verdiente Lohn ersehen läßt. An der Hand dieser Listen zieht die Gemeindebehörde einen vom Gesetze zu bestimmenden Prozentsatz des Lohnes von dem Arbeitgeber ein, der das Recht hat, die Hälfte dieses Betrages seinerseits dem Versicherten abzuziehen. Diesen Abzug kann er schon vor der Einziehung seitens der Gemeindebehörde bei der Lohnzahlung vornehmen, da ihm ja der Betrag bekannt ist. Ob Tagelohn oder Accordlohn gezahlt wird, begründet keinen Unterschied und keine Schwierigkeit, da in allen Fällen die thatsächlich gezahlte Lohnsumme den Maßstab bildet. Hält man statt dessen die Bildung von Lohnklassen für zweckmäßig, die sich etwa von 100 zu 100 Mark abstufen lassen würden, so brauchte der Beitrag nicht nach Prozenten des Lohnes berechnet, sondern könnte für jede Klasse auf einen durch das Gesetz geregelten festen Satz bestimmt werden. Im übrigen wäre nichts zu ändern.

Die Kontrolle ist durch Vertrauensmänner zu besorgen, denen schon nach dem jetzigen Gesetze (§ 126) das Recht der Büchereinsicht gestattet ist.

Das bisher ins Auge gefaßte Verfahren ist wesentlich für Arbeitgeber berechnet, welche eine größere Zahl von häufig wechselnden Arbeitern mit schwankenden Löhnen beschäftigen. Um solche Arbeitgeber, bei denen dies nicht zutrifft, nicht unnütz durch die monatlichen Lohnnachweisungen zu belästigen, empfiehlt sich für sie die Einrichtung, daß auf Grund der ersten Anmeldung der danach zu erhebende Betrag solange eingezogen wird, bis eine Änderung zur Anzeige gelangt. Die Voraussetzungen dieses erleichterten Verfahrens im Gesetze selbst festzulegen, empfiehlt sich nicht, da die Hauptaufgabe stets sein muß, alles Schablonisieren zu vermeiden um möglichste Anpassung an die konkreten Lebensverhältnisse zu erzielen. Es wird deshalb ausreichen, den Gemeindebehörden die Befugnis zu geben, auf Antrag das abgekürzte Verfahren zu gestatten.

Die nach dem Gesagten im Gesetze anzubringenden Änderungen sind sehr umfassend und beziehen sich auf folgende Paragraphen.

Die Bestimmungen über das Beitragsjahr in §§ 17 und 18 sind zu beseitigen, auch in § 16 ist das bürgerliche Jahr an die Stelle des Beitragsjahres zu setzen. Es ist schon oben ausgeführt, daß das Beitragsjahr seine Bedeutung verloren hat, nachdem man die Rentenberechnung des Entwurfes durch die jetzigen Gesetzvorschriften ersetzt hat. Ebenso werden die Bestimmungen über Anrechnung von Krankheitszeiten und die Dauer militärischer Übungen hinfällig, sobald man die Höhe der Renten von der Beitragsdauer unabhängig macht, worüber im nächsten Abschnitte noch näheres zu sagen ist.

Die Vorschriften darüber, nach welchen Grundsätzen die Höhe der Beiträge bestimmt werden soll (§§ 20, 21), müssen bestehen bleiben, da die einzelnen Versicherungsanstalten ihre finanzielle Selbständigkeit behalten. Nur für die erste Beitragsperiode ist der Betrag, wie bisher (§ 96), im Gesetze selbst zu bestimmen, und zwar als Bruchteil des Lohnes. Die Ziffer würde bei Bearbeitung einer Regierungsvorlage noch näher zu prüfen sein; für unseren Zweck genügt die oben (S. 50) angestellte Berechnung, nach der sich ein Satz von 2 % ergibt.

Hält man die Bildung von Lohnklassen für wünschenswert, so würde die Abstufung nach je 100 Mark zweckmäßig sein. Die Bestimmungen in § 22 Absatz 2, welche die scheinbare Anlehnung an den Individuallohn in Wahrheit aufheben und für breite Schichten von Arbeitern den ortsüblichen Tagelohn an die Stelle setzen, sind zu beseitigen.

Der Schwerpunkt aller hier vorgeschlagenen Änderungen liegt in der Beseitigung des Markensystems (§§ 99—116), an dessen Stelle die Einziehung durch die Gemeindebehörde als eines Hülfsorgans der Versicherungsanstalt zu setzen ist. Die Unterlagen hierfür sind zu beschaffen durch die bereits erörterte Anmeldung der versicherungspflichtigen Personen und die monatlichen Lohnnachweisungen. Als Zwangsmittel empfiehlt sich neben einer entsprechenden Geldstrafe die auch in den neuen preußischen Steuergesetzen zur Durchführung der Selbsteinschätzung angewandte Maßregel, daß im Falle der Weigerung die Ergänzung durch die Behörde an die Stelle tritt, und der Säumige als Strafe das Recht der Beanstandung dieser Einschätzung verliert.

Das so geordnete Verfahren ist nicht ohne weiteres auf die selbständigen Betriebsunternehmer und die Hausgewerbtreibenden anwendbar, besonders deshalb, weil hier die Einnahme, welche an die Stelle des Lohnes treten müßte, nicht so leicht wie der letztere zu ermitteln ist. Es empfiehlt sich deshalb, hier einen festen Betrag gesetzlich vorzuschreiben.

Es ist oben ausgeführt, daß durchaus kein Grund vorliegt, diese Personen ungünstiger zu stellen als die Lohnarbeiter und kleinen Beamten. Da sie keine Arbeitgeber haben, so muß der dem Arbeiterbeitrage entsprechende Betrag von ihnen unmittelbar eingezogen werden.

Die Anmeldung ist natürlich diesen Personen selbst aufzuerlegen; es ist jedoch bei der beschränkten Zahl, um die es sich handelt, und der im Vergleiche zu den Arbeitern sehr großen Seßhaftigkeit nicht schwer, die Anmeldepflicht zu kontrollieren, wobei nicht allein die von den Gemeindebehörden geführten allgemeinen Einwohnerverzeichnisse, sondern auch die Gewerbesteuerrollen eine ausreichende Unterlage bilden[1].

Die in § 126 angeordnete Kontrolle durch die Organe der Versicherungsanstalt, welche sich bisher nur auf die Zahl der versicherten Personen und die Dauer der Beschäftigung bezog, ist jetzt, wo für die Höhe der Beiträge die Höhe der Arbeitsvergütung unmittelbar bestimmend ist, auf diese auszudehnen. Diese Kontrolle, deren wesentlichstes Hülfsmittel die Büchereinsicht bildet, ist jetzt auch auf die kleinen Betriebsunternehmer und Hausgewerbtreibenden zu erstrecken.

Um Schädigungen durch die Kontrolle zu verhindern, lassen sich bei Bedarf Bestimmungen anbringen, wie sie im § 23 des Unfallversicherungsgesetzes getroffen sind.

IV. Die übrigen Änderungen.

In den bisher erörterten Punkten liegt der Kern der hier vorgeschlagenen Reform. Die übrigen Bestimmungen, insbesondere über die Organisation, das Verfahren, die Schiedsgerichte, die Postauszahlung, die Kontrolle u. s. w. sind, solange man nicht die ganze Grundlage der jetzigen Invaliditätsversicherung in Frage stellt und an deren Stelle eine Gesamtversicherung oder gar eine allgemeine Staatsbürgerversicherung setzen will, im ganzen als zweckmäßig anzuerkennen. Es handelt sich deshalb bei den noch sonst im Entwurfe vorgeschlagenen Änderungen um verhältnismäßig untergeordnete Dinge, die hier mit wenigen Worten erledigt werden können.

Die in § 24 vorgeschriebene Ausgestaltung der Lohnklassen mit selbständiger finanzieller Sphäre ist schon oben als Beweis der unrichtigen individualistischen Auffassung des Gesetzes getadelt. Sie

---

[1] In der mehrfach erwähnten Bekanntmachung des Bundesrates betreffend die Versicherungspflicht der Hausgewerbetreibenden der Textilindustrie ist als einzige Kontrolle die Strafbestimmung bei Nichteinklebung der Marken enthalten. Das ist durchaus unzulänglich.

hat selbst in dem bestehenden Gesetze keine Berechtigung und muß künftig auch dann fallen, wenn man nicht von den Lohnklassen ganz absieht, wodurch sie ja von selbst beseitigt sein würde.

Auch die Bildung von Gefahrenklassen unterliegt demselben Vorwurfe. Sind gewisse Berufe mit rascherer Abnutzung der Kräfte verknüpft, so erscheint es nicht den Forderungen der Menschlichkeit und des socialen Gedankens entsprechend, die darin beschäftigten Arbeiter hierunter leiden zu lassen. Da von dieser Einrichtung — wie oben bemerkt — bisher noch kaum Gebrauch gemacht ist, so ist ihre Beseitigung um so leichter durchzuführen.

Die im § 30 vorgesehene Erstattung von Beiträgen an weibliche Personen verliert wesentlich an Bedeutung, wenn man weibliche Dienstboten, wie oben vorgeschlagen, von der Versicherung ausschließt. Immerhin mag sowohl diese wie die entsprechende Vorschrift des § 31 bestehen bleiben, da sie geeignet ist, gewisse Lücken zu beseitigen.

Wenn in § 95 auch auf diese Fälle das für die Rente vorgeschriebene Verteilungsverfahren erstreckt ist, so würde die Beseitigung des letzteren, wie sie hier vorgeschlagen ist, zu einer entsprechenden Änderung zwingen, wobei in Frage kommen würde, ob man die Erstattungspflicht der Versicherungsanstalt des letzten Beschäftigungsortes oder derjenigen auferlegen soll, welche die Beiträge erhoben hat. Da es sich hier um einen untergeordneten Nebenpunkt handelt, so ist von der näheren Prüfung und Erledigung Abstand genommen.

Dasselbe gilt hinsichtlich des in § 32 geregelten Erlöschens und Wiederauflebens der Versicherung.

Hinsichtlich der Selbstversicherung und der freiwilligen Fortsetzung der Versicherung ist das Erforderliche oben (S. 72) gesagt. Nachdem aber die kleinen Gewerbtreibenden aus dem Bereiche der freiwilligen Versicherung ausgeschieden sind, liegt kein Grund mehr vor, für die sonst davon Gebrauch machenden Personen eine Erleichterung hinsichtlich der Beiträge eintreten zu lassen. Die übrigen, in dem vorgeschlagenen § 117 enthaltenen Änderungen ergeben sich aus der Beseitigung des Markensystems.

Die Vorschrift des § 119 über die Saisonarbeiter kann wegen ihrer Abhängigkeit von dem Markensystem nicht aufrecht erhalten werden, doch schien die Frage nicht wichtig genug, um die dadurch bedingte Änderung hier näher zu untersuchen.

Der jetzige § 125 wird mit dem Markensystem hinfällig und wird kaum eines Ersatzes bedürfen, da es sich von selbst versteht, daß der über die Versicherungspflicht oder die Zugehörigkeit zu einer bestimmten Versicherungsanstalt entscheidende Beschluß auch über die finanzielle Ordnung des durch ihn geregelten Verhältnisses Bestimmung trifft.

Die übrigen Änderungen ergeben sich von selbst insbesondere aus der Beseitigung des Markensystems und bedürfen keiner Erläuterung.

Anlage I.

Entwurf eines Gesetzes,
betreffend Abänderung der Invaliditäts- und Altersversicherung.

§ 1 erhält folgenden Zusatz:
4. Betriebsunternehmer, welche regelmäßig nicht mehr als zwei Lohnarbeiter beschäftigen;
5. selbständige Gewerbtreibende, welche in eigenen Betriebsstätten im Auftrage und für Rechnung anderer Gewerbtreibender mit der Herstellung oder Bearbeitung gewerblicher Erzeugnisse beschäftigt werden (Hausgewerbtreibende), und zwar auch dann, wenn sie die Roh- und Hülfsstoffe selbst beschaffen und auch für die Zeit, während welcher sie vorübergehend für eigene Rechnung arbeiten. Die Versicherungspflicht ist ausgeschlossen, wenn in dem Betriebe regelmäßig mehr als zwei Lohnarbeiter beschäftigt werden.

§ 2 wird durch folgende Bestimmung ersetzt:
Von der Versicherung ausgeschlossen sind Personen der in § 1 Ziff. 1—3 bezeichneten Art, deren Beschäftigung ihrer Natur nach eine vorübergehende oder durch den Arbeitsvertrag im voraus auf einen Zeitraum von weniger als einer Woche beschränkt ist.

Von der Versicherungspflicht sind auf ihren Antrag zu befreien Personen, welche glaubhaft machen, daß die ihre Versicherungspflicht begründende Thätigkeit nur von verhältnismäßig kurzer Dauer sein wird, sowie Familienangehörige des Betriebsunternehmers. Über den Antrag entscheidet der Vorstand der Versicherungsanstalt. Gegen den Bescheid findet Beschwerde an das Reichsversicherungsamt statt.

§ 3 Absatz 2 und 3 kommen in Wegfall.

§ 8 kommt in Wegfall.

§ 9 Absatz 3 erhält folgende Fassung:
Erwerbsunfähigkeit ist anzunehmen, wenn der Versicherte infolge seines körperlichen oder geistigen Zustandes nicht mehr im stande ist, durch eine seinen Kräften und Fähigkeiten entsprechende Lohnarbeit mehr als ein Drittel des nach § 8 K. V. G. festgesetzten ortsüblichen Tagelohnes gewöhnlicher Tagearbeiter zu verdienen. Maßgebend ist hierbei der letzte Beschäftigungsort, an welchem er nicht lediglich vorübergehend beschäftigt gewesen ist.

Die §§ 17 und 18 werden aufgehoben.

Die §§ 22—24 werden aufgehoben — oder — durch folgende Bestimmung ersetzt.

Zum Zwecke der Bemessung der Beiträge und Renten werden nach der Höhe des Jahresarbeitsverdienstes folgende Klassen der Versicherten gebildet:

    I. bis einschließlich   300 Mark,
    II. über 300 Mark bis einschließlich 400 =
    III. = 400   =   =   500 =
    IV. = 500   =   =   600 =
    V. = 600   =   =   700 =
    VI. = 700   =   =   800 =
    VII. = 800   =   =   900 =
    VIII. = 900   =

Für die Klassen I—VII tritt der Höchstbetrag derselben, für Klasse VIII der Betrag von 1000 Mark an die Stelle des thatsächlich bezogenen Lohnes oder Gehaltes.

An Stelle der §§ 25—28 tritt folgende Bestimmung:
Die Renten werden nach Kalenderjahren berechnet. Sie bestehen aus einem von der Versicherungsanstalt aufzubringenden Betrage und aus einem festen Zuschusse des Reiches.

Die Invalidenrente beträgt $66^{2}/_{3}$ Prozent, die Altersrente 50 Prozent des jährlichen Arbeitsverdienstes, welchen der Versicherte im Durchschnitte der letzten 3 Jahre bezogen hat.

Erreicht der so ermittelte jährliche Arbeitsverdienst nicht den nach § 8 des Krankenkassengesetzes bestimmten ortsüblichen Tagelohn gewöhnlicher Tagearbeiter, so ist der letztere der Berechnung zu Grunde zu legen,

oder:

Die Invalidenrente beträgt bei Ablauf der Wartezeit 25 Prozent, die Altersrente 50 Prozent u. s. w. . . . . (wie oben).

Die Invalidenrente steigt mit jedem Jahre der Beschäftigungsdauer um 1 Prozent bis zu dem Höchstbetrage von 66⅔ Prozent.

Der Nachweis der Beschäftigungsdauer ist durch Bescheinigungen der für die in Betracht kommenden Beschäftigungsorte zuständigen unteren Verwaltungsbehörden oder durch eine von einer öffentlichen Behörde beglaubigte Bescheinigung der Arbeitgeber zu führen.

§ 34 erhält folgenden Zusatz:

5. solange der Berechtigte eine Freiheitsstrafe verbüßt, sofern diese die Dauer von einer Woche übersteigt.

Der § 75 wird durch folgende Bestimmung ersetzt:

Die Festsetzung der Rente erfolgt durch den Vorstand derjenigen Versicherungsanstalt, in deren Bezirke der Versicherte seinen Versicherungswohnsitz hat.

Der Versicherungswohnsitz ist in demjenigen Versicherungsbezirke begründet, in welchem der Versicherte während der letzten 2 Jahre eine die Versicherungspflicht begründende regelmäßige Beschäftigung gehabt hat. Der in einem Bezirke begründete Versicherungswohnsitz wird nur dadurch verloren, daß derselbe in einem anderen Bezirke erworben wird. Würde nach diesen Bestimmungen ein Versicherungswohnsitz überhaupt nicht begründet sein, so ist derselbe in demjenigen Versicherungsbezirke begründet, in dem der Versicherte die längste Zeit hindurch eine versicherungspflichtige Beschäftigung gehabt hat.

— (Im übrigen sind die Vorschriften des § 75 mit den hieraus sich ergebenden Änderungen und unter Beseitigung der Bezugnahme auf die Quittungskarte beizubehalten) —

Die §§ 87—90 werden aufgehoben.

§ 91 erhält folgende Fassung:

Die Auszahlung der Rente wird auf Anweisung des Vorstandes derjenigen Versicherungsanstalt, der nach § 75 die Festsetzung obliegt, vorschußweise durch die Postverwaltungen . . . . .

— (u. s. w. wie in § 91) —

Absatz 1 und 2 des § 92 werden durch folgende Bestimmung ersetzt:

Die Central-Postbehörden haben binnen 8 Wochen nach Schluß des Rechnungsjahres Nachweisungen der gezahlten Renten sowohl dem Reichskanzler (Reichsamt des Innern) als den beteiligten Versicherungsanstalten einzusenden. In den Nachweisungen sind die von den Versicherungsanstalten zu tragenden Beträge von dem Zuschusse des Reiches getrennt zu berechnen.

Der § 94 erhält folgende Fassung:

Die Bestimmungen der §§ 86, 91—93 finden auf die nach §§ 5 und 7 zugelassenen Kasseneinrichtungen entsprechende Anwendung. Soweit diese Kasseneinrichtungen die von ihnen festgesetzten Renten ohne Vermittelung der Postanstalten auszahlen, wird ihnen der Reichszuschuß am Schlusse eines jeden Rechnungsjahres auf jedesmalige Liquidation direkt überwiesen.

Der § 96 erhält folgende Fassung:

Für die erste Beitragsperiode (§ 20) sind vorbehaltlich anderweiter Festsetzung gemäß § 98 an Beiträgen 2 Prozent des Lohnes zu erheben.

Die §§ 99—116 werden durch folgende Bestimmungen ersetzt:

§ 99. Die Arbeitgeber haben jede von ihnen beschäftigte versicherungspflichtige Person spätestens am dritten Tage nach Beginn der Beschäftigung anzumelden und spätestens am dritten Tage nach Beendigung des Arbeitsverhältnisses wieder abzumelden.

Die Anmeldungen und Abmeldungen erfolgen bei der Gemeindebehörde oder einer von dieser zu bestimmenden Meldestelle.

In derselben Weise haben die nach § 1 Ziff. 4 und 5 versicherungspflichtigen Personen sich selbst zur Versicherung anzumelden und wieder abzumelden.

§ 100. Jeder Arbeitgeber hat innerhalb der ersten Woche jedes Monats ein Verzeichnis der in dem abgelaufenen Monate an jede der von ihm beschäftigten versicherungspflichtigen Personen gezahlten Löhne und Gehälter oder der sonst gewährten Arbeitsvergütungen an die im § 99 bezeichnete Meldestelle einzureichen.

Verweigert ein Arbeitgeber die Einreichung des Verzeichnisses oder verzögert dieselbe ungeachtet erfolgter Aufforderung, so hat die Gemeindebehörde dasselbe nach ihrem Ermessen zu ergänzen. Der säumige Arbeitgeber verwirkt außer der in § ... bezeichneten Strafe das Recht, diese Ergänzung anzufechten.

§ 101[1]. Die Gemeindebehörde hat auf Grund der im § 100 bezeichneten Verzeichnisse die Versicherungsbeiträge von den Arbeitgebern einzuziehen. Die Einziehung erfolgt auf dem für die Gemeindeabgaben vorgeschriebenen Wege.

§ 102. Die Gemeindebehörde kann einzelne Arbeitgeber auf deren Antrag von der im § 100 vorgeschriebenen Einreichung der Lohnverzeichnisse befreien. In diesem Falle erfolgt die Einziehung der Versicherungsbeiträge nach dem von dem Arbeitgeber bezeichneten Lohnsatze solange, bis eine Änderung derselben zur Kenntnis der Gemeindebehörde gebracht wird.

Die Befreiung kann jederzeit zurückgenommen werden. Die Zurücknahme muß geschehen, wenn sie von dem Vorstande der Versicherungsanstalt verlangt wird; dem letzteren ist ein Verzeichnis der befreiten Personen am Schlusse jedes Rechnungsjahres einzureichen.

§ 103. Die Arbeitgeber sind berechtigt, den von ihnen beschäftigten versicherungspflichtigen Personen die Hälfte der in §§ 96, 97 bezeichneten Beiträge bei der Lohnzahlung in Abzug zu bringen. Die Abzüge dürfen sich höchstens auf die für die beiden letzten Lohnzahlungsperioden zu entrichtenden Beiträge beziehen.

§ 104. Auf die in § 1 Ziff. 4 und 5 bezeichneten Personen finden die §§ 100—103 nur insoweit Anwendung, als sie Lohnarbeiter beschäftigen. Im übrigen gelten für sie folgende Bestimmungen.

An Stelle des Lohnsatzes, nach welchem Beiträge und Renten berechnet werden, tritt die feste Summe von 1000 Mark. Die Beiträge betragen die Hälfte der nach §§ 96, 97 von den Arbeitgebern zu erhebenden Sätze. Die hiernach sich ergebende Summe ist in monatlichen Teilbeträgen seitens der Gemeindebehörde von ihnen einzuziehen. Die Einziehung erfolgt auf dem für Gemeindeabgaben vorgeschriebenen Wege.

§ 105. Die Gemeindebehörde hat die von ihr eingezogenen Beiträge spätestens innerhalb eines Monates nach Schluß des Rechnungsjahres an den Vorstand der Versicherungsanstalt abzuliefern.

§ 117 erhält folgende Fassung:

Personen, welche aus dem Versicherungsverhältnis ausscheiden, sind, falls dasselbe mindestens 1 Jahr gedauert hat, zur freiwilligen Fortsetzung berechtigt.

In diesem Falle haben sie innerhalb 6 Monaten der Gemeindebehörde ihres Wohnortes eine entsprechende Erklärung abzugeben, in welcher zugleich der Betrag anzugeben ist, von welchem Rente und Beiträge berechnet werden sollen. Die Bestimmung dieses Betrages ist bis zur Höhe von 1000 Mark den Versicherungsberechtigten überlassen. Dieselben sind befugt, das Versicherungsverhältnis jederzeit aufzuheben.

Von den Versicherungsberechtigten sind die dem angegebenen Betrage entsprechenden vollen Beiträge (§§ 24, 96) monatlich einzuziehen. Verweigerung der Zahlung gilt als Aufhebung des Versicherungsverhältnisses.

§ 118 wird aufgehoben.
§§ 120 und 121 werden aufgehoben.
§ 125 wird aufgehoben.
§ 126 Abs. 2 erhält folgende Fassung:

---

[1] Fürchtet man eine Überlastung der Gemeindebehörde, so kann man auch die im II. Entwurf §§ 27, 28 getroffenen Vorschriften wählen.

Die Arbeitgeber sind verpflichtet, über die Zahl der von ihnen beschäftigten Personen, über die Dauer der Beschäftigung und den gezahlten Lohn oder Gehalt sowie die sonstige Arbeitsvergütung den Organen der Versicherungsanstalt, sowie den mit der Kontrolle beauftragten Behörden oder Personen auf Verlangen Auskunft zu erteilen und denselben diejenigen Geschäftsbücher oder Listen, aus welchen jene Thatsachen hervorgehen, zur Einsicht während der Betriebszeit an Ort und Stelle vorzulegen. Zu einer gleichen Auskunft sind die Versicherten verpflichtet.

Auf die im § 1 Ziff. 4 und 5 bezeichneten Personen, sowie auf diejenigen, welche das Versicherungsverhältnis freiwillig fortsetzen (§§ 117, 119) und deren Arbeitgeber finden die Vorschriften des zweiten Absatzes entsprechende Anwendung.

§ 127 wird aufgehoben.

Die §§ 143, 146, 149, 151, 154 und 155 werden aufgehoben.

Zweiter Abschnitt.
Gesamtversicherung.

In dem ersten Abschnitte dieser Arbeit haben wir uns insoweit auf dem Boden des Bestehenden bewegt, als wir die Trennung der Invaliditätsversicherung von der Kranken- und Unfallversicherung zu Grunde gelegt und unsere Änderungsvorschläge an diese Einrichtung angelehnt haben, obgleich in den Ausführungen bereits der Zweifel an der Zweckmäßigkeit dieses Systems zum Ausdruck gelangt ist. Dieses Verfahren schien aus dem Grunde zweckmäßig, weil die äußeren Schwierigkeiten, die sich einer Reform entgegenstellen, offenbar in dem Maße wachsen, wie man sich von dem Bestehenden entfernt. Es war deshalb wichtig, zu zeigen, daß die bisher befürworteten Änderungen sich auf dem Boden der bisherigen Trennung der drei Versicherungsarten durchführen lassen. Aber nachdem dieser taktischen Rücksicht Rechnung getragen ist, kann nunmehr nicht davon abgesehen werden, auch die umfassendere Reform, welche in der Verschmelzung zu einer die bisherigen Sondereinrichtungen umfassenden Gesamtversicherung ihr Ziel sehen würde, einer Prüfung zu unterziehen. Wir werden dabei zunächst die für eine solche Vereinigung sprechenden Gründe zu erörtern und demnächst zu untersuchen haben, in welcher Weise sich die gestellte Forderung verwirklichen läßt.

Auch hier sehe ich aus den oben (S. 11) dargelegten Gründen davon ab, das letzte Ziel einer allgemeinen Staatsbürgerversicherung auf unmittelbarem Wege zu erreichen, und bleibe vielmehr auf dem Boden der Arbeiterversicherung, indem ich lediglich die beiden wichtigsten Klassen der nicht zum eigentlichen Arbeiterstande gehörigen Personen, die Kleingewerbetreibenden (Handwerk, Handel, Landwirtschaft) und die Hausindustriellen in den gesetzlichen Rahmen einbeziehe. —

Daß die Zerlegung der Versicherung in drei verschiedene selbständige Einrichtungen, die auf ganz verschiedenen Systemen beruhen, an sich etwas unnatürliches ist, wird kaum jemand bestreiten, es kann sich deshalb hier nur darum handeln, kurz die besonders hervorragenden Mißstände, welche sich hieraus ergeben, hervorzuheben. Aber

6*

um möglichst dem Verdachte zu entgehen, diese Frage aus theoretischen Rücksichten zu behandeln, sollen hier zunächst einige Äußerungen aus den unmittelbar beteiligten Kreisen wiedergegeben werden, wie sie sich insbesondere in den Berichten der Handelskammern finden. Aus denselben werden sich zugleich auch noch weitere Belege für die oben hinsichtlich der Invaliditäts- und Altersversicherung entwickelten Anschauungen ergeben.

Am eingehendsten beschäftigt sich mit diesen Dingen regelmäßig die Handelskammer in Kassel, aus deren Berichte für 1891 folgende Ausführungen wiedergegeben sein mögen:

„Man begegnet zumeist der Anschauung, daß die Versicherungen ihren Zweckbestimmungen nur sehr unvollkommen gerecht werden können, und die wohlthätige Wirkung der Gesetzgebung, welche keineswegs verkannt wird, durch einen **billigeren und weniger verwickelten Verwaltungsapparat** zur Geltung kommen würde . . . . . .

„Sodann wechseln die Arbeiter sehr, je nachdem in dem einen oder andern Betriebe die Arbeit vorliegt. Bei dem einen Arbeitgeber müssen die Leute zur Krankenkasse an- und bei dem andern abgemeldet werden, was jedem Arbeitgeber Mühe und Arbeit macht, **während der betreffende Arbeiter doch immer derselben Kasse angehören will** . . . . . .

„Hier ist Abhülfe sehr am Platze und ist solche wohl nur möglich, wenn, wie von verschiedenen Seiten vorgeschlagen wird, **alle Kassen vereinigt würden und eine große Kranken- und Invalidenkasse unter staatlicher Aufsicht geschaffen würde. Die Beiträge dazu müßten einfach wie die Steuern erhoben** werden, wodurch den Arbeitgebern eine große Last abgenommen wird, die Unkosten für die Beamten u. s. w. bedeutend reduziert werden und vor allen Dingen dadurch die Unzufriedenheit der Arbeiter mehr und mehr gehoben würde. Auch wird gewünscht, daß das Einkassieren der Beiträge von Beamten vorgenommen werde oder aber amtliche Zahlstellen errichtet würden."

Für die Unfallversicherung heißt es dann noch besonders:

„Es müßte vornehmlich eine **Verringerung der außerordentlich hohen Betriebsspesen** angebahnt werden, diese ließen sich durch **Vereinfachung der jetzigen schwerfälligen Organisation** erreichen."

Die Handelskammer in Wiesbaden klagt in ihrem Berichte von 1891 ebenfalls über „die enormen Verwaltungskosten", erwähnt, daß die Arbeitgeber an der Invaliditätsversicherung „die ungeheuere Last mit Schreibereien und Markenkleben" tadeln und fährt dann fort: „Allgemein wird in den Berichten eine **durchgreifende neue Organisation der drei Versicherungszweige** gewünscht."

Auf demselben Standpunkte steht die Handelskammer in Limburg a. d. L. Auch sie beklagt bei der Unfallversicherung die teure Verwaltung und bemerkt dann:

„Die Alters= und Invaliditätsversicherung hat sich weder bei Arbeitnehmern noch Arbeitgebern bis jetzt viel Freunde erwerben können. Mit ihren mannigfach unklaren Bestimmungen und insbesondere dem lästigen Markenkleben erweist sich dieselbe als eine viele Mühe und Arbeit verursachende Einrichtung . . . . . . Eine durchgreifende neue Organisation der verschiedenen Gesetze unter Beseitigung der seit dem Bestehen zu Tage getretenen Mängel würde jedenfalls allseitige Befriedigung erregen."

Die Handelskammer in Hagen i. W. berichtet:

„Bei dem Unfallversicherungsgesetz sieht man den Änderungs= und Ausdehnungsvorschlägen mit Spannung entgegen. Auch heute stehen wir noch auf dem früher diesseits angeregten und viel erörterten Standpunkte, daß ganz bedeutende Erleichterungen und Vereinfachungen in der Geschäftsführung, somit auch Ersparnisse erzielt werden können, wenn anstatt der jetzigen großen Genossenschaften, die sich über geographisch weit ausgedehnte Gebiete, ja teilweise über das ganze Reich erstrecken, und deren Unterabteilungen ebenfalls noch viel zu weit ausgedehnte Gebiete umfassen, mehrere gleichartige oder verwandte Berufszweige zu kleinen, räumlich beieinander gelegenen Bezirksverbänden vereinigt würden.

Ferner erscheint es uns dringend erforderlich, daß die vielen kleinen, mehr handwerksmäßig geführten Betriebe ganz aus den jetzigen Genossenschaften ausgeschieden und den mit territorialer Einteilung zu bildenden Handwerksgenossenschaften überwiesen würden.

Das Invaliditäts= und Altersversicherungsgesetz hat von den bisherigen socialpolitischen Gesetzen ohne Zweifel bei der Einführung am wenigsten Sympathie gefunden, und zwar vorwiegend wegen der mit der Beitragseinziehung verbundenen Belästigungen".

Die Handelskammer in Lüdenscheid erklärt die Schaffung von Berufsgenossenschaften für einen Fehler, klagt über die große Belästigung und will neben der Ausschließung der Dienstmädchen von der Versicherungspflicht überall da, „wo die örtlichen Verhältnisse es irgendwie gestatten, die Einziehung der Beiträge den Krankenkassen übertragen".

Die Krankenversicherung wird als im wesentlichen gut und brauchbar anerkannt, hinsichtlich der Unfallversicherung dagegen, „die Höhe der Verwaltungskosten gegenüber den Leistungen" als „bedauernswerte Erscheinung" bezeichnet und dann bemerkt:

„Die Wahl der Fabrikate als Kriterien der Berufsgenossenschaft an Stelle der geographisch zusammenhängenden Betriebe, wie wir sie wiederholt und dringend gewünscht haben, bleibt ein nicht wieder gut zu machender Fehler. Wir haben es nicht begreifen können, welche größere Verwandtschaft beispielsweise eine Knopffabrik mit einem Messingwalzwerk hat, als mit

einer Tuchfabrik, und daß bei der Entschädigung eines Textil=
arbeiters andere Faktoren maßgebend sein sollen, als bei der eines
Zinngießers. Durch Stipulation von Gefahrenklassen, die ja
auch jetzt unvermeidlich gewesen sind, und deren Erweiterung bei
größerer Abstufung man durchweg als Bedürfnis bezeichnet, wären
Verschiedenheiten auszugleichen gewesen. Neben der billigeren
Verwaltung wäre auch der Vorteil der Fühlung der Ver=
bandsmitglieder untereinander, deren Mangel sich jetzt
so sehr bemerkbar macht, erzielt worden."

Diese Äußerungen werden ausreichen, um die Behauptung zu
begründen, daß gerade die Praxis die ganz unverhältnismäßig hohen
Verwaltungskosten als einen grundlegenden Mangel des ganzen
Systems der Berufsgenossenschaften ansieht und zugleich erkannt hat,
daß das letztere durch die Einteilung nach territorialen Bezirken er=
setzt werden muß. Die Berufsverwandtschaft hat lediglich eine Be=
deutung für die Höhe der bei der Versicherung in Betracht kommenden
Gefahr, und dieser Gesichtspunkt läßt sich, wie der Bericht in Lüden=
scheid zutreffend hervorhebt, völlig ausreichend und viel richtiger
durch die Schaffung von Gefahrenklassen berücksichtigen. Den einzigen
Vorteil bietet die berufsmäßige Gliederung für die Unfallverhütung
infolge der größeren Sachkunde der Beteiligten, aber dies ist auf
anderem Wege, insbesondere durch geeignete Auswahl der Vertrauens=
männer und Eingreifen des Fabrikinspektors ebenfalls zu erreichen
und kann jedenfalls keinen Grund abgeben, eine sonst durchaus
fehlerhafte Einrichtung zu rechtfertigen. Wir haben uns schon oben
(S. 4, 20 ff.) ausführlich mit dieser Frage beschäftigt und können
das Ergebnis hier kurz in folgender Weise zusammenfassen. Nachdem
man den großen Plan, die ganze Produktion auf berufsgenossen=
schaftlicher Grundlage zu organisieren, fallen gelassen und davon ab=
gesehen hat, den ausgesprochenermaßen für die bloße Unfallversicherung
zu weit gezogenen und sogleich für die spätere Aufgabe der Inva=
liditätsversicherung mitberechneten Rahmen demnächst mit diesem
beabsichtigten Inhalte zu füllen, darf jetzt unbedenklich über die ganze
Einrichtung der Berufsgenossenschaften das Urteil gesprochen werden,
und zwar dahin, daß dieselben in der künftigen Neuordnung eine
Stelle nicht mehr behalten können.

Aber der Gesichtspunkt der Ersparnis an Geld und Arbeits=
leistung, welcher in erster Linie die Ersetzung der berufsgenossenschaft=
lichen durch territoriale Verbände empfiehlt, führt auch weiter zu der
Forderung, an Stelle der bisherigen getrennten Formen der Ver=
sicherung eine einheitliche Gesamtversicherung zu schaffen,
denn offenbar kann eine bessere Ausnutzung der Kräfte und ins=
besondere ein Näherrücken der Organe an ihre Arbeitsstellen erfolgen,
wenn man denselben Personen die gesamte mit den drei Versicherungs=
formen verbundene Thätigkeit überträgt, als wenn man jede derselben
selbständig ausbaut.

Da es schwer sein würde, den Umfang dieser Ersparnis zu be=
rechnen, so mag statt dessen auf den Erfolg eines ganz gleichartigen

Vorgehens im Rahmen der Krankenversicherung hingewiesen werden. Eine ganze Reihe hervorragender Städte, z. B. Berlin, Leipzig, Mainz, Wiesbaden, Worms, Metz sind bereits dazu übergegangen, die bunte Mannigfaltigkeit der nach Betriebszweigen gesonderten Ortskrankenkassen durch eine einzige derartige für alle versicherungspflichtigen Personen zu ersetzen. Man hat hierdurch überall sehr erhebliche Ersparnisse erzielt, die sich z. B. für Berlin auf jährlich 180 000 Mark berechnen. In Leipzig sind die Verwaltungskosten von 4,23 Mark auf den Kopf des Versicherten auf 1,54 Mark oder in Prozenten der Ausgabe von 21,4 % auf 7,6 % herabgegangen. In Worms haben die ersparten Verwaltungskosten hingereicht, um die Unterstützungsdauer von 13 auf 26 Wochen zu erhöhen.

Was man hier auf einem beschränkten Gebiete erzielt hat, würde sich bei einer Zusammenfassung aller Versicherungsformen in noch weit höherem Grade erreichen lassen. Man hat deshalb auch gerade mit dem Hinweise auf diese Erfahrungen die Forderung der Gesamtversicherung litterarisch begründet, oder zunächst wenigstens eine Verschmelzung der Unfallversorgung mit der Invaliditäts- und Altersversicherung, wie es insbesondere von Freund in der Zeitschrift „Die Arbeiterversorgung" Jahrgang IX Nr. 22 geschehen ist, der sich dabei auf die reichen Erfahrungen der Berliner Versicherungen stützt. Neuerdings beginnen auch die Nächstbeteiligten sich mit der Frage zu beschäftigen; so hat der Gesamtverband deutscher Metallindustrieller einen Ausschuß eingesetzt, um die Frage zu prüfen, und nach mir gewordenen Mitteilungen ist man dort überwiegend der Ansicht, daß eine Gesamtversicherung angestrebt werden müsse, obgleich man sich vorläufig nur auf folgende vorsichtige Formel geeinigt hat:

„Es ist zu verlangen, daß bei allen weiteren Gesetzesänderungen die Vereinfachung der Verwaltung durch Schaffung gemeinsamer territorialer Organe und Einrichtungen für die gemeinsamen Aufgaben und Zwecke der drei Versicherungszweige als hauptsächlichstes Ziel ins Auge gefaßt wird."

Übrigens ist der Gesichtspunkt der Kostenersparung, wenngleich der wichtigste und am meisten in die Augen fallende, so doch keineswegs der einzige, auf welchen diese Forderung zu stützen ist. Wird doch in der Begründung des Entwurfs des Invaliditäts- und Altersversicherungsgesetzes als Grund, weshalb man die neue Versicherung nicht an die Krankenkassen oder die Berufsgenossenschaften anlehnen könne, vor allem geltend gemacht, daß die beiden älteren Formen nicht alle Personen umfassen, welche man der neuen Versicherung unterwerfen wolle, so daß man bei diesem Verfahren Lücken lassen und für diese Hülfsorganisationen schaffen müßte. Es ist im höchsten Maße verwunderlich, daß man durch diese Erwägung nicht zu dem andern Ergebnis gedrängt ist, dieses in der Verschiedenheit des Kreises der versicherten Personen liegende Hindernis dadurch zu beseitigen, daß man eben diese Verschiedenheit beseitigte, denn Gründe, welche es empfehlen könnten, gewissen Klassen von Arbeitern nur die eine und anderen Klassen nur die andere Versicherungsform zu gewähren, dürften doch kaum zu finden sein. Der Gesetzgeber möchte ganz zweifellos von Herzen gern allen Arbeitern alle Formen der Versicherung gewähren, aber es ist ihm bisher nicht gelungen, den Weg zu diesem Ziele zu finden. Halten wir aber dieses Ziel fest, so liegt auf der Hand, daß die bisherige Verschiedenheit der an den einzelnen Versicherungsarten beteiligten Personen keinen Grund abgeben kann, von der Zusammenfassung abzusehen, sondern daß im Gegenteil ein Hauptvorteil dieser Zusammenfassung darin bestehen würde, daß sie das einfachste Mittel bieten würde, jene Verschiedenheit zu beseitigen.

Aber obgleich man grundsätzlich heute die drei Versicherungsarten ganz getrennt hat, so hat man dies doch thatsächlich nur sehr unvollkommen erreicht, und hieraus ergiebt sich ein anderer sehr erheblicher Grund gegen die bestehende Einrichtung und für die Verschmelzung. Sehr häufig ist es höchst streitig, ob ein Fall der Krankheit, ein Betriebsunfall oder der Fall der Invalidität vorliegt. Freund bemerkt sehr richtig in dem oben angeführten Aufsatze:

„Auch die Krankheitsinvalidität wird in sehr vielen Fällen nichts weiter sein, als ein „in und durch den Betrieb erlittener Unfall". Die Krankheit, welche zur Invalidität geführt hat, wird in den meisten Fällen in ihren ersten Anfängen auf die Thätigkeit im Betriebe zurückzuführen oder doch wenigstens durch diese Thätigkeit in ungünstiger Weise beeinflußt worden sein. Wie sich hier die Grenzen verwischen, kann man an den sehr häufigen Invaliditätsfällen infolge von Phosphornekrose, tremor mercurialis, Bleivergiftung, ersehen, welche das Unfall-Versicherungsamt als Betriebsunfälle nicht anerkannt hat."

Aber ferner gilt alles, was die Begründung des Entwurfes des Invaliditäts- und Alters-Versicherungsgesetzes für die Anlehnung an die Unfallversicherung anführt, durchaus auch für die Verschmelzung aller drei Formen, und mag deshalb auszugsweise hier wiedergegeben werden:

„Für einen solchen Anschluß scheint zunächst der innere Zusammenhang beider Einrichtungen zu sprechen. Bei der Alters- und Invaliditätsversicherung handelt es sich ebenso wie bei der Unfallversicherung um die Frage, ob ein versicherter Arbeiter noch erwerbsfähig ist oder wegen Verlustes der Arbeitsfähigkeit eine Rente erhalten soll. Auch die Ursachen der Erwerbsunfähigkeit liegen in beiden Fällen häufig nicht weit auseinander. Insbesondere ist die Grenze zwischen einem Betriebsunfall und den allmählich wirkenden Einflüssen des Betriebes, welche beide die Erwerbsunfähigkeit hervorrufen, nicht immer leicht erkennbar. Beide Wohlfahrtseinrichtungen haben dauernde Verhältnisse derselben Personen, die Sicherung des Lebensunterhaltes Erwerbsunfähiger durch Gewährung einer Rente zum Ziel; ihr socialpolitischer Zweck ist der nämliche; bei beiden Einrichtungen sind zum großen Teil — notabene es sollte durchgängig und ausnahmslos sein — die nämlichen Arbeitgeber und die nämlichen Arbeitnehmer beteiligt, und beide erfordern zur Durchführung die thätige Mitwirkung dieser beiden Kategorien."

Ja noch mehr! Die Trennung reißt nicht nur zusammengehörige Interessen auseinander, sondern sie schafft sogar umgekehrt einen lediglich auf dieser Trennung beruhenden durchaus unnatürlichen Widerspruch der Interessen. In Nr. 313 der „Concordia" (Mainz, B. v. Zabern) wird aus Kreisen der Praxis heraus darauf hingewiesen, daß bei Unfällen, die eine Krankheit zur Folge haben, die Krankenkassen bestrebt sind, den Verletzten so rasch wie möglich zu heilen, ohne Rücksicht darauf, ob damit eine möglichst gute Heilung herbeigeführt wird, daß dadurch aber die Berufsgenossenschaften geschädigt werden. Der Gegensatz des Interesses liegt auf der Hand. Ist durch einen Unfall eine Verletzung eingetreten, so sind regelmäßig zwei Stadien zu unterscheiden, nämlich

1. das **Krankheitsstadium**, welches solange dauert, als man noch hofft, die Folgen der Verletzung durch geeignete Behandlung ganz oder teilweise wieder zu beseitigen und deshalb eine solche Behandlung zur Anwendung bringt,

2. das **normale Stadium**, in welchem man diese Hoffnung und deshalb die Behandlung aufgegeben hat und sich darauf beschränkt, die Verminderung der Erwerbsfähigkeit, die man nunmehr als endgültige — vorbehaltlich unerwarteter Besserung — ansieht, durch eine Rente auszugleichen.

Beide Stadien sind in finanzieller Hinsicht verschiedenen Faktoren überwiesen, das erste den Krankenkassen, das zweite den Berufsgenossenschaften. Es ist nun klar, daß das Interesse der ersteren dahin geht, möglichst bald den Abschluß des Krankheitsstadiums herbeizuführen, d. h. zu erklären: die Verletzung ist jetzt so weit geheilt, als es möglich ist, denn dann haben sie mit der Sache nichts weiter zu thun, während die letzteren wünschen müssen, die Krankheitsbehandlung so lange fortzusetzen, als irgend noch ein Erfolg derselben zu hoffen ist, selbst wenn damit die Grenze der 13 Wochen überschritten werden sollte, denn um so geringer wird dadurch voraussichtlich die dauernde Belastung durch die Rente.

Ein solcher Zustand des Interessengegensatzes zwischen den beiden Versicherungsträgern ist offenbar im höchsten Grade bedauerlich und der Beweis eines tiefgreifenden Fehlers in der Organisation.

Die vorstehenden Erörterungen werden ausreichen, um die Forderung einer Gesamtversicherung zu begründen, und da wir unseren Raum nicht mit überflüssigen Ausführungen belasten dürfen, so wollen wir den Beweis für die Zweckmäßigkeit, ja Notwendigkeit einer solchen Einrichtung als erbracht ansehen und uns nunmehr mit der Frage beschäftigen, in welcher Weise man derselben praktische Folge geben soll.

Hierbei werden wir im Interesse der Übersichtlichkeit gut thun, die in Betracht kommenden Gebiete auch äußerlich zu sondern.

1. Umfang der Versicherung.

Dieser Punkt ist am einfachsten zu erledigen. In objektiver Hinsicht fallen in den Rahmen der neuen Gesamtversicherung natürlich alle die bisher gesetzgeberisch behandelten Einzelformen, also Krankheit, Unfall, Invalidität und Alter. Ob man demnächst noch andere Versicherungen hereinziehen soll (Witwen- und Waisenfürsorge, Arbeitslosigkeitsversicherung u. dergl.), ist hier nicht zu erörtern, denn sollte man sich dazu entschließen, so würde die geschaffene Organisation auch für deren Zwecke brauchbar sein.

Subjektiv sind, wie oben ausgeführt, alle Arbeiter einzubeziehen, welche bisher irgend einer der verschiedenen Versicherungen unterstellt sind, und da in dieser Hinsicht die Invaliditätsversicherung die umfassendste ist, so sind deren Bestimmungen zum Ausgangspunkte zu nehmen. Auch hinsichtlich der Einbeziehung der kleinen Betriebsunternehmer und der Hausgewerbetreibenden, sowie des Ausschlusses einzelner Klassen, wie der unständigen Arbeiter, sei es kraft Gesetzes oder auf Grund eines Befreiungsantrages gilt hier das oben (S. 15 und 51 ff.) Gesagte und kann lediglich darauf verwiesen werden.

2. Leistungen.

Auch hier bieten sich keine wesentlichen Schwierigkeiten, da die Absicht ist, nicht an dem Inhalte der bisherigen Versicherungen zu ändern, sondern ihn lediglich in andere Form zu gießen. Es handelt sich lediglich darum, die Leistungen der jetzigen Einzelversicherungen so umzugestalten, daß sie sich in einen gemeinsamen Rahmen einfügen lassen.

Dabei ergiebt sich zunächst eine Sonderung nach dem Gesichtspunkte der Dauer zwischen vorübergehenden und fortdauernden Leistungen. Wie oben (S. 89) ausgeführt, ist bei jeder Gesundheitsschädigung das Krankheitsstadium, in welchem man noch hofft, die Störung ganz oder teilweise wieder auszugleichen, zu unterscheiden von dem normalen Stadium, wo der eingetretene Zustand als vorläufig unabänderlich gegeben hingenommen wird. Während bei der Krankenversicherung nur das erste, bei der Invaliditäts- und Altersversicherung nur das zweite Stadium in Betracht kommt, liegt es anders bei der Unfallversicherung. Hat ein Unfall den sofortigen Tod zur Folge, so ist auch hier das wirtschaftliche Ergebnis von Anfang an ein dauerndes, in allen anderen Fällen dagegen wird zunächst eine Störung eintreten, welche mit derjenigen einer eigentlichen Krankheit die doppelte Verwandtschaft hat, daß sie einerseits die Hoffnung einer gänzlichen oder teilweisen Wiederbeseitigung offen läßt, und daß andrerseits, um diese Wiederbeseitigung herbeizuführen, irgend welche Mittel angewandt werden müssen, zu welchen in erster Linie die ärztliche Hülfe gehört. Mag diese letztere bei der durch Unfall herbeigeführten Schädigung meist einen überwiegend chirurgischen, bei der eigentlichen Krankheit dagegen einen mehr medizinischen Charakter tragen, so liegt doch auf der Hand, daß dies zu einer verschiedenartigen Behandlung keinen Anlaß bietet, und so ist denn ja auch in der bestehenden Gesetzgebung hier die Gebietsabgrenzung zwischen Kranken- und Unfallfürsorge ganz willkürlich dadurch erfolgt, daß man die ersten 13 Wochen der einen und die Folgezeit der anderen Versicherungsform zuwies. Offenbar ist dies ein sehr unbefriedigender Notbehelf, und es ist deshalb ein Vorzug der Gesamtversicherung, daß diese Scheidung hinfällig wird.

In dem beigefügten Entwurfe (§ 4) ist diese Verschmelzung dadurch erzielt, daß der Begriff der Krankheit ohne weiteres auf die durch Betriebsunfälle herbeigeführten vorübergehenden Störungen erstreckt ist. Dies entspricht auch durchaus dem Sprachgebrauche, der einen Menschen solange als krank bezeichnet, wie er sich in einem Zustande der Gesundheitsstörung befindet, der eine Besserung erhoffen läßt, im Gegensatze zu dem Krüppel und Invaliden, anderseits aber nicht unterscheidet, ob die Ursache der Krankheit eine plötzliche oder eine allmählich wirkende ist.

Eine andere Unterscheidung betrifft die Frage: Geld- oder Naturalleistung? Bei der Krankheitsversicherung in dem künftigen einheitlichen Sinne wird, wie bisher, beides gewährt, einerseits ärztliche Behandlung nebst Heilmitteln, andererseits eine Geldunterstützung, die man im Interesse der Gleichartigkeit des Ausdruckes am besten Krankenrente nennen wird. Die letztere unterscheidet sich von der Invaliden- und Altersrente dadurch, daß sie ihrem Begriffe nach vorübergehender Natur ist, obgleich kein Grund vorliegt, ihre Dauer, wie bisher, durch gesetzliche Vorschrift zu beschränken. Die Abgrenzung gegen die Invalidenrente giebt sich ganz von selbst: sobald die Hoffnung auf Besserung vorläufig ausgeschlossen und der relativ normale, d. h. der Dauerzustand eingetreten ist, hört die Krankheit auf und beginnt die Invalidität. Daß auch dann die Möglichkeit einer Besserung noch bleibt, ändert hieran nichts, denn diese Möglichkeit liegt nicht in dem Grade nahe, daß man sie wesentlich in Betracht zieht; man wird ihr gerecht durch eine den § 65 des U. V. G. und § 33 J.- u. A. V. G. entsprechende Bestimmung, aber man betrachtet die Gesundheitsstörung in ihrem normalen Laufe als abgeschlossen. (Vgl. § 49 des Entw.)

Das Recht der verpflichteten Kasse, anstatt der sonstigen Leistungen Kur und Verpflegung in einem Krankenhause zu gewähren (§ 7 K. V. G., § 7 U. V. G.), ist beizubehalten.

Was die Berechnung der Renten betrifft, so ist für Krankenrente einerseits und Unfall-, Invaliden- und Altersrente andererseits eine verschiedene Behandlung geboten. An sich muß, wie oben (S. 864) ausgeführt, die thunlichste Anlehnung an die konkreten Erwerbsverhältnisse das Ziel sein. Ist deshalb eine Berechnung der Rente nach Maßgabe des Individuallohns das Wünschenswerteste, so ist doch dessen Ermittelung mit unvermeidlichen Schwierigkeiten verknüpft. Rechtfertigt es sich nun, diese in Kauf zu nehmen, wo es sich um eine dauernde Rente handelt, weil dort der Wert des erzielten Erfolges die aufgewandte Mühe rechtfertigt, so trifft dies nicht zu bei einer

Entschädigung von vorübergehender Natur, die vielleicht nur für einige Tage der Woche gezahlt wird, die aber gerade deshalb rasch und ohne Verzögerung gezahlt werden muß.

Demgemäß ist in § 5 des Entwurfes die Krankenrente an die jetzige Einrichtung angelehnt, nur ist an die Stelle des ortsüblichen Tagelohns gewöhnlicher Tagearbeiter (§ 8 K.V.G.) allgemein der für die organisierten Kassen zugelassene durchschnittliche Tagelohn der qualifizierten Arbeiter mit Klasseneinteilung (§ 20 K.V.G.) gesetzt. Die Beschränkung auf 4 Mark ebenso wie die Bestimmung in § 5 des Unfallversicherungsgesetzes, daß der 4 Mark überschreitende Betrag nur mit $1/3$ zur Anrechnung kommen soll, ist als nichtberechtigt fallen gelassen. Dagegen bedurfte es für die in § 1 Ziff. 4 und 5 neu aufgenommenen Personen, welche einen Lohn nicht beziehen, einer ergänzenden Vorschrift, die dann zweckmäßig auch für die Betriebs=beamten zu verwenden war.

Die Unterstützung der Wöchnerinnen ist in dem jetzigen Umfange beizubehalten. Obgleich es sich im eigentlichen Sinne nicht um eine Krankheit handelt, so ist doch die Unterstellung unter diesen Begriff sprachlich zulässig und umsomehr gerechtfertigt, als häufig die Ent=bindung eine wirkliche Krankheit zur Folge hat.

Ist für die Unfall=, Invaliden= und Altersrente der Individual=lohn zu Grunde zu legen, so ist doch eine Verschiedenheit zu berück=sichtigen, die darauf beruht, daß ein Betriebsunfall nicht vorherzu=sehen und auch in seinem Eintritte regelmäßig nicht zweifelhaft ist, während beides bei der Invalidenrente anders liegt. Um unlautere Spekulationen auszuschließen, empfiehlt es sich für die letztere, wie es auch in dem I. Entwurfe geschehen ist, die Berechnung nach einem mehrjährigen Durchschnitte vorzunehmen, während bei der Unfall=rente unmittelbar der zuletzt bezogene Arbeitsverdienst zu Grunde gelegt werden kann, wobei sich die Anlehnung an § 5 des Unfall=versicherungsgesetzes empfiehlt.

Bei der Altersrente ist zwar eine Spekulation ausgeschlossen, doch ist die Bemessung nach einem mehrjährigen Durchschnitte aus dem Grunde ratsam, weil in höherem Alter häufig große Ungleich=heiten des Verdienstes vorkommen.

Mit Rücksicht auf unlautere Spekulationen empfiehlt sich auch die Beibehaltung einer Wartezeit als Vorbedingung des Anspruches auf die durch das Gesetz gewährten Leistungen. Nach den jetzigen Vorschriften beträgt diese für die Krankenversicherung je nach der statutarischen Bestimmung der Kassen bis zu 6 Wochen, für die In=validenrente 5 Jahre und für die Altersrente 30 Jahre. Hinsichtlich der Unfallversicherung kommt in Betracht, daß dieselbe, soweit es sich nicht um Todesfälle handelt, die ersten 13 Wochen nach dem Unfalle überhaupt der Krankenversicherung überläßt, während für Todesfälle eine Wartezeit nicht platzgreift.

Künftig wird der Begriff der Wartezeit sich insofern verschieben, als die Versicherungspflicht hinsichtlich aller durch die Versicherung gewährten Leistungen an dieselben Voraussetzungen geknüpft ist. Der

Nachweis wird sich deshalb auch nicht auf die Zugehörigkeit zu gewissen Kassen oder auf die Zahlung von Beiträgen, sondern auf die Dauer einer versicherungspflichtigen Beschäftigung zu richten haben, wie es schon jetzt nach § 156 ff. des Invaliditäts- und Altersversicherungsgesetzes für die Übergangszeit bestimmt ist.

Eine Wartezeit von 30 Jahren kann nicht als Bedürfnis anerkannt werden, und es dürften vielmehr für Kranken- und Unfallunterstützung 1 Monat, für Invaliden- und Altersrente 5 Jahre ausreichen. Ob man für Todesfälle die Wartezeit ganz fallen lassen soll, kann zweifelhaft erscheinen; die Möglichkeit, daß jemand, der infolge eines körperlichen Übels seinen Tod in verhältnismäßig naher Zeit voraussieht, nur zur Erlangung der Rente für seine Angehörigen noch in eine versicherungspflichtige Beschäftigung eintritt, ist nicht völlig auszuschließen, und so ist in dem Entwurfe von der Aufnahme einer Ausnahmebestimmung für Todesfälle einstweilen abgesehen.

3. Träger der Versicherung. Organisation.

Die Untersuchung darüber, welche der bestehenden verschiedenen Organisationsformen den Vorzug verdiene, oder richtiger, welche Vorzüge die eine und welche die andere aufzuweisen habe und wie weit es möglich sei, in einem gemischten System die Vorteile aller möglichst zu vereinigen, ist oben (S. 20 ff.) angestellt. Insbesondere ist dort hinsichtlich der beiden Hauptfragen: einerseits große oder kleine Verbände und andererseits: territoriale oder Berufsgliederung das Ergebnis gewonnen, daß durchaus die territoriale Einteilung den Vorzug verdiene, indem man die Vorteile der Berufsgliederung durch Gefahrenklassen erreichen könne, und daß im übrigen große Verbände mit weitgehender Decentralisierung der Verwaltung oder kleine Verbände mit Abwälzung der Last auf breitere Schultern zum Ausgangspunkte genommen werden dürfen, wobei wir für beides in der bestehenden Gesetzgebung ausreichende Vorbilder fanden.

Da eine Reichsversicherungsanstalt aus politischen Gründen nicht erreichbar ist und sich der möglichste Anschluß an das Bestehende empfiehlt, so wird man gut thun, die jetzige Einteilung in 31 Versicherungsbezirke, die eine Mittelstufe zwischen großen und kleinen Bezirken bilden, beizubehalten, aber einerseits nach oben hin durch Bildung von Rückversicherungsverbänden die Last weiter zu verteilen, andererseits durch Abgabe wichtiger Funktionen an lokale Organe die Verwaltung zu decentralisieren.

Diese lokalen Organe dürfen aber nach dem oben (S. 23) Gesagten nicht bloße Verwaltungsorgane sein, sondern müssen eine eigene vermögensrechtliche Sphäre besitzen. Man kann dazu also nicht etwa einfach die Gemeindebehörden nehmen, sondern es müssen Kassen sein, die bis zu einem noch näher festzusetzenden Umfange die finanziellen Folgen ihrer Entschließungen selbst tragen und deshalb eigene Einkünfte besitzen müssen. Als solche Organe bieten sich ganz von selbst die bestehenden Krankenkassen. Es kann sich deshalb nur darum handeln, ob man die jetzigen mannigfaltigen Formen der letzteren beibehalten oder eine einzige und welche derselben aus= wählen soll. Nun haben die Bau= und Innungskassen schon jetzt eine sehr geringe Bedeutung, und man wird unschwer auf sie verzichten können. Solange man für den Bergwerksbetrieb die von alten Zeiten her überlieferten und bewährten Einrichtungen beizu= behalten für zweckmäßig hält, müßte man die Knappschafts= kassen bestehen lassen. Die wichtigsten Formen der organisierten Kassen sind die Fabrikkassen und die Ortskassen, die zwei verschiedenen Grundgedanken Ausdruck geben, nämlich dem bereits erörterten Gegensatze von örtlicher oder beruflicher Gliederung. Nach dem früher Erörterten ist das erstere Einteilungsprincip als das an sich richtigere anzusehen, und es kann nur in Frage kommen, ob be= sondere Rücksichten die Beibehaltung der Fabrikkassen neben den Orts= kassen empfehlen. Es ist nicht notwendig, diese Frage hier zu ent= scheiden, sondern umgekehrt erwünscht, zu zeigen, daß die hier empfohlene Neubildung den mannigfachsten Gestaltungen im einzelnen Raum giebt. Der aufgestellte Entwurf läßt deshalb hier volle Freiheit.

Für die Grenzziehung zwischen den örtlichen und provin= ziellen Kassen ist oben als maßgebender Gesichtspunkt auf= gestellt, daß den ersteren die vorübergehenden, den letzteren die dauernden Unterstützungen zur Last fallen sollen, wodurch sich die Teilung ergeben würde, daß die Ortskassen lediglich die Ent= schädigung für Krankheit, die Bezirkskassen dagegen diejenige für Un= fall, Invalidität und Alter zu tragen hätten, sofern wir nach dem oben (S. 91) Bemerkten die durch Unfall herbeigeführte vorüber= gehende Erwerbsunfähigkeit als Fall der Krankheit behandeln. Diese Teilung wird jedoch der oben aufgestellten Forderung nicht gerecht, daß die Ortskassen, denen naturgemäß nicht allein die Kontrolle, sondern auch eine wesentliche Mitwirkung bei der Feststellung des Entschädigungsfalles zugewiesen werden muß, an dem zu beurteilenden Versicherungsfalle ein eigenes Interesse haben müssen. Um dies zu erreichen, ist ihnen ein Teil der Last aufzuerlegen, der mit 10 % ausreichend bemessen sein dürfte. Die Fälle, um die es sich hierbei handelt, sind einerseits die Invalidenrente, denn hier ist sowohl die Feststellung des Entschädigungsfalles als die Prüfung der Fort= dauer desselben mit Schwierigkeiten verknüpft, denen nur örtliche Organe gewachsen sind, und andererseits die Unfallrente, bei der freilich nicht der Eintritt des Unfalles, wohl aber der Umfang der Erwerbsverminderung und ebenso die Kontrolle unter den soeben ent= wickelten Gesichtspunkt fällt. Dagegen scheidet aus die Alters= rente, bei der beide Rücksichten nicht zutreffen. Aber die Unfall= rente ist nicht einheitlich zu behandeln, denn die mehrgedachten Schwierigkeiten der Schadensfeststellung und Kontrolle sind nicht vor= handen beim Tode des Versicherten, sondern nur bei dauernder Erwerbsunfähigkeit, mag dieselbe eine völlige oder eine nur teilweise sein, während die vorübergehende als Krankheit behandelt wird.

Hiernach stellt sich die Teilung folgendermaßen:
die Ortskassen tragen die Entschädigung
1. gänzlich bei Krankheit (einschließlich vorübergehender Unfallschädigung);
2. zu 10% bei Invalidität und Unfall, sofern dieser nicht den Tod zur Folge hat;
die Bezirkskassen dagegen tragen
1. gänzlich die Altersrente und die Unfallentschädigung bei Todesfällen;
2. zu 90% die Invalidenrente und die Unfallrente bei nichttödlichen Verletzungen.

Allein auch dieses Ergebnis bedarf noch einer Modifikation, denn da die Ortskassen die Krankenentschädigung ganz, die Invalidenrente dagegen nur zu 10% zu tragen hätten, so läge insofern eine Interessenkollision vor, als die Ortskassen Veranlassung hätten, das Krankheitsstadium möglichst bald für abgeschlossen zu erklären, was nicht allein das Interesse der Bezirkskassen verletzen, sondern insbesondere die Rücksicht auf thunlichst vollständige Heilung beeinträchtigen würde, und da die Ortskassen neben ihrer eigenen finanziellen Sphäre zugleich Organe der Bezirkskassen sein sollen, in der letzteren Eigenschaft aber ganz wesentlichen Einfluß auf die Entscheidung haben müssen, so wäre es verkehrt, einen Gegensatz zwischen diesen beiden Funktionen zu schaffen. Diese Erwägung zwingt dazu, auch die Krankheitsentschädigung, obgleich sie vorübergehend ist, der gleichen Teilung wie die Invalidenrente zu unterwerfen.

Das Gesagte bezieht sich aber nur auf die Geldbeträge, die dem Kranken bis zu seiner — gänzlichen oder relativen — Heilung zu gewähren sind, und die wir deshalb im Interesse der Gleichartigkeit des Ausdruckes am besten „Krankenrente" nennen, nicht dagegen auf die Naturalleistungen (Arzt, Arznei u. dgl.). Auch bei diesen hat freilich die Ortskasse das Interesse, sie möglichst kurze Zeit zu bezahlen, allein dies Interesse steht nicht im Widerspruche zu einem solchen der Bezirkskasse, da diese letztere derartige Leistungen in keinem Falle zu gewähren hat. Es liegt deshalb hier nicht anders als bei jeder Versicherung, wo die verpflichtete Kasse im Interessengegensatze steht zu dem Versicherten, nicht aber greift dieser hinein in das Verhältnis der beiden Kassen, von denen die eine zugleich Organ der andern ist.

Eine Schwierigkeit bietet sich, falls die Unterbringung in einem Krankenhause erfolgt, insofern diese an die Stelle tritt einerseits für die allein von der Ortskasse zu tragende Leistung der ärztlichen Behandlung (§ 4 Ziff. 1 a) und andererseits für die der Ortskasse und der Bezirkskasse nach dem Verhältnisse von 1:9 zur Last fallende Krankenrente (§ 4 Ziff. 1 b). Es muß also hier eine Verteilung eintreten, die meist durch unmittelbare Verständigung erfolgen wird, nötigenfalls aber von der den örtlichen Verhältnissen am nächsten stehenden unteren Verwaltungsbehörde vorgenommen werden muß. Die Praxis wird hierfür sehr bald feste Sätze ausbilden.

4. Aufbringung der Mittel.

Wie mehrfach bemerkt, handelt es sich für uns nicht darum, die Last der Versicherung oder ihre Verteilung materiell zu ändern, sondern lediglich um eine einfachere Form der Erhebung. Dies gilt zunächst von dem Zuschusse des Reiches. Derselbe beträgt jetzt 50 Mark, die zu jeder Invaliden- oder Altersrente zugeschossen werden. Bei einer Verschmelzung der verschiedenen Versicherungsarten kann diese Form nicht wohl beibehalten werden, denn wenn der Zuschuß nur zu diesen Renten erfolgte, so hätten die Versicherungsanstalten einen Anlaß, in Fällen, in denen es zweifelhaft sein kann, ob Krankheit, Unfall oder Invalidität vorliegt, die letztere anzunehmen. Bei Beratung des Invaliditäts- und Altersversicherungsgesetzes sind umfassende Berechnungen darüber angestellt, in welchem Umfange der festgesetzte Zuschuß die Reichskasse mit der jährlich zunehmenden Zahl der Invalidisierungsfälle bis zum Beharrungszustande belasten wird. Es wird keine Schwierigkeit bereiten, hiernach die Beträge der einzelnen Jahre zu berechnen. Die Verteilung kann naturgemäß nur nach der Kopfzahl der Versicherten erfolgen, die an der Hand der Anmeldungen (§ 24) ohne Mühe zu ermitteln ist.

Es ist oben S. 44 und 49 angedeutet, den Reichszuschuß zu einem beweglichen Faktor zu gestalten, um Schwankungen, die für die Beteiligten störend wirken würden, der Gesamtheit aufzuerlegen. Der Beschreitung dieses Weges steht jedoch ein Bedenken entgegen. Wären nämlich die Beiträge derartig fest bestimmt, daß Mehrausgaben, welche die angesammelten Mittel übersteigen, nicht die Beiträge beeinflussen, sondern lediglich den Zuschuß erhöhen würden, so läge die Gefahr vor, daß die Kassen bei ihren Bewilligungen eine Freigebigkeit bethätigen könnten, bei der, da sie aus fremder Tasche erfolgte, die richtigen Grenzen überschritten würden. Freilich scheint es möglich, dieser Gefahr durch entsprechende Kontrollmaßregeln, insbesondere ein Einspruchsrecht des die Interessen des Reiches vertretenden Staatskommissars vorzubeugen. Immerhin ist der aufgestellte Entwurf der jetzt bestehenden Einrichtung angepaßt, und die mögliche Änderung nur in einer Anmerkung angedeutet. Verlegt man das Unsicherheitsmoment in den Reichszuschuß, so kann man erhebliche Vereinfachungen erzielen, indem dann vor allem die nach dem jetzigen Gesetze gegebene Möglichkeit, ja Wahrscheinlichkeit, daß nach Ablauf der ersten zehnjährigen Periode die 31 Versicherungsanstalten verschiedene Beitragssätze einführen (vgl. oben S. 40), ausgeschlossen wird. Man könnte dann vielleicht sogar von der Steigerung der Beiträge nach zehn Jahren ganz absehen und den Ausfall der Reichskasse auflegen, jedenfalls braucht der Entwurf sich mit dieser Frage heute noch nicht zu befassen, vielmehr genügt es, die Beitragshöhe als eine vorläufige zu bezeichnen und die Frage der Erhöhung dem künftigen Gesetzgeber vorzubehalten. Die in dem jetzigen § 20 gegebenen Bestimmungen über die Berechnung der Beiträge sind dann überflüssig, da sie aus Vorschriften für die Versicherungsanstalten zu bloßen Beweggründen des Gesetzgebers herabsinken. Auch die Bildung eines Reservefonds hat nur dann einen Zweck, wenn das Unsicherheitsmoment, also insbesondere das Risiko der Übereinstimmung zwischen Beiträgen und Renten den Kassen zur Last fällt; wird dasselbe der Reichskasse auferlegt, so kann davon abgesehen werden.

Hinsichtlich der Beiträge besteht die wesentlichste Änderung des Entwurfs darin, daß er dieselben in unmittelbare Beziehung zu dem Arbeitsverdienste setzt. Das ist an sich das Natürlichste und Bedenken scheinen dagegen nicht obzuwalten. Da jeder Arbeitgeber die Anzeige über die seinen Arbeitern gezahlten Löhne in regelmäßigen Abschnitten zu erstatten hat, so ist die Kontrolle von selbst gegeben, und da Arbeiter und Arbeitgeber die Höhe des Prozentsatzes kennen, so macht es keine Schwierigkeit, die Höhe des Abzuges bei der jedesmaligen Lohnzahlung zu berechnen. Die einzige Gefahr, daß der Arbeitgeber die den Arbeitern abgezogenen Beträge bis zur Ablieferung an die Kasse aufbewahrt, ist bereits oben (S. 38) gewürdigt.

Sollte im Gegensatz zu der hier vertretenen Auffassung die Bildung von festen Klassen für Beiträge und Renten wünschenswert erscheinen, so würde die dadurch bedingte Änderung ohne Mühe anzubringen sein; auch hierüber ist oben (S. 48, 77) bereits das Erforderliche gesagt.

Die Höhe des Prozentsatzes ist im Entwurfe offengelassen. Nimmt man die oben (S. 50) berechnete Ziffer zum Anhaltspunkte, so würde für eine alle bisherigen Einzelformen umfassende Gesamtversicherung vielleicht ein Satz von 6% sich ergeben, doch ist diese Ziffer lediglich als eine ganz oberflächliche Veranschlagung zu betrachten. Von einer genaueren Berechnung wurde aus dem Grunde abgesehen, weil es sich dabei um eine Arbeit handeln würde, die einerseits besondere Schwierigkeiten nicht bietet, andererseits aber bedeutende Mühe machen würde.

5. Verfahren.

Die Bestimmungen über das Verfahren betreffen **einerseits** die Einziehung der Beiträge und **andererseits** die Auszahlung der Entschädigungen, sowie deren Verrechnung.

In ersterer Beziehung ist, nachdem das Markensystem durch Beseitigung des Äquivalenzprincips seine Unterlage verloren hat, das für die Krankenversicherung bestehende Verfahren umsomehr zu Grunde zu legen, als die künftigen Ortskassen aus den heutigen Krankenkassen gebildet werden sollen. Insbesondere bedarf es sowohl der An- und Abmeldung der Versicherungspflichtigen, wie sie in § 49 ff. K.V.G. geregelt ist, um die Kontrolle zu ermöglichen, als der Einreichung eines Lohnverzeichnisses, wie sie § 71 U.V.G. vorsieht, um darnach die Beitragsberechnung vorzunehmen. Aus den oben (S. 77 a. E.) entwickelten Gründen empfiehlt es sich, für gewisse Arbeitsverhältnisse ein einfacheres Verfahren zu gestatten.

Hinsichtlich der Behandlung der in § 1, Ziffer 4 und 5 bezeichneten Personen ist auf das oben (S. 51) Gesagte zu verweisen.

Da die Ortskassen neben ihrer Stellung als Organe der Bezirkskassen zugleich eine selbständige Vermögenssphäre besitzen und deshalb auch das Recht haben, die in § 5 nur nach ihrem Mindestbetrage festgesetzte Krankenrentenhöhe zu bestimmen, so müssen sie zu den gesetzlichen Beiträgen noch Zuschläge einziehen, die sich nach ihren besonderen Verhältnissen bestimmen. Indem diese einen beweglichen Faktor bilden, der insbesondere auch durch die den Ortskassen mit 10% zur Last fallenden Renten (§ 14, 15) beeinflußt wird, so ist denselben ein eigenes Interesse daran geschaffen, unberechtigten Ansprüchen entgegenzutreten, da sich sonst die von ihnen zu erhebenden Zuschläge erhöhen würden. Da den Ortskassen sowohl eine wesentliche Mitwirkung bei der Beurteilung der erhobenen Ansprüche, als insbesondere die Kontrolle übertragen werden muß, so ist diese Schaffung eines eigenen Interesses von wesentlicher Bedeutung, während andererseits einer engherzigen Behandlung dadurch vorgebeugt ist, daß die eigene Beteiligung nur 10% beträgt.

Was die Feststellung der Entschädigungen betrifft, so ist dieselbe sowohl in der bisherigen Krankenversicherung, als bei der Invaliditäts- und Altersversicherung von einer Anregung der Berechtigten abhängig, während bei der Unfallversicherung die Ermittelungen ohne Antrag von Amtswegen eintreten. Obgleich nicht zu verkennen ist, daß das letztere Verfahren gewisse Vorteile bietet, so scheint es doch angezeigt, für die zu schaffende Gesamtversicherung zunächst an dem Antragsprincip festzuhalten; dies ist um so unbedenklicher, wenn man die Anmeldung stets an die Ortskasse richten läßt, auch da, wo lediglich die Bezirkskassen zahlungspflichtig sind.

Die weitere Behandlung der eingelaufenen Anmeldung ist natürlich verschieden, je nachdem die beanspruchte Leistung ausschließlich der Ortskasse, oder ausschließlich der Bezirkskasse, oder beiden zufällt.

Die alleinige Haftpflicht der Ortskasse besteht nach § 14 lediglich für die in § 4 unter 1a bezeichneten Leistungen. Über ihre Gewährung hat deshalb ausschließlich der Vorstand der Ortskasse zu entscheiden.

Umgekehrt fallen der Bezirkskasse allein zur Last die Unfallrente nebst Sterbegeld im Falle des Todes des Versicherten, sowie die Altersrente. Hier ist natürlich die Entscheidung der Bezirkskasse vorzubehalten und die Ortskasse auf eine gutachtliche Äußerung zu beschränken.

Das Gleiche würde an sich auch im wesentlichen für die letzte Kategorie, nämlich diejenigen Fälle angezeigt sein, wo die Last geteilt ist, da hier das Übergewicht der Zahlung (90%) der Bezirkskasse zufällt. Zweckmäßigkeitsgründe lassen hier jedoch eine andere Behandlung ratsam erscheinen, insofern eine Belästigung und Verzögerung, wie sie mit der Entscheidung der Bezirkskasse notwendig verbunden wäre, nicht im Verhältnisse zu dem Nutzen stände. Das würde offensichtlich zutreffen bei kurz dauernden Erkrankungen. Aber es scheint nicht ausführbar, hier nach der Dauer der Krankheit eine

Verschiedenheit eintreten zu lassen, denn da man diese Dauer nicht im voraus beurteilen kann, so würden nach Ablauf der etwa zu bestimmenden Frist dieselben Schwierigkeiten eintreten, wie ursprünglich. Dagegen läßt sich sehr wohl eine Scheidungslinie ziehen zwischen vorübergehender und dauernder Erwerbsunfähigkeit. Zu der ersteren gehört sowohl das bisherige Krankengeld der Krankenversicherung, als das Krankheitsstadium der durch Unfall herbeigeführten Beschädigung, während nicht allein die eigentliche Unfallrente, mag es sich um völlige oder nur teilweise Erwerbsunfähigkeit handeln, sofern sie nur relativ dauernd ist, und zwar sowohl die des Verletzten selbst, als die im Todesfalle an die Angehörigen zu zahlende, sondern auch die Invalidenrente und die Altersrente den Charakter der Dauer tragen. Die Entscheidung in Fällen der ersteren Kategorie kann unbedenklich den Ortskassen übertragen werden, da diese nicht allein zur Würdigung der einschlägigen Verhältnisse am besten geeignet, sondern zugleich durch ihre Beteiligung mit 10 % ausreichend interessiert sind. Bei Fällen der zweiten Art ist freilich die Entscheidung der Bezirkskasse vorzubehalten, dagegen empfiehlt es sich auch hier, die Vorbereitung der Entscheidung, also, juristisch ausgedrückt, die Instruktion der Sache der Ortskasse zu übertragen.

Bis jetzt haben wir uns lediglich mit dem Verhältnis der Ortskassen zu der Bezirkskasse beschäftigt und in der That wäre die Sache hiermit erledigt, wenn die Organisation ausschließlich nach sachlichen Erwägungen der Zweckmäßigkeit erfolgen könnte, denn dann würde gar keine andere Form in Frage kommen, als eine einheitliche Versicherungsanstalt für ganz Deutschland mit Ortskassen als ihren Organen. Leider ist das nicht der Fall, sondern politische Rücksichten verbieten die Schaffung einer einheitlichen Versicherung und zwingen zur Einrichtung einer Vielheit von Bezirkskassen. Damit aber ergiebt sich die neue Schwierigkeit, unter diesen letzteren eine Abgrenzung herzustellen, eine Schwierigkeit, die umso größer ist, als diese Abgrenzung der Bezirkskassen auf der einen und die Scheidung der Bezirkskassen von den Ortskassen auf der anderen Seite zu gesteigerter Verwickelung führt, zumal es die Aufgabe sein muß, ungeeignete Interessenkollisionen zu verhüten.

Für die Grenzziehung zwischen den Bezirkskassen haben wir die nach Beseitigung des Markensystems sich ergebenden Folgen schon oben (S. 43) erörtert und dürfen das dort gewonnene Ergebnis einfach hierher übernehmen. Dasselbe bestand in der Schaffung eines dem Unterstützungswohnsitz nachgebildeten Versicherungswohnsitzes, der durch zweijährige Beschäftigung erworben wird.

Aber wie Zweifel über den Unterstützungswohnsitz lediglich unter den beteiligten Gemeinden auszutragen sind und das Recht des Unterstützungsbedürftigen auf vorläufige Gewährung der Unterstützung nicht beeinträchtigen (§ 28 des Gesetzes vom 6. Juni 1870), so darf auch hier dem Berechtigten aus der Notwendigkeit, diese Frage zur Entscheidung zu bringen, keine Schädigung erwachsen.

Dabei ist freilich immerhin eine Unterscheidung erforderlich.

Ist der erhobene Anspruch nach Ansicht derjenigen Bezirkskasse, bei welcher er zunächst zur Verhandlung gelangt, begründet, so gilt durchaus das eben Gesagte. Anders aber liegt die Sache bei Ansprüchen, die sich sofort als unberechtigt ergeben. In diesem Falle wäre es einerseits kaum angängig, die zunächst angegangene Bezirkskasse zu einer Entscheidung zu ermächtigen, welche hinsichtlich des Rechtes auf Rente auch für diejenige Kasse bindend wäre, bei welcher sich demnächst der Versicherungswohnsitz als begründet ergäbe, andererseits aber erscheint es auch unbedenklich, hier demjenigen, welcher den Anspruch erhebt, dessen Verfolgung zu überlassen.

Im Unterstützungswohnsitzgesetze ist die Sache, soweit sich bei einer oberflächlichen Prüfung der nicht ganz zweifelsfreien Bestimmungen ergiebt, anders geregelt, und zwar dahin, daß die Entscheidung, ob überhaupt eine Unterstützungspflicht vorliegt, also der Streit mit dem Antragsteller, lediglich dem Armenverbande desjenigen Ortes zuzuweisen ist, an welchem sich der zu Unterstützende bei Eintritt des Unterstützungsfalles befindet, so daß diese Entscheidung für den später für verpflichtet erklärten Armenverband bindend ist. Aber mag dieses Verfahren dort unbedenklich sein, da die Frage der Unterstützungsbedürftigkeit in jedem Augenblicke von neuem aufgeworfen werden und es sich deshalb immer nur um eine vorläufige Entscheidung handeln kann, so läßt sich gerade deshalb dieses Verfahren nicht für dieses Gesetz verwenden, wo die Regelung dauernder Ansprüche in Frage steht.

Ob man für solche Fälle, wo der erhobene Anspruch zunächst als begründet anzusehen ist und daraufhin Zahlungen erfolgt sind, die schließliche Entscheidung aber im entgegengesetzten Sinne ausfällt, die Erstattungspflicht vorschreiben oder hiervon absehen soll, kann verschieden beurteilt werden. Berücksichtigt man jedoch, daß der einzige Grund, von der an sich natürlichen Erstattung abzusehen, nur in der Rücksicht liegen könnte, eine unbillige Härte gegen den in dürftigen Verhältnissen befindlichen Empfänger zu vermeiden, daß aber in diesem Falle das Recht auf Erstattung ohnehin kaum praktisch wird geltend gemacht werden können, und daß für die, freilich seltenen, Fälle, wo keine Dürftigkeit vorliegt, die Zurückforderung auch keine Härte enthält, so wird man sich für die Zulassung der letzteren entscheiden müssen.

Soviel über das Verhältnis der Bezirkskassen zu dem Anspruchserheber.

Aber die durch die Mannigfaltigkeit der Kassen im Vergleiche mit einer einheitlichen Kasse geschaffenen Schwierigkeiten beziehen sich nicht nur auf diese Fälle, wo die Entscheidung seitens der Bezirkskasse zu erfolgen hat, sondern treffen ebenso zu für das Verhältnis dieser letzteren zu der Ortskasse, wo diese zur Entscheidung berufen ist. Allerdings gilt dies nur insoweit, als die Last zwischen Ortskasse und Bezirkskasse geteilt ist, denn wo die Ortskasse alleinige Trägerin ist, wie bei den in § 4, Ziffer 1a bezeichneten Leistungen, könnte höchstens in Frage kommen, ob man das Princip des Versicherungswohnsitzes auch auf die Ortskassen ausdehnen solle, wodurch man dann auch hier zu einer Scheidung zwischen vorläufiger und endgültiger Leistung und zur Regelung der Erstattungsfrage unter den beteiligten Ortskassen gelangen würde. Da es sich hier jedoch nur um eine untergeordnete Belastung handelt, so scheint es zulässig, hiervon abzusehen und die Last endgültig derjenigen Ortskasse aufzuerlegen, in deren Bezirke der Berechtigte zur Zeit des Beschädigungsfalles sich aufhält.

Handelt es sich dagegen um die in § 4, Ziffer 1b bezeichnete Krankenrente, so ist es, da hier aus den oben erwähnten Gründen die Bezirkskasse eintreten muß, unvermeidlich, die Frage zu regeln, welche der verschiedenen Bezirkskassen diese Last übernehmen soll. Daß dieselbe materiell derjenigen Kasse obliegt, bei welcher der Versicherungswohnsitz begründet ist, unterliegt keinem Zweifel, aber die Frage ist, ob man die Austragung eines hierüber möglichen Streites der Ortskasse überlassen soll. Ergeben sich hiergegen schon Schwierigkeiten der juristischen Konstruktion, indem man dann die Ortskasse als Organ nicht einer bestimmten, sondern der von Fall zu Fall zu bestimmenden Bezirkskasse ansehen müßte, so ist eine solche Einrichtung auch aus dem praktischen Grunde nicht zu empfehlen, weil die Leitung der Ortskassen häufig in den Händen von Personen liegen wird, denen man nicht gut thun würde, die Behandlung solcher Fragen zu übertragen. Es ist deshalb richtiger, die Ortskasse lediglich zum Organ der übergeordneten Bezirkskasse zu machen, dann ist die von der ersteren getroffene Entscheidung rechtlich eine solche der letzteren, zu der sie kraft gesetzlicher Ermächtigung befugt ist. Die Ortskasse kann die Erstattung von 90% der gezahlten Beträge seitens der übergeordneten Bezirkskasse unbedingt fordern, und Sache der letzteren ist es, sich mit der verpflichteten Bezirkskasse auseinanderzusetzen. Auch für diese Verhandlungen kommt lediglich in Frage, wo der Versicherungswohnsitz begründet ist; die Rechtsgültigkeit der von der Ortskasse geschehenen Bewilligung ist dabei nicht zu prüfen.

Überblicken wir nochmals die so geschaffene Gestaltung und prüfen sie auf ihre praktische Wirkung, so ergiebt sich folgendes:

1. Wird ein Versicherter krank, so wendet er sich an die Ortskasse. Diese veranlaßt die ärztliche Behandlung und die Beschaffung der Heilmittel, nötigenfalls die Unterbringung in einem Krankenhause. Ebenso verfügt sie bei Erwerbsunfähigkeit die Zahlung der Krankenrente. Dies alles wird gewährt bis zu der durch die Ortskasse zu kontrollierenden Beendigung der Krankheit bezw. Erwerbsunfähigkeit.

2. Erleidet der Versicherte einen Betriebsunfall, so ist zu unterscheiden, ob dadurch der Tod oder nur eine Beschädigung herbeigeführt ist.

    a. Im Falle des Todes haben die Angehörigen Sterbegeld und Rente von der Bezirkskasse zu beanspruchen. Sie wenden sich jedoch an die Ortskasse, welche nach vorgängiger Ermittelung die Verhandlungen an die übergeordnete Bezirkskasse abgiebt. Diese hat, falls bei ihr selbst der Versicherungswohnsitz begründet ist, über die Berechtigung des Anspruchs zu entscheiden und gegebenenfalls die Zahlung anzuordnen. Ist nach ihrer Ansicht der Versicherungswohnsitz bei einer anderen Bezirkskasse begründet, so hat sie, falls sie den Anspruch für unberechtigt hält, die Verhandlungen an die zuständige Kasse abzugeben und dem Antragsteller die weitere Verfolgung seines Anspruches zu überlassen, falls sie dagegen den Anspruch als berechtigt ansieht, die Rente und das Sterbegeld festzusetzen und die vorläufige Zahlung anzuordnen.

b. Liegt nur eine Beschädigung vor, so kann möglicherweise genau das unter a Gesagte zutreffen mit der einzigen Änderung, daß nicht die Angehörigen, sondern der Beschädigte selbst den Anspruch erheben. Dies gilt bei Beschädigungen, welche, wie z. B. der Verlust eines Auges, ein eigentliches Krankheitsstadium nicht zur Folge haben, bei denen vielmehr der unmittelbare und der dauernde Erfolg sich decken. Bei den meisten Beschädigungen dagegen ist die Möglichkeit gegeben, die eingetretene Gesundheitsstörung ganz oder teilweise wieder zu beseitigen. Dieses Krankheitsstadium unterliegt durchaus denselben Bestimmungen, wie die ohne Unfall herbeigeführte Krankheit, es gilt also das unter 1 Bemerkte.

Ist endlich die Krankheit gehoben, hat aber die Verletzung eine Erwerbsunfähigkeit zur Folge gehabt, die vorbehältlich nicht vorauszusehender Änderungen als dauernd erscheint, so liegt die Sache, mag die Erwerbsunfähigkeit eine völlige oder nur eine teilweise sein, ebenso, wie im Falle des Todes; es gilt deshalb das unter a Gesagte.

3. Die **Invalidität** wird ganz überwiegend die Folge einer Krankheit sein und sich an diese ebenso anschließen, wie in dem unter 2 b erörterten Falle das Dauerstadium an das Krankheitsstadium. Mag nun aber eine Krankheit vorangehen oder nicht, in allen Fällen hat der Berechtigte seinen Antrag bei der Ortskasse zu stellen, die ihn an die Bezirkskasse abgibt, worauf das Weitere sich ebenso vollzieht, wie unter 2 a geschildert ist.

4. Dasselbe gilt endlich für den Fall der **Altersrente**.

Ein Hauptziel, welches wir verfolgten, bestand in der Vermeidung von Interessenkonflikten, wie sie heute zwischen den Kranken- und den Invaliditätskassen zum Nachteile des Versicherten insofern bestehen, als die Krankenkassen auf Kosten der Gründlichkeit eine kurze Krankenbehandlung wünschen müssen, um den Kranken möglichst bald für relativ gesund, also für nicht weiter heilbar, d. h. für invalide zu erklären. Dies ist durch die hier vorgeschlagene Einrichtung vermieden, denn die Ortskassen haben sowohl die Krankenrente als die Invalidenrente zu 10 % zu tragen, also kein Interesse an der Abkürzung des Krankheitsstadiums. Ihnen aber ist die Bewilligung der Krankenrente übertragen, es ist also der Einfluß der bezeichneten Nebenrücksichten ausgeschlossen. —

Die Auszahlung der Entschädigungen erfolgt nach der bestehenden Gesetzgebung bei der Krankenversicherung durch die Krankenkasse, bei den übrigen Versicherungsarten durch die Post. Es empfiehlt sich, dies beizubehalten, da es sich bei der Krankenrente um vorübergehende, bei der Unfall-, Invaliditäts- und Altersrente dagegen um dauernde Leistungen handelt.

Das Abrechnungsverfahren ist in dem aufgestellten Entwurfe nur kurz skizziert, da in demselben besondere Schwierigkeiten nicht liegen. —

Aus demselben Grunde bedürfen auch die übrigen Abschnitte keiner besonderen Regelung.

In dem aufgestellten Entwurfe sind nur die Bestimmungen über Erstattung von Beiträgen und über die freiwillige Fortsetzung der Versicherung formuliert, die ersteren wesentlich unter Anlehnung an das bestehende Gesetz, indem nur die unberechtigt scheinenden Beschränkungen, daß mindestens für 5 Jahre Beiträge geleistet sein müssen, und daß der Anspruch binnen 3 Monaten erhoben werden muß, beseitigt sind, die letzteren entsprechend dem § 117 des I. Entwurfes, so daß zur Erläuterung auf das oben (S. 72) Gesagte verwiesen werden kann.

Etwas neues bietet der Entwurf in Rücksicht auf diese Verhältnisse nur in der Einführung des Begriffes des Versicherungswohnsitzes. Um hieraus sich ergebende Streitigkeiten zu entscheiden, würden vielleicht die Verwaltungsgerichte am geeignetsten sein; wo sie nicht bestehen, könnte man nach Maßgabe des § 21 der Gewerbeordnung aushelfen. —

Die Vorschriften über die Schiedsgerichte, das Reichsversicherungsamt, die Unfallverhütung, die Vertrauensmänner, den Staatskommissar, die Vermögensverwaltung, die Rechtshülfe und das Verhältnis zu anderen Kasseneinrichtungen und Unterstützungsverpflichteten können im wesentlichen so beibehalten werden, wie sie in den bestehenden Gesetzen geordnet sind, und die Strafbestimmungen können einer wirklichen Gesetzvorlage vorbehalten bleiben. —

Dagegen müssen wir uns, da wir hier nicht allgemeine Gedanken entwickeln, sondern Vorschläge zu unmittelbarer praktischer Ausführung machen wollen, noch mit einer Frage beschäftigen, die nicht bestehen würde, wenn es sich um die erste Schaffung einer Socialversicherung handelte, die aber unabweislich gegeben ist durch den Umstand, daß wir alle die Dinge, die wir regeln wollen, bereits gesetzlich geregelt vorfinden. Es handelt sich also, kurz gesagt, noch um die Übergangsbestimmungen, welche es mit der Aufgabe zu thun haben, das zu schaffende Neue an die Stelle des vorhandenen Alten zu setzen.

Daß diese Aufgabe mit erheblichen Schwierigkeiten verbunden sein muß, liegt auf der Hand, und wirklich haben dieselben in der schon bestehenden, im Eingange dieser Arbeit erwähnten Bewegung, welche die Schaffung einer Gesamtversicherung anstrebt, nicht allein berechtigte Beachtung gefunden, sondern sogar dahin geführt, daß man mit Rücksicht auf sie anfängt, sich mit dem Gedanken zu befreunden, man müsse, so schön das Ziel sei, doch in Hinblick auf die nun einmal gegebenen Verhältnisse auf dessen Erreichung verzichten. So kommt Bornhak, der in der Zeitschrift „Die Invaliditäts- und Altersversicherung"[1] sich mit der Frage beschäftigt, obgleich er die Vorteile einer Gesamtorganisation oder zunächst wenigstens der Verschmelzung der Unfall- mit der Invaliditäts und Altersversicherung anerkennt, doch zu dem Ergebnisse, daß sie nicht ausführbar sei. Wir lassen seine Worte hier folgen:

„Doch es soll ja nicht etwas neues von Grund aus geschaffen werden, sondern die Berufsgenossenschaften bestehen bereits seit Jahren als Träger der Unfallversicherung. Sie haben Rechte erworben und Verbindlichkeiten übernommen, sie haben zur Sicherung für letztere Reservefonds angesammelt und sind dadurch Besitzer erheblicher Vermögen geworden. Die Auflösung dieser Berufsgenossenschaften, die Abwickelung ihrer vermögensrechtlichen Beziehungen und die anderweite Verfügung über ihren Besitz würde derartige Schwierigkeiten machen und in solchem Maße in wohlerworbene Rechte eingreifen, daß demgegenüber der Vorteil einer Vereinfachung der Organisation nicht ins Gewicht fiele. Höchst wahrscheinlich würde sich sogar die Notwendigkeit ergeben, die bestehenden Berufsgenossenschaften bis zur Abwickelung ihrer Verpflichtungen bestehen zu lassen und die Versicherungsanstalten nur zu Trägern der neu zu begründenden Versicherungsverhältnisse zu erklären. Dann hätte man für Jahrzehnte hinaus lediglich die Nachteile einer doppelten Organisation, nicht aber die Vorteile der berufsgenossenschaftlichen Verfassung für die gesamte Unfallversicherung.

So mannigfaltige Gründe also auch für die einheitliche Organisation der gesamten Arbeiterversicherung zu sprechen scheinen, so große Vorzüge sie bieten würden, wenn sie vorhanden wäre, so sind doch die Schwierigkeiten der Durchführung so erhebliche, daß die Aufrechterhaltung des bestehenden Zustandes jeder Veränderung desselben vorzuziehen ist."

Ich habe mich über diese Einwendungen bereits vor einiger Zeit in der Wieck'schen „Deutschen illustrierten Gewerbezeitung"[2] geäußert, und da ich dem dort Gesagten nichts wesentliches hinzuzufügen habe, so bringe ich meine dortigen Ausführungen hier einfach zum Abdruck.

Dr. Bornhak verkennt keineswegs die großen Vorzüge einer einheitlichen Organisation, erhebt aber gegen dieselbe das Bedenken, daß die Auflösung der Berufsgenossenschaften, die Abwickelung ihrer vermögensrechtlichen Beziehungen und die anderweite Verfügung über ihren Besitz unverhältnismäßige Schwierigkeiten machen und in hohem Maße in wohlerworbene Rechte eingreifen würde. Machen wir uns zunächst klar, worin diese vermögensrechtlichen Beziehungen bestehen, und prüfen dann, wie dieselben bei der beabsichtigten Umgestaltung zu lösen sein würden.

Die vermögensrechtlichen Beziehungen der Berufsgenossenschaften zerfallen in aktive und passive, Rechte und Verpflichtungen. Die letzteren bestehen ganz überwiegend in der Pflicht zur Rentenzahlung, wobei zu unterscheiden ist zwischen den bereits erworbenen Renten und der allgemein, gewissermaßen nur in thesi begründeten Pflicht, bei Eintritt der gesetzlichen Voraussetzungen eine Rente von gewisser Höhe zu zahlen. Neben dieser Hauptverpflichtung zur Rentenzahlung kommen dann noch in Betracht die durch die Geschäftsverwaltung begründeten Verbindlichkeiten, also zur Zahlung der Gehälter der Beamten, der Mieten der Geschäftsräume u. dgl.

Das Aktivvermögen dagegen besteht neben dem Geschäftsinventar einerseits in dem Reservefonds und anderseits in dem Rechte, die gesetzlich vorgeschriebenen

---

[1] Nr. 21 vom 15. September 1892.
[2] 1893 Nr. 38.

Summen, insbesondere also die jährlich umzulegenden Rentenbeträge von den Genossenschaftsmitgliedern unter solidarischer Haftpflicht zu erheben.

Sowohl auf der aktiven als auf der passiven Seite spielt die Geschäftsverwaltung keine wesentliche Rolle. Die Geschäftslast liegt grundsätzlich in den Händen von Personen, die ihre Thätigkeit als Ehrenamt ausüben, und wo man bezahlte Hülfskräfte angestellt hat, würden dieselben von jeder anderen Organisation übernommen werden können. Das Geschäftsinventar dagegen würde verkauft und der Erlös zu dem Reservefonds geschlagen werden. So beschränken sich also im wesentlichen die Aktiva auf den Reservefonds und die Beitragsverpflichtung der Mitglieder, die Passiva auf die Rentenansprüche der Versicherten.

Das Vermögen der Genossenschaft hat lediglich den Zweck, die Erfüllung der Verpflichtungen zu ermöglichen, es ist deshalb zuerst festzustellen, in welcher Weise diese bei einer Verschmelzung befriedigt werden sollen. Nun wird ja nicht beabsichtigt, die Unfallversicherung aus der Welt zu schaffen, sondern nur, sie in Verbindung mit den übrigen Zweigen der Socialversicherung besonderen Organen zu übertragen. Da also den versicherten Arbeitern, soweit sie noch nicht erwerbsunfähig geworden sind, das Recht, in solchem Falle unterstützt zu werden, nicht entzogen, sondern lediglich auf anderem Wege gewährt wird, so liegt auf der Hand, daß für die Auflösung der bestehenden Verpflichtungen nicht das oben bezeichnete Recht in thesi, sondern nur die bereits durch Unfall begründeten Rentenansprüche in Betracht kommen. Diese müssen selbstverständlich weiter gezahlt werden, und zwar genau in der bisherigen Höhe; eine Herabsetzung wäre ein Eingriff in erworbene Rechte, und zu einer Erhöhung liegt kein Grund vor. Es bleibt deshalb lediglich die Frage, wer künftig die Renten zahlen soll, also ob dies geschehen soll seitens der bisherigen Genossenschaft, die zu diesem Zwecke fortbestehen müßte, oder seitens der neu begründeten Organisation. Dabei ist jedoch zwischen der materiellen Zahlungspflicht und der formellen Geschäftsverwaltung zu unterscheiden. Materiell lastet zweifellos die Rentenverpflichtung auf den Schultern derjenigen, welche im Augenblicke der Auflösung Mitglieder der Genossenschaft sind, und ihnen diese Pflicht abnehmen, hieße ihnen ein durch nichts begründetes Geschenk machen. Aber deshalb ist es noch keineswegs erforderlich, die Berufsgenossenschaft formell fortbestehen zu lassen. Die neue Organisation würde die Renten zahlen und die Umlegung auf die aus den Listen ersichtlichen verpflichteten Personen vornehmen. Ob es zweckmäßig sein würde, für die aus der Vorzeit übernommenen Renten eine besondere Abteilung der Kasse zu bilden, ist eine hier nicht zu erörternde Nebenfrage.

Im Laufe der Jahre würden sowohl die Rentenempfänger sterben, als die früheren Genossenschaftsmitglieder allmählich durch Tod, Aufgabe des Geschäfts u. s. w. in Wegfall kommen. Der Tod der Rentenberechtigten bietet keine Schwierigkeiten, wohl aber die Frage, ob die Zahlungspflicht mit dem Tode oder der Aufgabe des Geschäfts aufhören, oder ob sie fortbestehen bezw. auf die Erben übergehen solle. Für das letztere scheint die Rechtskonsequenz zu sprechen, für das erstere dagegen Rücksichten der Zweckmäßigkeit. Auch jetzt wird die Zahlungspflicht selbst für die bereits begründeten Rentenansprüche mit Aufgabe des Geschäfts beendigt, und da die hierdurch eintretende Verstärkung der Belastung für die übrig bleibenden keineswegs erheblich ist, zumal mit ihr die Erleichterung durch Absterben der Berechtigten zeitlich parallel geht, so wird man sich für diesen Weg entscheiden dürfen.

Es erübrigt noch die Frage des Reservefonds, und es ist zuzugeben, daß diese nicht so einfach liegt, wie das bisher Erörterte. Vergegenwärtigen wir uns zunächst die einschlägigen Rechtsbestimmungen. Nach § 18 des Gesetzes hat jede Berufsgenossenschaft einen Reservefonds anzusammeln und zu diesem Zwecke innerhalb 11 Jahren allmählich abnehmende Zuschläge zu den Entschädigungsbeiträgen einzuheben; erst wenn der Fonds den doppelten Jahresbedarf erreicht hat, dürfen dessen Zinsen zur Deckung der Ausgaben benutzt werden. Über die Verwendung des Kapitals ist lediglich vorgeschrieben, daß die Genossenschaft dasselbe in dringenden Bedarfsfällen mit Genehmigung des Reichsversicherungsamtes angreifen darf, in welchem Falle die Wiederergänzung erfolgen muß.

Hiernach ist also der einzige Fall, in dem der Reservefonds verbraucht werden darf, das Eintreten einer ungewöhnlich starken Belastung in einem einzelnen Jahre, wie sie etwa durch einen besonders umfassenden Unglücksfall herbeigeführt werden kann. Im übrigen bleibt der Fonds auf ewige Zeiten bestehen; eine Auflösung ist im Gesetze nicht vorgesehen. Immerhin kann es keinem Zweifel unterliegen, daß der Reservefonds Vermögen der Berufsgenossenschaft ist, und da die juristische Persönlichkeit, wie sie derselben zuerkannt ist, lediglich eine juristische Form bedeutet, so muß man sagen, daß der Fonds den Mitgliedern der Berufsgenossenschaft gehört und bei deren Auflösung an sich, d. h. vorbehältlich entgegenstehender besonderer Gründe, ebenso unter die Mitglieder verteilt werden muß, wie dies bei anderen juristischen Personen privatrechtlicher Art, insbesondere anderen Genossenschaften geschieht. Die Frage kann nur sein:

1. wird die Verteilung durch besondere Gründe widerraten? und
2. — falls dies nicht der Fall sein sollte — nach welchem Verteilungsmaßstabe soll sie erfolgen?

Da solche Gründe kaum für immer bestehen dürften, sondern nur für eine gewisse Übergangszeit die Zurückbehaltung rechtfertigen werden, so empfiehlt es sich, zunächst die zweite Frage zu erörtern.

Nun scheint die Verteilung um so einfacher, als thatsächlich bisher wohl noch in keinem Falle ein Reservefonds angegriffen ist, es braucht also nur das eingezahlte Geld zuzüglich der aufgelaufenen Zinsen an diejenigen zurückgegeben zu werden, die es ausweislich der Bücher eingezahlt haben, dann ist der ganze Fonds verschwunden. Aber gegen dieses Verfahren lassen sich doch rechtliche Bedenken erheben, insofern es berechtigt scheint, das Geld denjenigen Personen zu geben, denen es zu teil werden würde, wenn derjenige Fall einträte, für welchen es angesammelt ist. Nun ist aber der Fonds mit Rücksicht auf seine ökonomische Bestimmung nichts weiter als ein Vorschuß auf künftige Beitragszahlungen. Denken wir uns einen so umfassenden Unglücksfall, daß die zu zahlenden Renten bei ihrer Umlegung auf die Verpflichteten diese in dem Maße belasteten, daß man glaubte, den ganzen Reservefonds aufbrauchen zu müssen, so würde der so gewonnene Zuschuß den Genossenschaftsmitgliedern nach dem Verhältnisse der für das betreffende Jahr begründeten Zahlungspflicht zu statten kommen, ebenso wie die Wiederansammlung in den folgenden Jahren nach der für diese Jahre eintretenden Beitragspflicht geschehen müßte. Es liegt nun aber auf der Hand, daß dies ein ganz anderer Maßstab ist, als derjenige, nach welchem die ursprüngliche Einziehung erfolgt ist, und wenn man näher zusieht, so findet man hier eine Eigentümlichkeit des Gesetzes, welche kaum beabsichtigt sein dürfte. Gesetzt, ein Fabrikant begründet ein Unternehmen mit 100 Arbeitern, für die er jährlich je 10 Mark = 1000 Mark Unfallrente zu entrichten hat, so muß er daneben noch ferner im ersten Jahre 3000, im zweiten 2000 u. s. w. in allmählicher Abnahme bezahlen, bis nach 11 Jahren seine Verpflichtung getilgt ist. Diese Mehrbelastung der ersten Jahre wurde in der Zeit von 1884—1896 dadurch ausgeglichen, daß anfangs nur sehr wenige Unfallrenten zu zahlen waren, deren Betrag mit jedem Jahre wuchs, so daß diese Zunahme und jene Abnahme sich einigermaßen ausglichen. Aber diese Ausgleichung wird wegfallen, sobald der Beharrungszustand erreicht ist, und läßt in ihrer Wirkung schon jetzt erheblich nach. Begründet jemand heute ein Geschäft, so wird er in den ersten Jahren wesentlich höhere Beiträge zahlen müssen als später. Nun richten sich aber diese Beiträge nach den anrechnungsfähigen Löhnen der beschäftigten Arbeiter, und dieser Multiplikator ist natürlich groß bei vielen, und klein bei wenigen Arbeitern. Ist nun die Arbeiterzahl, oder genauer der jährliche Lohnbetrag, in den 11 Jahren annähernd gleich, so bietet sich keine Schwierigkeit, steigt dieser aber, so ergiebt sich für den Pflichtigen eine ganz wesentliche Ersparnis. Nehmen wir, um die Sache zu veranschaulichen, einen extremen Fall: A begründet ein Geschäft mit 1 Arbeiter und führt dasselbe in diesem Umfange 11 Jahre, dann erweitert er es auf 100 Arbeiter, so wird er seine Beiträge zum Reservefonds nur nach dem Lohnbetrage des einen Arbeiters leisten, während er die Genossenschaft mit dem Risiko der 100 belastet. Würde der Reservefonds nach 11 Jahren verbraucht und von neuem angesammelt, so würde A nur die für alle gleichen Zuschläge zu den Jahresumlagen zahlen, nicht aber die Mehrbelastungen der ersten 11 Jahre, durch welche er sich erst, wie durch ein Eintrittsgeld, seinen Anteil an dem Reservefonds erkaufen sollte. Der Fehler des Gesetzes liegt eben darin, daß dieses Eintrittsgeld nur bei der Neubegründung, nicht aber bei der Erweiterung eines Unternehmens erhoben wird.

Nimmt man Rücksicht auf diese einmal bestehende Einrichtung des Gesetzes, so müßte man die Verteilung des Reservefonds entsprechend dem durch denselben gedeckten Risiko nach demselben Maßstabe vornehmen, nach welchem in dem Jahre der Auflösung die Umlage erfolgt sein würde. Zwischen diesem Wege und der einfachen Rückgabe an die ursprünglichen Einzahler würde man bei Durchführung der uns beschäftigenden Maßregel sich zuerst entscheiden müssen; da es aber bei der zuletzt erörterten Eigentümlichkeit des Gesetzes sich um eine Einrichtung handelt, die entweder auf einem Übersehen beruht oder ein Zugeständnis an die bequemere Handhabung darstellt, so würde der erstere Weg, die Rückgabe an die Einzahler, zweifellos den Vorzug verdienen; eine Sicherheitsleistung wird zurückgewährt, nachdem der Fall, für welchen sie wirksam werden sollte, nicht eingetreten ist.

Es bleibt endlich noch die Frage zu entscheiden, ob besondere Gründe die sofortige Rückgabe widerraten. Nun liegt auf der Hand, daß der Fall, von welchem oben als dem Zwecke des Reservefonds gesprochen wurde, nämlich der plötzlichen Überlastung der Genossenschaftsmitglieder durch sehr umfassende Unfälle eines einzelnen Jahres, künftig nicht mehr in Frage steht, da nur die bereits erworbenen Renten fortgewährt werden, künftige Unfälle dagegen durch die neue Organisation gedeckt werden. Immerhin ist jener Zweck nicht der einzige. Gesetzt, die sofortige Rückzahlung erfolgte. Im folgenden Jahre werden die Renten auf die früheren Genossenschaftsmitglieder umgelegt, einige aber erweisen sich bei der Eintreibung als zahlungsunfähig. Wäre jetzt der Reservefonds noch nicht ausgezahlt, so würde man sich an das betreffende Guthaben halten, während ohne diesen Rückhalt der Ausfall auf die übrigen Verpflichteten verteilt werden muß. Dieser Zweck kann für die Zurückbehaltung angeführt werden, da aber die Durchführung desselben auf so lange, bis alle Rentenempfänger abgestorben sind, sehr unzweckmäßig werden würde, so wäre vielleicht ein Mittelweg dahin zu empfehlen, daß man die Anteile der bisherigen Genossenschaftsmitglieder am Reservefonds noch auf 5 oder 10 Jahre zurückbehielte, dann aber zur Auszahlung gelangen ließe, da dann die noch in Kraft stehenden Renten schon erheblich zurückgegangen sein würden.

Hiernach würde sich also die Sache folgendermaßen gestalten.

Die neue, alle bisher getrennten Zweige der Versicherung umfassende Organisation tritt — sagen wir — am 1. Januar 1895 in Kraft. Mit demselben Tage hören die jetzigen Berufsgenossenschaften als solche auf. Die neue Organisation, welche es sich nur mit den nach dem 1. Januar 1895 eintretenden Fällen zu thun hat, bildet für die bis zum 31. Dezember 1894 einschließlich vorgekommenen nach dem jetzigen Gesetze zu behandelnden Unfälle eine besondere Kasse, aus welcher, wie bisher, die von der Post am Jahresschlusse liquidierten Rentenbeträge bezahlt werden, und in welche die ausgeschriebenen Umlagen zurückfließen. Die letzteren umfassen die am 31. Dezember 1894 vorhandenen Genossenschaftsmitglieder, soweit sie zur Zeit der Umlegung noch ihr Geschäft betreiben. Fallen einige wegen Zahlungsunfähigkeit aus, so wird, soweit nicht der zurückbehaltene Anteil am Reservefonds Deckung gewährt, der Fehlbetrag von den übrigen nach dem für die Hauptsumme vorgenannten Maßstabe eingezogen. Erscheint es erforderlich, für die der neuen Organisation durch diese Arbeit erwachsende Mehrbelastung eine Vergütung zu beanspruchen, so würde dieser Betrag der Summe der Renten jedes Jahr hinzuzurechnen sein.

Es darf noch darauf hingewiesen werden, daß das Unfallversicherungsgesetz in § 100 hinsichtlich der älteren Versicherungsverträge eine ganz ähnliche Einrichtung trifft, wie sie hier empfohlen wird, indem die bereits bestehenden Verträge auf die Berufsgenossenschaft aktiv und passiv übergehen.

Bei den hier erörterten Vorschlägen ist die Frage nach der Gestaltung der neuen Organisation absichtlich völlig offen gelassen, um sie von dieser durchaus unabhängig zu halten. Sollte man sich entschließen, die künftige Gesamtversicherung auf die Unterlage der Berufsgenossenschaften zu stellen, so würde ja vielleicht die Überführung noch einfacher werden, als wenn man Krankenkassen oder territoriale Verbände zu Grunde legt, aber in beiden Fällen müßte die Verwaltung der älteren Renten von derjenigen der neueren getrennt gehalten werden, und jedenfalls scheint der oben kurz skizzierte Weg keine Schwierigkeiten zu bieten, welche von dessen Befolgung zurückschrecken könnten. Daß aber die Schaffung einer einheitlichen alle bisher getrennten Zweige umfassenden Gesamtversicherung nicht allein die Verwaltungskosten außerordentlich vermindern, sondern vor allem auch dazu beitragen würde, die ganze Bedeutung des bereits Geleisteten schärfer hervortreten zu lassen und zu einer größeren Volkstümlichkeit der segensvollen staatlichen Thätigkeit beizutragen, das dürfte von keiner Seite bestritten werden und schließlich doch allen Gegengründen zum Trotz unsere Gesetzgebung bestimmen.

Anlage II.

Entwurf eines Gesetzes,
betreffend eine Gesamtversicherung der Arbeiter.

§ 1.

Nach Maßgabe der Bestimmungen dieses Gesetzes werden versichert

1.
2. } wie im Gesetz, betr. die Invaliditäts= und Altersversicherung,
3.

4.
5. } wie in § 1 des in Anlage I aufgestellten Entwurfes.

§ 2.

Wie § 2 des Entwurfes Anlage I.

§ 3.

Gegenstand der Versicherung sind die durch Krankheit, Unfall, Invalidität und Alter im Sinne der Gesetze vom 15. Juni 1883, 6. Juli 1884 und 22. Juni 1889 entstehenden Schädigungen.

§ 4.

Die auf Grund dieses Gesetzes zu gewährenden Leistungen bestehen
1. im Falle einer Krankheit, mag dieselbe durch einen Betriebsunfall herbeigeführt sein, oder nicht,
   a. in freier ärztlicher Behandlung, Arznei, Brillen, Bruchbändern und ähnlichen Heilmitteln,
   b. in einer vom dritten Tage nach der Erkrankung bis zu deren Beendigung zu zahlenden Krankenrente;
2. im Falle eines Betriebsunfalles in einer Unfallrente nebst den in § 8 bezeichneten Entschädigungen;
3. im Falle der Invalidität in einer Invalidenrente;
4. im Falle des erreichten 70. Lebensjahres des Versicherten in einer Altersrente.

§ 5.

Die Krankenrente (§ 4 Ziff. 1b) beträgt mindestens die Hälfte des durchschnittlichen Tagelohnes derjenigen Klasse der Versicherten, zu welcher der Berechtigte gehört. Dieselbe wird nach Ablauf jeder Woche gezahlt.

Der durchschnittliche Tagelohn wird für die in § 1 Ziff. 1 und 3 bezeichneten Personen mit Rücksicht auf die Verschiedenheit der Beschäftigung und des Verdienstes klassenweise von der höheren Verwaltungsbehörde für ihren Bezirk festgesetzt. Die Festsetzung findet für männliche und weibliche, für jugendliche und erwachsene Arbeiter besonders statt. Für Lehrlinge gilt die für jugendliche Arbeiter getroffene Festsetzung.

Für die in § 1 Ziff. 2, 4 und 5 bezeichneten Personen tritt an die Stelle des durchschnittlichen Tagelohnes derjenige Betrag, welcher als voraussichtlicher Verdienst im Beginne jedes Rechnungsjahres für dessen Dauer von der Gemeindebehörde für jeden Versicherten festgesetzt wird. Gegen die Festsetzung findet Beschwerde statt.

§ 6.

Wöchnerinnen erhalten die Krankenrente mindestens für denjenigen Zeitraum, für welchen sie nach gesetzlicher Vorschrift nicht beschäftigt werden dürfen.

§ 7.

An Stelle der in § 4 Ziff. 1 bezeichneten Leistungen kann freie Kur und Verpflegung in einem Krankenhause treten und zwar:
(im übrigen entsprechend § 7 Ziff. K.V.G.)

§ 8.

Im Falle eines Betriebsunfalles (§ 1 des Gesetzes vom 6. Juli 1884) sind zu gewähren:
1. bei völliger Erwerbsunfähigkeit für deren Dauer an die Versicherten eine Rente in Höhe von $66^2/_3$ Prozent des letzten Arbeitsverdienstes;
2. bei teilweiser Erwerbsunfähigkeit für deren Dauer an die Versicherten eine Rente, welche einen nach dem Maße der verbliebenen Erwerbsfähigkeit bemessenen Bruchteil der Rente unter Ziff. 1 darstellt;
3. bei Tötung des Versicherten, abgesehen von den unter Ziff. 1 und 2 bezeichneten Renten, an die Hinterbliebenen:
   a. als Ersatz der Beerdigungskosten das Zwanzigfache des täglichen durchschnittlichen Tagelohnes (§ 5), jedoch mindestens 30 Mark,
   b. vom Todestage ab eine Rente, welche beträgt:
   (im übrigen wie im § 6 des jetzigen Gesetzes).

Die Rente ist nach Maßgabe desjenigen Arbeitsverdienstes zu berechnen, den der Versicherte während des letzten Jahres seiner Beschäftigung bezogen hat. War der Versicherte noch nicht ein volles Jahr beschäftigt, so ist der Betrag zu Grunde zu legen, welchen während dieses Zeitraumes Arbeiter derselben Art in demselben Betriebe oder in benachbarten gleichartigen Betrieben durchschnittlich bezogen haben.

Für die in § 1 Ziff. 2, 4 und 5 bezeichneten Personen tritt der nach Maßgabe des § 5 Abs. 3 festgesetzte Betrag an die Stelle des Arbeitsverdienstes.

§ 9.

Im Falle der Invalidität ist dem Versicherten für die Dauer derselben eine Rente zu gewähren in Höhe von $66^2/_3$ Prozent des jährlichen Arbeitsverdienstes, welchen der Versicherte im Durchschnitte der letzten 3 Jahre bezogen hat.

Invalidität ist anzunehmen, wenn der Versicherte infolge seines körperlichen oder geistigen Zustandes nicht mehr im stande ist, durch eine seinen Kräften und Fähigkeiten entsprechende Lohnarbeit mehr als ein Drittel des nach § 8 des Gesetzes vom 15. Juni 1883 festgesetzten ortsüblichen Tagelohnes gewöhnlicher Tagearbeiter zu verdienen. Maßgebend ist der letzte Beschäftigungsort, an welchem der Versicherte nicht lediglich vorübergehend beschäftigt gewesen ist.

Für die in § 1 Ziff. 2, 4 und 5 bezeichneten Personen tritt der nach Maßgabe des § 5 Abs. 3 festgesetzte Betrag an die Stelle des Arbeitsverdienstes.

Eine durch Betriebsunfall herbeigeführte Erwerbsunfähigkeit begründet den Anspruch auf Invalidenrente nur insoweit, als nicht eine Unfallrente zu zahlen ist.

Das Recht auf Invalidenrente ruht solange und in dem Betrage, den der Versicherte als Unfallrente erhält.

§ 10.

Altersrente erhält, ohne daß es des Nachweises der Erwerbsunfähigkeit bedarf, derjenige Versicherte, welcher das 70. Lebensjahr zurückgelegt hat. Dieselbe beträgt 50 Prozent des in § 9 bezeichneten durchschnittlichen Arbeitsverdienstes.

Das Recht auf Altersrente ruht solange und in dem Betrage, den der Versicherte als Unfall- oder Invalidenrente erhält.

§ 11.

Der Anspruch auf die durch dieses Gesetz gewährten Leistungen hat zur Voraussetzung, daß der Versicherte eine bestimmte Zeit hindurch in einem die Versicherungspflicht begründenden Verhältnisse gestanden hat (Wartezeit).

Die Wartezeit beträgt
    für die in § 4 Ziff. 1 und 2 bezeichneten Leistungen 1 Monat,
   =   =   = § 4 Ziff. 3 und 4   =   = 5 Jahre.

§ 12.

Der Anspruch auf die durch dieses Gesetz gewährten Renten ruht, solange der Empfänger eine Freiheitsstrafe verbüßt, sofern deren Dauer eine Woche übersteigt.

§ 13.

Träger der Versicherung sind
1. die Ortskassen,
2. die Bezirkskassen.

§ 14.

Den Ortskassen fällt zur Last
1. die Gewährung der in § 4 Ziff. 1 unter a bezeichneten Leistungen,
2. 10 Prozent der Krankenrente (§ 4 Ziff. 1 unter b),
3. 10 Prozent der in Fällen dauernder Erwerbsunfähigkeit zu gewährenden Unfallrente (§ 8 Ziff. 1 und 2),
4. 10 Prozent der Invalidenrente (§ 9).

§ 15.

Den Bezirkskassen fallen zur Last
1. im Falle des Todes die Unfallrente nebst den in § 8 Ziff. 3 unter a bezeichneten Leistungen,
2. die Altersrente (§ 10),
3. 90 Prozent der Krankenrente (§ 4 Ziff. 1 unter b),
4. 90 Prozent der in den Fällen dauernder Erwerbsunfähigkeit zu gewährenden Unfallrente (§ 8 Ziff. 1 und 2),
5. 90 Prozent der Invalidenrente (§ 9).

§ 16.

Wird auf Grund des § 7 die Unterbringung in einem Krankenhause angeordnet, so hat eine Verteilung der dadurch erwachsenden Auslagen zwischen den Ortskassen und den Bezirkskassen einzutreten, welche in Ermangelung einer Verständigung durch die untere Verwaltungsbehörde erfolgt.

§ 17.

Als Ortskassen gelten die auf Grund des Gesetzes vom 15. Juni 1883 errichteten Krankenkassen einschließlich der Gemeinde-Krankenversicherung.

Durch Verfügung der höheren Verwaltungsbehörde kann den bestehenden eingeschriebenen oder landesgesetzlichen freien Hülfskassen auf deren Antrag die Stellung von Ortskassen übertragen werden.

§ 18.

Als Bezirkskassen gelten die auf Grund des Gesetzes vom 22. Juni 1889 errichteten Versicherungsanstalten.

§ 19.

Vereinbarungen mehrerer Bezirkskassen, die von ihnen zu leistenden Entschädigungsbeträge ganz oder zum Teil gemeinsam zu tragen, sind zulässig. Dieselben bedürfen zu ihrer Gültigkeit der Zustimmung des Ausschusses und eines bestellten Aufsichtsrates, sowie der Genehmigung des Reichsversicherungsamtes.

§ 20.

Die Aufbringung der Mittel erfolgt durch Beiträge der Versicherten und ihrer Arbeitgeber, sowie durch Zuschüsse des Reiches.

§ 21[1].

Die Zuschüsse des Reiches erfolgen für die einzelnen Versicherungsanstalten nach dem Verhältnisse der versicherten Personen in ungefährer Höhe der bisher für die Durchführung der Invaliditäts- und Altersversicherung in Aussicht genommenen Mittel. Die Feststellung erfolgt jährlich durch den Reichshaushaltsetat.

§ 22.

Die Festsetzung der Beiträge erfolgt in Prozenten des Arbeitsverdienstes für die einzelnen Versicherungsanstalten im voraus auf bestimmte Zeiträume und zwar erstmalig für die Zeit bis zum Ablaufe von 10 Jahren nach dem Inkrafttreten dieses Gesetzes, demnächst für je 5 weitere Jahre.

Als Arbeitsverdienst gilt bei den in § 1 Ziff. 1—3 bezeichneten Personen der verdiente Lohn oder Gehalt, bei den in § 1 Ziff. 4 und 5 bezeichneten Personen der nach § 5 Abs. 3 festgesetzte Betrag. Übersteigt bei den in § 1 Ziff. 2 bezeichneten Personen der verdiente Lohn oder Gehalt die Summe von jährlich 2000 Mark, so tritt die letztere Summe an die Stelle des verdienten Betrages.

Die Höhe der Beiträge ist unter Berücksichtigung der infolge von Krankheiten entstehenden Ausfälle (§ 29 Abs. 2) so zu bemessen, daß durch dieselben gedeckt werden die Verwaltungskosten, die Rücklagen zur Bildung eines Reservefonds (§ 23), die durch Erstattung von Beiträgen (§ 47, 48) voraussichtlich entstehenden Aufwendungen, sowie der Kapitalwert der Renten, welche in dem betreffenden Zeitraume voraussichtlich zu bewilligen sein werden nach Abzug der Zuschüsse des Reiches (§ 21).

§ 23.

(wie § 21 des Invaliditäts- und Altersversicherungsgesetzes.)

§ 24[2].

Für die erste Beitragsperiode (§ 22) werden die Beiträge auf . . . Prozent festgesetzt.

Für die ferneren Beitragsperioden . . . . (wie § 97 des Invaliditäts- und Altersversicherungsgesetzes).

§ 25.

Die Ortskassen sind berechtigt, zur Deckung der ihnen obliegenden Leistungen Zuschläge zu den Beiträgen zu erheben. Die Festsetzung erfolgt im voraus für Zeiträume von mindestens 1 Jahre und unterliegt der Genehmigung des Reichsversicherungsamtes. Die festgesetzten Beträge sind auf ortsübliche Weise bekannt zu machen.

§ 26.

Die Arbeitgeber haben jede von ihnen beschäftigte versicherungspflichtige Person spätestens am dritten Tage nach Beginn der Beschäftigung bei der Ortskasse anzumelden und spätestens am dritten Tage nach Beendigung des Arbeitsverhältnisses wieder abzumelden.

In derselben Weise haben die nach § 1 Ziff. 4 und 5 versicherungspflichtigen Personen sich selbst zur Versicherung anzumelden und wieder abzumelden.

---

[1] Hält man es für zulässig, das Unsicherheitsmoment in den Reichszuschuß zu verlegen, so würden an die Stelle der §§ 21—24 folgende Bestimmungen treten:
§ 21.
Die Beiträge betragen . . . . Prozent des Arbeitsverdienstes.
Als Arbeitsverdienst gilt . . . . (wie im Entwurfe).
§ 22.
Der Reichszuschuß ist jährlich in derjenigen Höhe zu leisten, in welcher die Renten unter Zuziehung der sonstigen Ausgaben die durch Beiträge aufgebrachten Mittel übersteigen.

[2] Hält man die Bildung von Klassen für erwünscht, so würde eine dem I. Entwurfe (§§ 22—24) entsprechende Bestimmung aufzunehmen und der Beitrag für jede Klasse in festen Geldbeträgen auszuwerfen sein.

§ 27.

Jeder Arbeitgeber ist verpflichtet, innerhalb der ersten Woche jedes Monats ein Verzeichnis der in dem abgelaufenen Monate an jede der von ihm beschäftigten versicherungspflichtigen Personen gezahlten Löhne und Gehalte oder der sonst gewährten Arbeitsvergütungen an die Ortskasse einzureichen.

§ 28.

Verweigert ein Arbeitgeber die Einreichung des Verzeichnisses oder verzögert er dieselbe ungeachtet erfolgter Aufforderung, so hat der Vorstand der Ortskasse dasselbe nach seinem Ermessen zu ergänzen. Der säumige Arbeitgeber verwirkt außer der in §... bezeichneten Strafe das Recht, diese Ergänzung anzufechten.

§ 29[1].

Die Arbeitgeber sind verpflichtet, die gesetzlichen Beiträge (§ 24) nebst den Zuschlägen (§ 25) nach Maßgabe der von ihnen gezahlten Arbeitsvergütungen in der ersten Woche jedes Monats an die Ortskasse abzuführen.

Solange auf Grund dieses Gesetzes eine Unterstützung gewährt wird, findet die Leistung von Beiträgen nicht statt.

§ 30.

Rückständige Beiträge werden auf dem für Gemeindeabgaben vorgeschriebenen Wege beigetrieben.

§ 31.

Der Vorstand der Ortskasse kann einzelne Arbeitgeber auf Antrag von der in § 27 vorgeschriebenen Einreichung der Lohnverzeichnisse befreien. In diesem Falle erfolgt die Beitragszahlung nach den von dem Arbeitgeber bezeichneten Lohnsatze solange, bis eine Änderung derselben zur Kenntnis des Vorstandes gebracht wird.

Die Befreiung kann jederzeit zurückgenommen werden. Die Zurücknahme muß geschehen, wenn sie von dem Vorstande der Bezirkskasse verlangt wird. Dem letzteren ist ein Verzeichnis der befreiten Personen am Schlusse jedes Rechnungsjahres einzureichen.

§ 32.

Die Arbeitgeber sind berechtigt, den von ihnen beschäftigten versicherungspflichtigen Personen die Hälfte der in § 24 und 25 bezeichneten Beiträge und Zuschüsse bei der Lohnzahlung in Abzug zu bringen. Die Abzüge dürfen sich höchstens auf die für die beiden letzten Lohnzahlungsperioden zu entrichtenden Beträge beziehen.

§ 33.

Auf die in § 1 Ziff. 4 und 5 bezeichneten Personen finden die §§ 26—32 nur insoweit Anwendung, als sie Lohnarbeiter beschäftigen. Im übrigen gelten für sie folgende Bestimmungen.

An Stelle des Lohnsatzes, nach welchem Beiträge und Renten berechnet werden, tritt die feste Summe von 1000 Mark. Die Beiträge betragen die Hälfte der nach §§ 24 und 25 zu erhebenden Beiträge und Zuschüsse. Die hiernach sich ergebende Summe ist in monatlichen Teilbeträgen seitens der Gemeindebehörde von ihnen einzuziehen und an die Ortskasse abzuführen. Die Einziehung erfolgt auf dem für Gemeindeabgaben vorgeschriebenen Wege.

§ 34.

Die Ortskasse hat die an sie eingezahlten Beiträge in den von dem Vorstande der Bezirkskasse festgesetzten Zeitabschnitten an diese abzuliefern.

§ 35.

Die Anmeldung der Entschädigungsansprüche erfolgt bei dem Vorstande der Ortskasse des Beschäftigungsortes.

---

[1] Sofern man nicht vorzieht, entsprechend § 101 des I. Entwurfes die Einziehung ausschließlich der Gemeindebehörde zu übertragen.

§ 36.

Betrifft der Anspruch die Gewährung der in § 4 Ziff. 1a und b bezeichneten Leistungen, so ist die Entscheidung von dem Vorstande der Ortskasse zu treffen.

§ 37.

Betrifft der Anspruch die Gewährung der in § 4 Ziff. 2—4 bezeichneten Renten, so hat der Vorstand der Ortskasse unter Zuziehung der Vertrauensmänner die erforderlichen Ermittelungen anzustellen und unter deren Beifügung sich gutachtlich über den Antrag zu äußern. Die Entscheidung ist von dem Vorstande der Bezirkskasse zu treffen.

§ 38.

Kommen mehrere Bezirkskassen in Frage, so ist diejenige zur Zahlung verpflichtet, in deren Bezirke für den Versicherten der Unterstützungswohnsitz begründet ist.

Der Unterstützungswohnsitz ist in demjenigen Versicherungsbezirke begründet, in welchem der Versicherte während der letzten 2 Jahre eine die Versicherungspflicht begründende regelmäßige Beschäftigung gehabt hat. Der in einem Bezirke begründete Versicherungswohnsitz wird nur dadurch verloren, daß derselbe in einem anderen Bezirke erworben wird. Würde nach diesen Bestimmungen ein Versicherungswohnsitz überhaupt nicht begründet sein, so ist derselbe in demjenigen Versicherungsbezirke begründet, wo der Versicherte die längste Zeit hindurch eine versicherungspflichtige Beschäftigung gehabt hat.

§ 39.

Die in § 35 bezeichnete gutachtliche Äußerung ist an den Vorstand derjenigen Bezirkskasse zu richten, zu deren Bezirke die Ortskasse gehört.

Ist dieser der Ansicht, daß der Versicherungswohnsitz bei einer anderen Bezirkskasse begründet ist, so hat er,
1. falls er den Anspruch für unberechtigt hält, die Verhandlungen zur Entscheidung an die seiner Ansicht nach zuständige Bezirkskasse abzugeben und hiervon dem Antragsteller Mitteilung zu machen,
2. falls er den Anspruch für berechtigt hält, die vorläufige Zahlung anzuordnen und sich wegen Übernahme derselben und Erstattung der gezahlten Beträge mit der seiner Ansicht nach verpflichteten Kasse in Verbindung zu setzen. Die vorläufigen Zahlungen sind so lange zu leisten, bis eine endgültige Erledigung der Frage des Versicherungswohnsitzes erfolgt ist.

§ 40.

Wird der Versicherungswohnsitz bei einer anderen als der in § 39 Abs. 1 bezeichneten Kasse anerkannt, so hat diese Kasse die auf Grund des § 39 Abs. 2 Ziff. 2 gezahlten Beträge zu erstatten ohne Rücksicht darauf, ob der Anspruch begründet ist oder nicht.

§ 41.

Steht der Versicherungswohnsitz fest, so hat der Vorstand derjenigen Bezirkskasse, bei welcher derselbe begründet ist, dem Antragsteller mitzuteilen, ob er den erhobenen Anspruch anerkennt und in welchem Umfange. Ein ablehnender Beschluß ist mit Gründen zu versehen. Gegen den Beschluß steht dem Antragsteller das Recht auf schiedsgerichtliche Entscheidung zu. Das gleiche Recht hat die Kasse, sofern auf Grund des § 39 Abs. 2 Ziff. 2 vorläufige Zahlungen erfolgt sind. Wird der Anspruch für unbegründet erklärt, so ist der Empfänger zur Erstattung der gezahlten Beträge zu verurteilen.

§ 42.

Die Bestimmungen der §§ 39 und 40 finden im Falle des § 36 entsprechende Anwendung. Hat die Ortskasse den Anspruch als begründet anerkannt, so sind derselben die gezahlten bezw. in Rechnung gestellten Beträge zu 90 Prozent von der in § 39 Abs. 1 bezeichneten Bezirkskasse zu vergüten vorbehältlich des Rechts, die Erstattung von der nach § 38 verpflichteten Kasse zu fordern.

§ 43.

Die Auszahlung der bewilligten Entschädigungen erfolgt im Falle des § 4 Ziff. 1 durch die Ortskasse, in den Fällen des § 4 Ziff. 2—4 durch diejenige Postanstalt, in deren Bezirk der Empfangsberechtigte zur Zeit der Bewilligung seinen Wohnsitz hat. Verlegt der Empfangsberechtigte seinen Wohnsitz, so ist auf seinen Antrag die Auszahlung an die Postanstalt des neuen Wohnortes zu überweisen.

§ 44.

Die Centralpostbehörden haben am Schlusse des Rechnungsjahres eine Zusammenstellung der von den Postanstalten ihres Bezirkes geleisteten Zahlungen dem Reichsversicherungsamte einzureichen. Dieses hat eine Berechnung der vom Reiche zu leistenden Zuschüsse vorzunehmen und deren Ergebnis sowohl den beteiligten Centralpostbehörden als dem Reichskanzler (Reichsamt des Innern) mitzuteilen. Der letztere hat die Einzahlung an die Postkasse zu veranlassen.

§ 45.

Das Reichsversicherungsamt hat die nach Abzug des Reichszuschusses verbleibenden Beträge für die einzelnen Bezirkskassen zu berechnen und das Ergebnis sowohl den Centralpostbehörden als den Bezirkskassen mitzuteilen. Die letzteren haben die festgestellten Beträge innerhalb zwei Wochen nach Empfang der Mitteilung an die beteiligten Postanstalten zu erstatten. Die Erstattung erfolgt aus den bereiten Mitteln der Kasse . . . u. f. w. (wie in § 93 des Gesetzes vom 22. Juni 1889).

§ 46.

Die Bezirkskassen haben an der Hand der Mitteilung die den Ortskassen nach § 14 zur Last fallenden Beträge festzustellen und sich auf dieser Grundlage mit den Ortskassen zu berechnen.

§ 47.

Weibliche Personen, welche eine Ehe eingehen, bevor sie in den Genuß einer Unfall-, Invaliden- oder Altersrente gelangt sind, haben ein Recht auf Erstattung der Hälfte der für sie geleisteten Beiträge.

§ 48.

Wenn eine versicherte Person, für welche Beiträge geleistet sind, verstirbt, bevor sie in den Genuß einer Unfall-, Invaliden- und Altersrente gelangt ist, so steht, falls es sich um eine männliche Person handelt, der hinterlassenen Witwe, oder in deren Ermangelung den hinterlassenen ehelichen Kindern unter 15 Jahren, falls es sich aber um eine weibliche Person handelt, den bezeichneten Kindern das Recht zu, die Hälfte der für die versicherte Person entrichteten Beiträge zurückzufordern.

§ 49.

Tritt in den Verhältnissen einer Person, welche im Falle völliger oder teilweiser Erwerbsunfähigkeit (§ 8 Ziff. 1 und 2) eine Unfallrente, oder welche eine Invalidenrente (§ 9) bezieht, eine Veränderung ein, durch welche die Erwerbsunfähigkeit beseitigt oder gemindert wird, so kann die Rente entzogen oder herabgesetzt werden.

Die Entziehung oder Herabsetzung tritt von dem Tage ab in Wirksamkeit, an welchem der dieselbe aussprechende Bescheid zugestellt ist.

§ 50.

(wie § 117 des in Anlage I aufgestellten Entwurfes.)

Nachtrag.

Die vorliegende Arbeit über die Reform unserer Socialversicherung ist schon seit längerer Zeit vollendet, und da seit ihrer Fertigstellung mehrere öffentliche Äußerungen über die behandelten Fragen erfolgt sind, so scheint es mir erforderlich, zu den wichtigeren derselben kurz Stellung zu nehmen. Eine Besprechung der einzelnen Punkte an der ihnen systematisch zukommenden Stelle würde eine völlige Umarbeitung erfordert haben; ich wähle deshalb die Form eines Nachtrages. Dabei sind allerdings einige Wiederholungen um so weniger zu vermeiden, als das neue Material kaum einen neuen Gedanken enthält und die geäußerten Ansichten inhaltlich im wesentlichen bereits in den früheren Abschnitten berücksichtigt sind. Endlich bedürfen auch einige seither unternommene gesetzgeberische Schritte der Erwähnung und kurzen Besprechung.

I.

Ich beginne mit der zweitägigen Erörterung, welche unser Thema im Reichstage, und zwar am 9. Dezember 1893 und 10. Januar 1894, gefunden hat. Leider ist für diese Verhandlungen die von dem Abg. Rickert geübte Kritik, daß sie über allgemeine Redewendungen ohne greifbaren Inhalt nicht hinaus gekommen seien, im ganzen durchaus zutreffend. Daß das Gesetz eine weitgehende Mißstimmung erregt habe, wurde von allen Rednern betont, von den meisten aber auch hervorgehoben, daß der Grund der Unzufriedenheit ganz überwiegend in dem umständlichen Verfahren, „der Arbeit mit der Ausstellung der Karten, dem Austausch, den verschiedenen Sortierungen, dem Verlust an Karten u. s. w." kurz also in dem Markensystem liege. Verschiedentlich wurde deshalb auf das insbesondere in Baden und Württemberg eingeführte, an § 112 des J. u. A. V. G. sich anlehnende Verfahren als auf eine wesentliche Verbesserung hingewiesen. Über das Niveau allgemeiner Redewendungen erheben sich eigentlich nur die Ausführungen der Abgg. v. Staudy und Gamp, deren Vorschläge hier etwas eingehender zu besprechen sind.

Abg. v. Staudy bezeichnete als den grundlegenden Fehler, daß der Mechanismus des Gesetzes zu kompliziert sei, daß er außerdem zu kostspielig funktioniere, und daß das Markensystem unhaltbar sei. Er ist sich völlig klar darüber, daß die Abschaffung des letzteren wegen des durch dasselbe ermöglichten Nachweises der geleisteten Beiträge und der zurückgelegten Wartezeit sich nicht durchführen lasse ohne einen gewaltigen Einbruch in den Organismus des Gesetzes, er will deshalb von der Wartezeit ganz absehen und von der Fiktion ausgehen, daß der Arbeiter bis zu der Zeit seiner Invalidisierung thatsächlich gearbeitet habe. Die Verteilung der Last soll insofern geändert werden, als das Kapital stärker heranzuziehen sei; es soll nicht nur derjenige, der als Arbeiter oder Arbeitgeber mit der Produktion unmittelbar zu thun habe, sondern jeder nach seinen Kräften beisteuern, und dadurch insbesondere eine Entlastung der kleinen Arbeitgeber, Handwerker und Bauern herbeigeführt werden, wobei darauf hingewiesen wird, daß in den Kreisen der kleinen Leute oft schwer festzustellen sei, wer Arbeiter und Arbeitgeber sei.

Abg. Gamp betonte ebenfalls, daß das Handwerk durch das Gesetz überbürdet sei und lehnte sich deshalb dagegen auf, die Unfallversicherung auf das Handwerk zu erstrecken, falls nicht die Kosten den Handwerkern abgenommen würden. Die Organisation will Redner nur für die Großindustrie als berufsgenossenschaftliche beibehalten, im übrigen aber territorial gestalten, wobei er betont, daß der wesentliche Wert der berufsgenossenschaftlichen Form in der Unfallverhütung liege. Den Hauptmangel des Gesetzes sieht auch Gamp in dem Markensystem, aber er erkennt auch ganz richtig, daß man solange um dasselbe nicht herum komme, als man „an dem Grundsatze der Individualversicherung festhalte, daß die Rente ganz genau im Verhältnis der gezahlten Beiträge bemessen werde", und er fragt „ob es notwendig sei, das Princip der Leistung und Gegenleistung bis in die äußersten Konsequenzen durchzuführen." Er verneint diese Frage, indem er darauf hinweist, daß dieses Princip schon bei den Übergangsbestimmungen absolut unberücksichtigt geblieben sei, und vertritt die Ansicht, daß dasselbe wohl mit einer Privatversicherung, nicht aber mit einer staatlichen Zwangsversicherung vereinbar sei, zumal man durch Einführung der Wartezeit Leute zu Beiträgen zwinge, die gar keine Aussicht hätten, demnächst auch eine Rente zu erhalten. Auch Gamp meint, bei der Mehrzahl der Arbeiter, die in einem dauernden Arbeitsverhältnisse ständen, insbesondere den meisten ländlichen Arbeitern, dürfe man davon ausgehen, daß dieselben auch thatsächlich arbeiteten und könne deshalb von der Kontrolle der Marken absehen: höchstens solle man die Zeit feststellen, nicht wo der Arbeiter gearbeitet, sondern wo er nicht gearbeitet habe, was sich durch die Ortspolizeibehörde leicht feststellen lasse und dann mit einer Kürzung der Rente geführt werden könne. Die Arbeitgeber will Gamp in der Weise herbeiziehen, daß er sie jährlich nach der Anzahl ihrer Arbeiter einschätzen und den danach zu berechnenden Betrag mit der Steuer einziehen läßt. Endlich sei auch die Abrechnung unter den einzelnen Versicherungsanstalten entbehrlich oder mindestens zu beschränken; zwischen den meisten sei der Wechsel von Arbeitern zu unerheblich, um die jetzigen bedeutenden Kosten zu rechtfertigen. Auch Gamp will das mobile Kapital stärker zu den Lasten der Versicherung heranziehen.

Der Staatssekretär v. Bötticher giebt die Möglichkeit einzelner Erleichterungen zu, will aber die dem Gesetze zu Grunde liegenden Principien nicht geändert wissen. Insbesondere dürfe von der Nachweisung der Beschäftigung nicht abgesehen werden, da es moralisch und socialpolitisch von höchster Wichtigkeit sei, daß die Rente steige nach der eigenen Leistung des Empfängers, denn andernfalls würde die Rente eine Prämie auf die Faulheit werden und das Gesetz den Charakter einer öffentlichen Fürsorge nach Art der Armenpflege annehmen.

Der Abg. Singer hielt dem entgegen, daß der Antrieb zum Arbeiten nicht erst durch die Aussicht auf die Rente geschaffen werden müsse, sondern schon durch die Not des Lebens geliefert werde, und daß der Grund für das Nichtarbeiten meist in der Arbeitslosigkeit liege. Übrigens will er das Gesetz nicht auf die Arbeiter beschränken, sondern auf alle Kreise ausdehnen, für die es notwendig sei, d. h. auf jeden, der in Folge abgenutzter Arbeitskraft nicht mehr imstande sei, den Lebensunterhalt zu verdienen.

Abg. Rösicke erörterte die Möglichkeit einer Verschmelzung der bisherigen Einzelarten der Versicherung, hielt dieselbe aber, obgleich er einzelne Vorteile zugiebt, doch nicht für ausführbar, dagegen könne man z. B. durch eine gemeinsame Anmeldungsinstanz, durch gemeinschaftliche Schiedsgerichte u. a. eine Vereinfachung herbeiführen.

Abg. Rickert ist der Ansicht, daß ohne Änderung an den Grundlagen des Gesetzes sich keine wesentliche Verbesserung erzielen lasse, daß aber Umgestaltungen, wie sie dazu notwendig seien, zu einer socialistischen Staatsform führen würden. Deshalb sei die Aufhebung des Gesetzes das Richtige.

Diese Auffassung vertrat auch der Abg. Richter, der als Übergang dazu die vom Abg. Aichbichler angeregte Form der freiwilligen Versicherung empfahl. Richter betonte die Ungerechtigkeit, die darin liege, die Versicherung auf die Arbeiter zu beschränken und sie den zahlreichen social nicht günstiger gestellten kleinen Arbeitgebern vorzuenthalten. Gegen den Vorschlag, von dem Arbeitsnachweise abzusehen, machte er noch geltend, daß die Vorbedingung der Rente nicht darauf beschränkt sei, überhaupt gearbeitet zu haben, sondern dies als Arbeitnehmer gethan zu haben, daß aber viele Personen heute Arbeiter und morgen Arbeitgeber seien und deshalb selbst dann, wenn man eine regelmäßige Arbeit voraussetzen wolle, die Marke bei der jetzigen Einrichtung nicht entbehrt werden könne.

Abg. v. Manteuffel bestreitet, daß das Gesetz im allgemeinen unbeliebt sei, die Unbeliebtheit beschränke sich auf das Markensystem, und dieses zu beseitigen sei deshalb im höchsten Grade wünschenswert.

Staatssekretär v. Bötticher hält dagegen das Markensystem für unentbehrlich und macht gegen die Einziehung der Beiträge durch die Gemeinde geltend, daß dies den zunächst Beteiligten freilich viele Unbequemlichkeiten abnehme, dagegen aber den Gemeindekassen sehr bedeutende Opfer auferlege.

Abg. v. Stumm bekämpft die Verteidiger des Markensystems und weist darauf hin, daß dasselbe, wenn es so gut sei, doch wohl seitens der privilegierten Anstalten, der Staatsbetriebe, Knappschaftskassen u. s. w. eingeführt sein würde, während diese alle sich auf den Nachweis durch die Lohnlisten beschränkten.

Das Ergebnis der Beratung war die Annahme eines Antrages,

welcher die Regierung auffordert, Erhebungen zu veranstalten und ein Gesetz über Vereinfachung des Verfahrens insbesondere gegenüber dem Markensystem vorzulegen. —

Von einer Stellungnahme zu diesen Verhandlungen darf ich absehen, da dieselben gegenüber meinen eigenen Ausführungen neue Gesichtspunkte kaum enthalten. Durchaus zutreffend findet man die beiden Grundfehler des Gesetzes in dem Markensystem und dem Ausschluß der kleinen Arbeitgeber, sieht aber völlig ein, daß sich das erstere ohne Aufgeben der Äquivalenztheorie nicht beseitigen lasse. Weshalb die letztere verkehrt, und auf welchem Wege deshalb das Markensystem zu vermeiden sei, ist oben eingehend dargelegt.

II.

Hinsichtlich der litterarischen Behandlung der Frage scheint es mir im Interesse der Vollständigkeit und um einen möglichsten Überblick über die Litteratur zu geben, angezeigt, auch einige bereits etwas zurück liegende Arbeiten kurz zu erwähnen. Hierzu gehören in erster Linie die Ausführungen von **Schäffle** insbesondere in seinem: „**Korporativen Hülfskassenzwang**", Tübingen 1884, und in dem Artikel: „**Arbeiterversicherung**" im „Handwörterb. d. Staatswiss." Sch. will eine Verschmelzung der Unfall-V. mit der Inv.- und Alt.-V. unter Hinzunahme der Witwen- und Waisenversicherung, jedoch unter Beibehaltung der selbständigen Kranken-V., indem er vorübergehende und dauernde Erwerbsunfähigkeit von einander trennen will. Die Organisation soll in ihrer Grundlage auf territorialer Einteilung beruhen, innerhalb derselben aber eine Scheidung nach großen Berufsgruppen (Großindustrie, Kleingewerbe, Handel, Landwirtschaft, ungelernte Arbeit) stattfinden. Dagegen soll die Versicherung über den Kreis der Lohnarbeiter hinaus auch die sog. „kleinen Leute" umfassen. So gesund diese Grundgedanken sind, so erscheint doch die Ausführung etwas kompliziert, ohne daß darauf im einzelnen hier eingegangen werden kann. In diesen Arbeiten, wie in allen noch zu erwähnenden, vermisse ich den von mir oben angeregten Gedanken, zwischen der Tragung der Last und der Verwaltung in der Art zu scheiden, daß beides nicht in dieselbe Hand gelegt wird.

III.

War in den Schäffleschen Vorschlägen die Einfachheit der Ausführung zu vermissen, so beruht gerade hierauf der Vorzug der von **Freund** in seiner Arbeit: „**Centralisation der Arbeiterversicherung**" (Berlin 1888) und dem Aufsatze in Schmitz' „Arbeiterversorgung" 1892 S. 449[1] empfohlenen Organisation. F. will für Bezirke von der Größe eines preußischen Kreises Kassen errichten, welche Kranken-, Unfall-, Invaliditäts- und Reliktenversicherung umfassen. Für

---

[1] Dieser Aufsatz ist bereits oben S. 83 erwähnt. Vgl. auch Jahrbuch 1890, S. 967 ff.

alle diese Zwecke wird ein einheitlicher Beitrag je zur Hälfte vom Arbeiter und vom Arbeitgeber erhoben. Die Invaliditäts= und Altersrenten sollen derjenigen Kasse zur Last fallen, in welche innerhalb der letzten 5 Jahre die meisten Beiträge gezahlt sind. Das Markensystem ist ebenso wie die Beschränkung auf den Kreis der Lohnarbeiter beibehalten, auch nicht zwischen Verwaltung und Tragung der Last unterschieden; so nützlich deshalb die Übertragung der ersteren auf Kreiskassen sein würde, so dürfte doch die Leistungsfähigkeit derselben nicht als sichergestellt angesehen werden können.

IV.

Eine sehr verdienstvolle und anregende Arbeit ist die Broschüre von H. Gebhard: Die Reform der J.= u. A.=V., Mainz 1893, Diemer. Der Verfasser glaubt eine allmähliche Verschiebung der Stellung der Bevölkerung im Sinne einer günstigeren Beurteilung des Gesetzes zu bemerken, warnt aber trotzdem, sich dadurch einschläfern zu lassen und sich auf den Standpunkt der Passivität zu stellen und fordert vielmehr im Gegensatz von bloßer Flickarbeit grundlegende Neugestaltungen.

Gebhard beschränkt sich auf die Reform der J.= u. A.=V. und scheidet die Erörterung der Frage aus, „wie eine organische Verbindung der drei Gebiete der Arbeiterversicherung — Kranken=, Unfall= und J.= u. A.=V. — ins Werk zu setzen ist", verwahrt sich jedoch ausdrücklich dagegen, als ob er nicht diesem Punkte die größte Wichtigkeit beilegte, ist vielmehr der Ansicht, daß eine gemeinsame Grundlage gesucht werden müsse und hält auch die entgegenstehenden Schwierigkeiten keineswegs für unüberwindlich, will aber ihre Erörterung für eine andere Gelegenheit vorbehalten.

Was das Markensystem betrifft, so erkennt G. völlig an, daß dasselbe sehr mangelhaft sei, und weist sehr nützlich darauf hin, daß der so vielfach, auch an maßgebender Stelle, gemachte Vorschlag, das gewöhnliche „Entrichtungsverfahren" durch das „Einziehungsverfahren" (§ 112 d. Ges.) zu ersetzen, gar nicht so brauchbar sei, wie man meist annehme. Dasselbe erfordere ein sehr eingehendes Meldewesen und sehr hohe Kosten, die sich z. B. in dem sehr günstig gelegenen, weil sehr konzentrierten Bezirke der hanseatischen Versicherungsanstalt auf 48,42 Pfennig auf den Kopf des Versicherten beliefen, während die gesamten übrigen Verwaltungskosten nur 28,22 Pfennig betrügen; daneben sei das Verfahren auf unständige Arbeiter überhaupt nicht anwendbar und bringe bei ständigen die Gefahr mit sich, daß die eingezogenen Beträge nicht für den Versicherten zur Verwendung gelangen.

G. will deshalb das Markensystem wesentlich umgestalten, insbesondere insofern, als die formelle Gleichheit der Beteiligung von Arbeiter und Arbeitgeber in jedem einzelnen Versicherungsbeiträge aufgegeben und durch eine Einrichtung ersetzt wird, bei der eine nur durchschnittliche Gleichheit an die Stelle tritt. Es soll nämlich künftig nur der Arbeiter Marken einkleben, und zwar in der Hälfte der jetzigen Höhe, auf seine Kosten; am Schlusse des Jahres soll der durch die Post nachweisbare Betrag der innerhalb der Versicherungsanstalt verkauften Marken auf die sämtlichen Arbeitgeber nach Verhältnis der von ihnen durchschnittlich beschäftigten Arbeiter umgelegt werden. G. erkennt sehr richtig das Hauptbedenken dieses Vorschlages in der Gefahr, daß die Verwendung der Marken unterbleibe, und will deshalb vorschreiben, daß kein Arbeiter beschäftigt werden dürfe, der nicht ausweislich seiner Karte eine Marke für die betreffende Woche eingeklebt habe, meint aber, wenn sich dieses Bedenken nicht beseitigen lasse, sei an der jetzigen Einrichtung überhaupt nichts zu bessern.

Ich muß gegenüber dieser Behauptung auf das bereits oben Betonte verweisen: jawohl, wenn man an der Äquivalenztheorie festhält, ist eine Besserung unmöglich, aber diese ihrerseits ist nicht als berechtigt anzuerkennen.

Weiche ich hiernach hinsichtlich des Markensystems von G. ab, so kann ich dagegen demselben nur völlig beistimmen in seinen Ausführungen über die Erstreckung der Versicherung auf Hausgewerbetreibende und kleine Betriebsunternehmer. Sehr richtig wird daraus, daß die Botschaft vom 17. November 1881 den „Hülfsbedürftigen" helfen will, hergeleitet, daß es völlig verkehrt ist, zwischen Arbeitern und Arbeitgebern eine Scheidewand aufzurichten. Man wird dazu gelangen müssen, für die Entscheidung darüber, ob versicherungspflichtig oder nicht? eine andere Grundlage zu suchen. Man wird die Versicherungspflichtigkeit von dem Umstande ganz unabhängig machen müssen, ob der Betreffende zu der in Betracht kommenden Zeit zu einem Arbeitgeber in dem Verhältnisse des Arbeitnehmers steht, wird vielmehr suchen müssen, diejenigen Kreise allgemein und ohne Beschränkung auf die jeweilige Dauer einer gewissen Beschäftigungsweise zu umfassen, welche zu den „Hülfsbedürftigen" im obigen Sinne gehören. G. bemerkt, daß „bei einer gleichmäßigen Regelung der Versicherungspflicht der kleinen Betriebsunternehmer sich kaum eine andere Begrenzung als die nach der Höhe des Einkommens bieten werde", will jedoch diesen Gedanken jetzt nicht weiter verfolgen, sondern an denselben nur dann herantreten, „wenn man damit die Herstellung einer Organisation zu einheitlicher Gestaltung der verschiedenen Zweige des socialpolitischen Versicherungswesens verbände".

G. weist dann ferner auf die große Verschiedenheit in der finanziellen Lage der einzelnen Versicherungsanstalten hin, und daß mindestens für einige derselben die Schaffung einer fünften Lohnklasse mit einem Lohnsatze von etwa 1650 Mk. erforderlich sei, indem gerade die hochgelohnten Arbeiter nur bei einer ganz außerordentlichen Schmälerung ihres Verdienstes auf das jetzt für den Rentenbezug vorgeschriebene Niveau sinken. Ebenso regt er an, aus den nach dem jetzigen Gesetze (§ 30 ff.) zur Rückzahlung gelangenden

Beiträgen den Anfang einer Witwen= und Waisenversicherung zu schaffen.

Den Schluß der Arbeit bildet neben der Darlegung, daß die freiwillige Versicherung zwar zu begünstigen sei, die jetzigen Einrichtungen aber dem Mißbrauch Thür und Thor öffnen, die durchaus berechtigte Klage darüber, daß nach dem jetzigen Gesetze über die Versicherungspflicht ein doppelter Instanzenzug bestehe, indem bei einer Feststellung derselben im Verwaltungswege die oberste Landesbehörde, dagegen bei einer Verfolgung im Beschwerdeverfahren über Strafbescheide das Reichsversicherungsamt zur Entscheidung berufen ist.

V.

Während Gebhard, wie bemerkt, die Verschmelzung der bisherigen Versicherungsarten zwar als Ziel anerkennt, sich selbst aber einstweilen mit derselben nicht beschäftigt, stellt Seybold: Das Gesamtversicherungsgesetz (Straßburg 1894, Heinrich) sich diese höhere Aufgabe und führt sie in einer Weise durch, die zweifellos noch nicht als Lösung anzusehen ist, aber immerhin volle Anerkennung verdient. Gelegentlich einer Versammlung von Fachgenossen hat Seybold, der neben seiner Stellung als Forstmeister zugleich Schriftführer im Vorstande der landwirtschaftlichen Berufsgenossenschaft Ober=Elsaß ist, folgenden Leitsatz aufgestellt:

Von einer allmählichen Abänderung und Verbesserung der Einzelgesetze, wie sie schon jetzt auf der Tagesordnung steht, ist die Verwirklichung der Absichten des Gesetzgebers weniger zu erhoffen, als von einer durchgreifenden Neugestaltung der Gesetzgebung unter Zusammenfassung der Einzelgesetze in ein einziges möglichst einfaches Gesamtversicherungsgesetz.

Demgemäß hat er einen Entwurf aufgestellt, der nicht nur die Kranken=, Unfall=, Invaliditäts= und Altersversicherung umfaßt, sondern zugleich eine Entschädigung beim Heeresdienst und eine Arbeitslosenversicherung einschließt. Da diese letzteren Aufgaben mit der unsrigen nichts zu thun haben, so sehe ich von ihnen ab. Im übrigen hat sich Seybold in seinen Vorschlägen inhaltlich wesentlich an die bestehende Gesetzgebung angelehnt, jedoch einige Änderungen angebracht, die im Interesse einer Vereinfachung als durchaus beachtenswert bezeichnet werden müssen; insbesondere ersetzt er die bisherige Berechnung der Renten nach Prozenten des Arbeitsverdienstes durch einige wenige Klassen. So soll die Unfallrente betragen bei Erwerbsverminderung unter $1/3$: 12%, von $1/3-3/4$: 36% und über $3/4$: 60%. Bei geringfügigen Beträgen kann Kapitalabfindung gewährt werden. Die Invalidenrente soll freilich einen Bruchteil (36%) des Jahreseinkommens betragen, dieses letztere aber nach Klassen von je 100 Mk. bestimmt werden. Die Altersrente beläuft sich ebenfalls auf 36%, soll aber nicht allein mit 65 Jahren voll, sondern schon bei 60 Jahren zur Hälfte gewährt werden. Ich halte den Gedanken der Klassenbildung für einen glücklichen; die Bestimmung der Erwerbs=

verminderung bei Unfällen, die jetzt den Ärzten so große Schwierigkeit verursacht, würde sich dadurch wesentlich erleichtern.

Lebhaft begrüße ich den mit meinen obigen Ausführungen völlig übereinstimmenden Vorschlag, die Versicherung nicht auf die Lohnarbeiter zu beschränken, sondern auf alle Personen von einem gewissen niedrigen Einkommen zu erstrecken. Seybold bestimmt: „Nach Maßgabe der Bestimmungen dieses Gesetzes werden versichert alle Deutschen vom vollendeten 16. Lebensjahre ab, welche ihren Lebensunterhalt durch Arbeit verdienen und weniger als 2000 Mk. Einkommen jährlich haben". Dabei zeigen die beigegebenen Erläuterungen, daß die Worte „durch Arbeit" sich keineswegs auf Lohnarbeit beschränken, sondern jede Art der Erwerbsthätigkeit umfassen sollen. Seybold bemerkt durchaus zutreffend: „Den richtigen Maßstab für die Unterstützungsbedürftigkeit in Fällen unverschuldeter Not kann nur die Höhe des Einkommens geben, nicht aber die bloße Eigenschaft als „Arbeiter" oder als „Betriebsunternehmer", zumal auch diese Bezeichnungen begrifflich nicht strenge geschieden sind". Die Mittel will S. wesentlich durch die Beiträge der Versicherten aufbringen, welche 2% des jährlich nach Klassen von je 100 Mk. einzuschätzenden Einkommens betragen sollen. Die Bessergestellten sollen bei einer Einnahme von 2100—10000 Mk. $^1/_{10}$% und darüber $^1/_2$% beisteuern. Die Einziehung soll mit den Steuern erfolgen, der Schwerpunkt der Verwaltung jedoch in der Gemeinde liegen, um die durch die Kenntnis der Verhältnisse gebotene gegenseitige Kontrolle zu verwerten.

VI.

Nicht auf gleicher Stufe der selbständigen reformatorischen Gedanken stehend, wie die bisher genannten Arbeiten, aber durchaus wertvoll für unsere Frage ist ein Aufsatz von Siegrist: „Zur Revision des J. u. A.=V.=G." in Schmitz „Arbeiterversorgung" Nr. 15 vom 23. Mai 1894. Der Verfasser sieht gleichfalls den Grundfehler des jetzigen Gesetzes in dem Klebeverfahren, er warnt aber vor der durch die Bemerkungen des Ministers v. Bötticher im Reichstage angeregten Auffassung, als ob die bestehenden Mängel sich einfach dadurch beseitigen ließen, daß man das bisherige „Entrichtungsverfahren" durch das in § 112 des Gesetzes zugelassene „Einziehungsverfahren" ersetze. S. weist aus den Erfahrungen in Baden nach, daß das letztere außerordentlich hohe Verwaltungskosten mit sich bringe (577,26 Mk. auf 10000 Mk. Beiträge), und legt dar, daß sich eine erhebliche Besserung nur erreichen lasse, wenn man bei dem Einziehungsverfahren von dem Markensystem völlig absehe.

VII.

Die Arbeit von Ernst Lange: „Die positive Weiterentwickelung der deutschen Arbeiterversicherung" in

Brauns Archiv für sociale Gesetzgebung und Statistik V. S. 383 ff. hat ihren Schwerpunkt in der Organisation des Arbeitsnachweises, hängt aber mit unserer Frage insofern zusammen, als darauf hingewiesen wird, daß durch Krankheit und Unfall regelmäßig zugleich die Arbeitsgelegenheit verloren gehe und daß es deshalb richtig sei, die Fälle der bisherigen Versicherungsarten mit denjenigen der sonstigen Arbeitslosigkeit unter den höheren Gesichtspunkt der letzteren zu stellen und unter Einbeziehung der Witwen- und Waisenversorgung einen gemeinsamen Schutz zu schaffen. L. will diesen Schutz dem durch die bisherigen Gesetze bezeichneten Personenkreise gewähren und hierfür Provinzialarbeitsämter ins Leben rufen, die sich der bestehenden Krankenkassen als ihrer Organe bedienen können. Ausgehend von der Auffassung, daß die Last stets auf die wirtschaftlich Schwächeren abgewälzt werde, will L. weder Beiträge der Arbeiter noch solche der Arbeitgeber, sondern will ausschließlich die allgemeinen Steuern in Anspruch nehmen.

Wie ersichtlich, berühren die L.'schen Ausführungen nicht die uns in erster Linie interessierenden Fragen der praktischen Ausführung der ausgesprochenen Grundgedanken und erfordern deshalb keine eingehendere Mitteilung und Erörterung.

VIII.

Eine durch die Fülle des Thatsachenmaterials und die völlige Beherrschung des Stoffes wertvolle Arbeit ist der von dem bayerischen Bundesbevollmächtigten, Ministerialrat v. Landmann, im Augustheste der Preuß. Jahrbücher veröffentlichte Aufsatz: „Über die Vereinfachung der Arbeiterversicherung". Trotzdem diese Ausführungen für unsern Zweck wenig brauchbare Ausführungen, denn der Wert derselben liegt mehr in der kritischen Beleuchtung der gegen die bisherigen Forderungen zu erhebenden Bedenken, als in der Geltendmachung eigener Vorschläge. Auch die Kritik beruht teilweise auf einer grundsätzlichen Auffassung der socialen Aufgabe des Staates, die ich nicht teile, so insbesondere, wenn die letztere lediglich auf dasjenige beschränkt wird, was die Selbsterhaltung fordert. Glaubt also der Staat auf die Dauer so bestehen zu können, daß eine Klasse der Bevölkerung zu Gunsten der anderen in Niedrigkeit und Elend erhalten wird, so hat er keinen Grund, dagegen einzuschreiten! Das ist jedenfalls etwas grundsätzlich anderes, als das „praktische Christentum", welches auf dem Gedanken beruht, daß das Wohl aller seiner Angehörigen den Inhalt der Staatsaufgabe bilde.

Dieser Grundauffassung entsprechend vertritt denn auch L. den Standpunkt der äußersten Vorsicht in der weiteren Entwickelung der socialen Thätigkeit. Eine Ausdehnung auf die Witwen- und Waisenfürsorge selbst in der vorsichtigen von Gebhard befürworteten Form wird als unausführbar abgelehnt, wie viel mehr natürlich eine Erstreckung auf die Arbeitslosigkeit und andere Personenkreise als die Lohnarbeiter; selbst die Einbeziehung aller unter die J.- und A.-V.

fallenden Personen unter die übrigen Versicherungsarten wird beanstandet, ebenso wie die Ausdehnung der Krankenversicherung auf die landwirtschaftlichen Arbeiter und das Gesinde und diejenige der Unfallversicherung auf die Dienstboten.

Der Schwerpunkt der Arbeit liegt aber nicht in diesen principiellen Ausführungen, sondern in den Erörterungen über die Möglichkeit, durch Änderungen in der Organisation zu einer Vereinfachung zu gelangen. Die Verschmelzung der Kranken=V. mit der Unfall= und Inval.=V. wird aus dem Grunde bekämpft, weil die Leistungsfähigkeit der Kassen große Bezirke erfordere, diese aber sich den örtlichen Rücksichten nicht anpassen würden. Dagegen wird eine Verwaltungsgemeinschaft insofern empfohlen, als die Krankenkassen für die übrigen Versicherungsträger gewisse Geschäfte, wie die Entgegennahme von An= und Abmeldungen, Entschädigungsansprüchen und Beschwerden, Auskunftserteilung, Vornahme von Unfalluntersuchungen, gutachtliche Äußerungen über das Vorliegen eines Invaliditätsfalles, übernehmen sollen, damit die Beteiligten bei diesen Angelegenheiten nur mit einem einzigen, am Orte befindlichen Organe zu thun haben. Die Vereinigung der Unfall=V. mit der J.= und A.=V. scheitert nach L. an der grundsätzlich verschiedenen Organisation und der Unmöglichkeit, die Berufsgenossenschaften aufzuheben, es bleibe deshalb nur die Möglichkeit, die beiderseitigen Schiedsgerichte zu vereinigen.

Das Markensystem wird nur ganz kurz und insoweit einer Erörterung unterzogen, als die Frage, ob statt dessen ein Buchungssystem eintreten solle, aufgeworfen aber verneint wird. An der Grundlage, daß Leistung und Gegenleistung auf Schritt und Tritt sich decken müssen, wird nicht gerüttelt, im Gegenteil werden verschiedene Wege, welche auf eine größere Zusammenfassung hinauslaufen, mit dem Einwande abgelehnt, daß dadurch die bisherige Verteilung der Last unter den beteiligten Erwerbskreisen aufgehoben werde.

IX.

Nach Besprechung dieser privaten Arbeiten haben wir uns noch zu beschäftigen mit den in neuester Zeit unternommenen gesetzgeberischen Versuchen, und hier verdient zunächst unser hohes Interesse der neue Entwurf eines Gesetzes für das Königreich Schweden betreffend behuf Gewährung einer Pension bei dauernder Erwerbsunfähigkeit, der von der Regierung der Volksvertretung vorgelegt ist und im nächsten Winter beraten werden wird[1]. Die Vorlage ist durchaus dem deutschen J.= und A.=V.=Gesetz nachgebildet, zeigt jedoch eine Reihe beachtenswerter Änderungen, von denen die wichtigsten hier kurz aufgeführt werden sollen.

---

[1] Eine wörtliche Übersetzung ist in Nr. 17 und 18 der Zeitschr.: „Die Invaliditäts= und Altersversicherung" vom 15. Juli 1894 gegeben.

1. Vorübergehende Beschäftigung begründet die Versicherung nur unter der Voraussetzung, daß der Arbeiter mindestens an allen Tagen einer Kalenderwoche bei demselben Arbeitgeber beschäftigt ist.

2. Die Versicherung umfaßt von selbst auch die Frauen, deren Männer unter das Gesetz fallen, indem die Beiträge des Mannes die Wirkung haben, daß die Frau so behandelt wird, als ob auch sie Beiträge geleistet habe.

3. Dauernde Erwerbsunfähigkeit wird dann angenommen, wenn der Versicherte infolge von Alter, körperlicher oder geistiger Krankheit, Gebrechlichkeit oder Krüppelhaftigkeit außer stande ist, durch solche Arbeiten, welche seinen Kräften oder Fähigkeiten entsprechen, seinen Lebensunterhalt zu erwerben, oder wenn er das 70. Lebensjahr vollendet hat. Es fehlt also die komplizierte Berechnung des deutschen Gesetzes, und die Invalidenrente wird gewährt, sobald der Versicherte nicht mehr seinen Lebensunterhalt verdienen kann.

4. Anstatt der 4 Pensionsklassen des deutschen Gesetzes unterscheidet das schwedische deren nur 2, je nachdem der Versicherte wöchentlich bis zu 10 Kronen[1] oder darüber verdient. Eine dritte Klasse bilden die weiblichen Arbeiter und die Frauen versicherter Arbeiter.

5. Stirbt ein Versicherter nach mindestens 260 Versicherungswochen, so erhalten seine ehelichen Kinder bis zum vollendeten 15. Lebensjahre eine jährliche Rente von 30 Kronen.

6. Ein Versicherter, welcher das 60. Lebensjahr vollendet hat, scheidet, falls er bis dahin nicht 260 Wochenbeiträge entrichtet hat, aus der Versicherung aus und erhält die Hälfte der für ihn entrichteten Beiträge zurück. Dadurch ist also für diejenigen Personen gesorgt, die später zu einer nicht versicherungspflichtigen Beschäftigung übergehen, z. B. selbständige Handwerker.

7. Die Beitragsmarken, die in ein für 260 Marken eingerichtetes Pensionsbuch eingeklebt werden, sind von dem Arbeitgeber durch Aufschrift zu entwerten.

8. An Stelle der Quittungskarten treten Pensionsbücher für 260 Wochenmarken.

9. Jede Pfarrgemeinde bildet einen selbständigen Versicherungsbezirk mit einem eigenen Pensionsausschusse, der über die Versicherungspflicht in streitigen Fällen, über Bewilligung und Entziehung von Renten, Rückerstattung von Beiträgen u. s. w. zu entscheiden hat. Derselbe besteht aus einem Vorsitzenden und je 2 Vertretern der Arbeiter und der Arbeitgeber. Bei Rentenbewilligungen sind die Verhandlungen nach der Feststellung an die für das ganze Reich bestehende Pensionsdirektion zur Genehmigung einzusenden.

10. Das besondere Beitragsjahr von 47 Wochen ist beseitigt; die Wartezeit beträgt deshalb nicht 235, sondern 260 Wochen.

11. Entsprechend den höheren Leistungen sind auch die Beiträge

---

[1] = 11 Mark 25 Pf.

höher und betragen in den 3 Klassen wöchentlich 20, 30 und 50 Öre = 25, 38 und 63 Pfennig.

12. Die Rente setzt sich zusammen aus einem Grundbetrage von 50 Kronen nebst einem Zuschlage von 2, 5 oder 10 Öre für jede Beitragsmarke.

13. Während einer längeren als einmonatigen Freiheitsstrafe ruht die Rente; ebenso wird sie nicht gezahlt an Personen, die ihren Wohnsitz im Auslande haben.

14. Schiedsgerichte sind nicht vorhanden. Gegen Entscheidungen des Pensionsausschusses findet eine Berufung an die Pensionsdirektion und gegen deren Beschlüsse eine Berufung an den König statt.

15. Der Staat leistet zu jeder Rente einen Zuschuß in Höhe von 2 Öre für jeden entrichteten Wochenbeitrag und trägt außerdem die Verwaltungskosten.

16. Die Auszahlung der Renten durch die Post erfolgt vierteljährlich nachträglich.

17. Das Gesetz tritt am 1. Januar 1895 in Kraft. Erleichternde Übergangsbestimmungen sind nicht getroffen, im Gegenteil findet das Gesetz auf Personen, die zu dem gedachten Zeitpunkte bereits das 55. Lebensjahr zurückgelegt haben, keine Anwendung.

X.

Weitaus das Wichtigste endlich bieten für unsere Frage die beiden vor kurzem durch den „Reichsanzeiger" veröffentlichten Gesetzentwürfe betr. „**Abänderung des Unfallversicherungsgesetzes**" und „**Erweiterung der Unfallversicherung**" nebst Begründung.

Mit dem ersteren der beiden Entwürfe brauchen wir uns nicht eingehend zu beschäftigen, da derselbe eine principielle Änderung nicht erstrebt und insbesondere die Organisation kaum berührt, sondern sich auf die Abstellung einiger verhältnismäßig untergeordneter Mängel beschränkt. Hierzu sind in erster Linie zu rechnen die Unzuträglichkeiten, die aus dem sog. negativen Kompetenzkonflikte erwachsen, und um ihnen vorzubeugen, ist bestimmt, daß die angegangene Genossenschaft die Entschädigung nur dann ablehnen darf, wenn ein entschädigungsberechtigender Unfall überhaupt nicht vorliegt, andernfalls hat sie zu zahlen unter dem Rechte späteren Rückgriffes. Hierüber sollen Versicherungsämter entscheiden. Der bisherigen Möglichkeit widersprechender Entscheidungen zwischen den verschiedenen Instanzen ist vorgebeugt und die Beurteilung, ob im Einzelfalle ein Anspruch auf Grund der Versicherung stattfinde, den Gerichten entzogen und lediglich den Versicherungsinstanzen zugewiesen.

Von anderen noch weniger bedeutungsvollen Änderungen können wir hier absehen und uns statt dessen dem Entwurfe eines Gesetzes betreffend **Erweiterung der Unfallversicherung** zuwenden. Derselbe bezweckt die Ausdehnung der Unfallversicherung auf alle bisher nicht von derselben berührten Arbeiter, Gehülfen, Gesellen,

Lehrlinge, Betriebsbeamten, Werkmeister und Techniker und betrifft deshalb insbesondere das Handwerk, den Handel, die Fischerei und die Küsten= und Binnenschiffahrt. In der Begründung wird bemerkt, daß die Vorlage sich auf die Erfahrungen stütze, welche man bei der bisherigen Handhabung der Unfallversicherung gemacht habe, und so beruhen die Abweichungen derselben gegen die bisherigen U.=V.=Gesetze nur teilweise auf den besonderen Verhältnissen der neu um= faßten Betriebszweige, zum andern Teile dagegen sind sie das Er= gebnis der gewonnenen besseren Einsicht. In beiden Beziehungen sind dieselben für uns von dem höchsten Werte, denn obwohl wir uns mit der U.=V. nur insoweit beschäftigt haben, als sie für die befürwortete Gesamtversicherung in Betracht kommt, so berühren doch die vorgeschlagenen Änderungen zugleich die gleichartigen Verhältnisse der J.= und A.=V. und geben wertvolle Belege für die Richtigkeit der oben vertretenen Anschauungen.

In der Begründung wird das schon oben aus der Begründung der J.= und A.=V. angeführte Zugeständnis wiederholt, daß die Betriebsunternehmer des Kleingewerbes „vielfach wirtschaftlich nicht in wesentlich günstigerer Lage sich befinden", als die von ihnen be= schäftigten Personen, ja daß sie sogar aus dem Grunde einer größeren Unfallgefahr ausgesetzt seien, weil sie die schwierigeren Ar= beiten selbst auszuführen hätten. Wenn daraus allerdings lediglich die Folgerung hergeleitet wird, daß es unbillig sei, sie zur Ver= sicherung ihrer Arbeiter anzuhalten, ohne ihnen die Befugnis zu geben, sich selbst in gleicher Weise sicher zu stellen, so fragt man sich verwundert, ob sie nicht diese Befugnis schon bisher hatten. Wenn sie die erforderlichen Prämien dafür aus ihrer Tasche bezahlen wollten, standen ihnen auch bisher schon zahlreiche Versicherungsgesellschaften zur Verfügung und mehr, als aus eigener Tasche ihre Versicherung zu bestreiten, wird ihnen auch in dem Entwurfe nicht geboten. Die Fürsorge des wohlwollenden Gesetzgebers für die kleinen Betriebsunternehmer beschränkt sich des= halb auf die Vorschrift, daß sie zu diesem ihrem eigenen Besten durch den Bundesrat und durch das Statut gezwungen werden können; ihnen aber sachlich eine Erleichterung zu verschaffen, das ist auch jetzt nicht möglich, denn sie sind ja nun einmal Unter= nehmer.

Dagegen hat doch die Beschäftigung mit diesen kleinen Verhält= nissen den Gesetzgeber zu verschiedenen sehr anerkennenswerten Ein= sichten gebracht. Zunächst hat man sich überzeugt, daß die Berufs= genossenschaft als Form der Organisation verfehlt ist, womit nach dem oben angeführten nicht darüber entschieden ist, ob sie sich zur Trägerin der Versicherungslast eignet. Man gesteht dies freilich nur teilweise zu, nämlich insoweit, daß „die berufs= genossenschaftliche Verwaltung sich für den Verkehr mit einer großen Anzahl kleiner Betriebsunternehmer nicht eignet", da dieselben nicht im stande seien, „den Anforderungen in Bezug auf Lohnachweisungen und sonstige Meldungen zu genügen", ja man erkennt an, daß bei einzelnen der bestehenden Berufsgenossenschaften „der hieraus erwachsene umfangreiche Schriftwechsel eine derartige Arbeitslast verursacht hat, daß die gesamten Beiträge, welche von Unternehmern solcher Kleinbetriebe der Genossenschaft zufließen, **nicht ausreichen, um die durch diese Betriebe verursachten Verwaltungskosten zu decken**". Man will also die Berufsgenossenschaft freilich für den Großbetrieb noch retten, dagegen den Kleinbetrieb „**im allgemeinen bezirksweise ohne Scheidung der in den örtlichen Bezirken vertretenen Betriebszweige** organisieren und die Verwaltung den Kommunalverbänden mit ihren bereits geschulten Kräften übertragen", und man hofft, daß es in den hiernach vorgeschlagenen „**Unfallversicherungsgenossenschaften**" gelingen wird, „**örtliche Organe für möglichst kleine Bezirke einzusetzen**, ein für die Herabminderung der Verwaltungskosten und die specielle Erledigung der Geschäfte wichtiges Ergebnis, welches bei berufsgenossenschaftlicher Organisation nicht zu erreichen wäre, mit der für jeden Ort eine mehr oder weniger bedeutende Zahl von verschiedenen Berufsgenossenschaften mit gesonderten ehrenamtlichen Genossenschafts- und Sektionsvorständen, Vertrauensmännern und Schiedsgerichten in Thätigkeit zu treten hätte". Ja man bleibt nicht dabei stehen, **innerhalb der Unfallversicherung die durch die Berufsgenossenschaften gezogenen Schranken niederzureißen**, sondern man macht bei diesen umstürzlerischen Neuerungen nicht einmal **Halt vor den Grenzen der verschiedenen Versicherungsarten**, man giebt den geplanten Unfallversicherungsgenossenschaften ausdrücklich das Recht, ihre ganze Verwaltung auf den Vorstand der J.- und A.-Versicherungsanstalt oder auf die mit der landwirtschaftlichen U.-V. betrauten Organe der Kommunalverwaltung zu übertragen, ja man eröffnet die Aussicht, „hierdurch zugleich eine Vereinfachung der Organisation in den andern Zweigen der Arbeiterversicherung herbeizuführen, **indem die Bezirke verschiedener Versicherungsverbände den gleichen räumlichen Umfang erhalten und die Verwaltung dieser Verbände in derselben Hand vereinigt wird**." Also identische Bezirke für Kranken-, Unfall- und Invaliditätsversicherung mit identischen Vorständen! was fehlt da noch an der Gesamtversicherung? Bis zu verschiedenen Zweigen derselben Verwaltung haben wir es damit schon gebracht, nun bedarf es nur noch des Zusammenwerfens der materiellen Belastung.

Die vorgeschlagene Organisation lehnt sich auch sonst weitgehend an diejenige der J.- und A.-V. an. Die ehrenamtliche Verwaltung hat man fallen gelassen und statt dessen den Vorsitz im Vorstande einem staatlicher- oder kommunalerseits ernannten Beamten überwiesen, ja es ist sogar zulässig, die ganze Verwaltung ausschließlich „besonderen Behörden oder Beamten, deren Bestimmung der Centralbehörde überlassen bleibt", zu übertragen. Die Genossenschaftsversammlung besteht nicht aus den Unternehmern selbst, sondern aus gewählten Vertretern derselben. Die Genossenschaft soll regelmäßig für „weitere Kommunalverbände" gebildet werden; das einzige örtliche Organ derselben ist der Vertrauensmann, der weitgehende Befugnisse und insbesondere das Recht hat, die Entschädigungsbeträge festzusetzen, soweit es sich um die Kosten des Heilverfahrens, die Beerdigungskosten und die Rente für eine voraussichtlich vorübergehende Erwerbsunfähigkeit handelt. Das Umlageverfahren ist durch das Kapitaldeckungsverfahren ersetzt.

Das ganze Gesetz wird beherrscht durch das Streben nach Vereinfachung, ausgehend von der sehr verständigen Erwägung, daß die kleinen Betriebsunternehmer, für welche dasselbe berechnet ist, nicht im stande sein würden, den komplizierten Anforderungen des bisherigen Verfahrens gerecht zu werden. Hat man ihnen schon die Verwaltung abgenommen, so befreit man sie zugleich von den jährlichen Nachweisungen über die beschäftigt gewesenen Personen und die von denselben verdienten Löhne und Gehälter, indem man eine von der Gemeindebehörde vorzunehmende Abschätzung jedes Betriebes „nach der Zahl der durchschnittlich das ganze Jahr hindurch in den Betrieben beschäftigten versicherten Personen (Vollarbeiter)" an die Stelle setzt, wobei im Laufe des Jahres eintretende Veränderungen außer Betracht bleiben.

Noch weiter geht die Vereinfachung bei der Aufbringung der Mittel. Den Grundsatz, daß Leistung und Gegenleistung sich stets in alle Einzelheiten hinein ausgleichen müssen, hat man kühn über Bord geworfen, indem man von der Annahme ausgeht, daß „die Höhe des Lohnes der einzelnen Versicherten meist nur geringe Unterschiede aufweisen wird und nur geringen Schwankungen unterliegen wird." „Der hieraus erwachsende Vorteil der Einfachheit und Billigkeit der Verwaltung erscheint bedeutend genug, um das Bedenken aufzuwiegen, daß die Gleichmäßigkeit der Beitragsleistung der verschiedenen Höhe des von den Genossenschaften getragenen Risikos in soweit nicht völlig entspricht, als in der Höhe der Entschädigungen gewisse Verschiedenheiten nach Durchschnitts- oder Individuallöhnen vorgesehen sind." Welch neuer Geist weht uns aus diesen Worten entgegen! Fort ist die frühere lediglich mathematisch-kaufmännische Auffassung der Aufgabe, fort die ganze schöne Äquivalenztheorie und die Sorge, daß niemand mehr empfange, als er leiste. Es ist kaum denkbar, daß der neue Entwurf den Verfasser des J.- u. A.-V.-Gesetzes zum Vater haben sollte.

Ja, der Entwurf gestattet eine noch einfachere Aufbringung der Mittel, nämlich lediglich „durch Zuschläge zu öffentlichen Abgaben". Man denkt hierbei in erster Linie an die Gewerbesteuer und hat für solche Betriebe, welche derselben nicht unterliegen, Ergänzungen ins Auge gefaßt. Also allein der schätzungsweise festzustellende Umfang des Gewerbebetriebes soll zum Anhalt für die Verteilung der Last genommen werden. Mit Rücksicht auf besonders schwache Schultern ist sogar vorgesehen, daß auf Grund statutarischer Vorschrift „für bestimmte Bezirke oder Betriebszweige die Beiträge, welche auf die Betriebsunternehmer fallen, an Stelle dieser Unternehmer ganz oder teilweise durch Gemeinde= oder Kommunalverbände aufzubringen sind", wobei also statt der eigentlich Verpflichteten einfach die Gesamtheit eintritt.

Die Einzelheiten des Entwurfes zu erörtern, fällt außerhalb unserer Aufgabe; es mögen deshalb nur kurz folgende Bestimmungen erwähnt werden.

Betriebe, welche nach ihrer Eigentümlichkeit unter mehrere Berufs= oder Unfallversicherungsgenossenschaften fallen würden, sollen künftig nur einer, und zwar derjenigen angeschlossen werden, welche durch den Hauptbetrieb bestimmt ist.

Der Kreis der rentenberechtigten Personen ist durch Aufnahme der Großkinder und der Geschwister erweitert, dabei auch die bisherige Voraussetzung, daß der Versicherte der einzige Ernährer sei, dahin geändert, daß es genügt, wenn er zu dem Unterhalte wesentlich bei= getragen hat.

Das Rechtsmittelverfahren ist dadurch vereinfacht, daß an Stelle des bisherigen Rekurses, welcher auf thatsächliche Behauptungen ge= stützt werden konnte, die Revision gesetzt ist, welche im wesentlichen rechtliche Verstöße erfordert; zugleich ist dem Reichsversicherungsamte das Recht gegeben, in einfachen Fällen ohne mündliche Verhandlung zu entscheiden.

Solange der Berechtigte eine die Dauer von 1 Monat über= steigende Freiheitsstrafe verbüßt, soll die Rente ruhen, dagegen ist bei einer Rente von höchstens 10 % des Arbeitsverdienstes die Ab= findung in Kapital zugelassen.

Von größerer Bedeutung ist, daß die Rente künftig auch dann beansprucht werden kann, wenn die Verletzung nicht im Betriebe statt= fand, sondern bei „häuslichen oder anderen Diensten, zu denen sie (die Versicherten) neben der Beschäftigung im Betriebe von ihrem Arbeit= geber oder von dessen Beauftragten herangezogen worden." Das ist ein um so anerkennungswerteres Entgegenkommen, als es ein Verstoß gegen den Grundsatz ist, den auch die Begründung des Entwurfes ausdrücklich von neuem hervorhebt, daß nämlich „die Fürsorge für Verletzungen, wie sie das gewöhnliche Leben mit sich bringt, außer= halb der mit der U.=V. verfolgten Zwecke liegt". Daß jene Vor= schrift ein Verstoß gegen diesen Grundsatz enthalte, wird freilich nicht zugestanden, obwohl es doch auf der Hand liegt, daß häusliche Dienste nur die Unfallgefahr des gewöhnlichen Lebens mit sich bringen, und noch weniger hat man sich einer Erörterung über die Berechtigung des Grundsatzes unterzogen. In Wahrheit ist derselbe lediglich eine Folge aus der oben bekämpften falschen gewerberechtlichen Auffassung des Gesetzes. Ja wohl, wird der Arbeiter nur aus Rücksicht auf seine Stellung im Produktionsprozesse versichert, so kann Gegenstand der Versicherung nur die durch diese begründete Gefahr sein, liegt dagegen der Grund in der wirtschaftlich=socialen Erwägung, daß er in Folge seiner ungünstigen Erwerbs= und Vermögensverhältnisse auf einen besonderen Schutz angewiesen sei, dann ist es offenbar ganz gleich= gültig, ob die Entziehung seines bisherigen Erwerbes durch einen Unfall im Betriebe oder durch einen solchen des täglichen Lebens herbeigeführt ist. Eine sociale Auffassung der Aufgabe zwingt deshalb dazu, die Beschränkung auf Betriebsunfälle grundsätzlich aufzugeben.

Die mitgeteilten Auszüge, die naturgemäß nur dürftig sein konnten und zum eingehenden Studium der angeführten Quellen anregen mögen, haben wenigstens so viel erwiesen, daß der Gedanke einer grundlegenden Reform unsrer Socialversicherung in immer weiteren Kreisen Boden gewinnt. Auch in den wesentlichen Verbesserungsvorschlägen befinde ich mich in einer erfreulichen Übereinstimmung mit meinen Vorgänger-Nachfolgern, und so darf ich denn der Hoffnung Raum geben, daß in der bezeichneten Richtung eine Änderung nicht allein sich als durchführbar erweisen, sondern auch als solche allmählich anerkannt werden, und daß es dann gelingen wird, Einrichtungen zu schaffen, welche in höherem Grade als die jetzigen im stande sind, dem angestrebten edlen Ziele gerecht zu werden und als schönste Belohnung der aufgewandten Mühe und Opfer auch die Befriedigung derjenigen herbeizuführen, deren Los zu bessern sie bestimmt sind.

Pierer'sche Hofbuchdruckerei. Stephan Geibel & Co. in Altenburg.

Printed by Libri Plureos GmbH
in Hamburg, Germany